CB076315

Utilize este código QR para se cadastrar de forma mais rápida:

Ou, se preferir, entre em:
https://www.moderna.com.br/ac/livroportal
e siga as instruções para ter acesso aos conteúdos exclusivos do
Livro Digital

CÓDIGO DE ACESSO:
A 00271 GRFUF14E 4 85195

Faça apenas um cadastro. Ele será válido para:

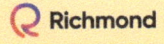

SANTILLANA EDUCAÇÃO — Richmond — SANTILLANA ESPAÑOL

797818 GRA FUNDAMENTAL 4 ED4_3902

Da semente ao livro, sustentabilidade por todo o caminho

Plantar florestas
A madeira que serve de matéria-prima para nosso papel vem de plantio renovável, ou seja, não é fruto de desmatamento. Essa prática gera milhares de empregos para agricultores e ajuda a recuperar áreas ambientais degradadas.

Fabricar papel e imprimir livros
Toda a cadeia produtiva do papel, desde a produção de celulose até a encadernação do livro, é certificada, cumprindo padrões internacionais de processamento sustentável e boas práticas ambientais.

Criar conteúdos
Os profissionais envolvidos na elaboração de nossas soluções educacionais buscam uma educação para a vida pautada por curadoria editorial, diversidade de olhar e responsabilidade socioambiental.

Construir projetos de vida
Oferecer uma solução educacional Moderna é um ato de comprometimento com o futuro das novas gerações, possibilitando uma relação de parceria entre escolas e famílias na missão de educar!

MODERNA

Apoio: TWO SIDES
www.twosides.org.br

Fotografe o Código QR e conheça melhor esse caminho.
Saiba mais em *moderna.com.br/sustentavel*

DOUGLAS TUFANO

Licenciado em Letras e Pedagogia pela Universidade de São Paulo.
Professor do Ensino Fundamental e do Médio em escolas da rede pública e particulares do estado de São Paulo por 25 anos.
Autor de várias obras didáticas para o ensino da língua portuguesa no Ensino Fundamental e no Médio.

GRAMÁTICA FUNDAMENTAL

4

Ensino Fundamental

DE ACORDO COM A BNCC

4ª edição

CÓPIA NÃO AUTORIZADA É CRIME
ABDR
ASSOCIAÇÃO BRASILEIRA DE DIREITOS REPROGRÁFICOS
RESPEITE O DIREITO AUTORAL

MODERNA

© Douglas Tufano, 2020

MODERNA

Coordenação editorial: Marisa Martins Sanchez
Edição de texto: Ademir Garcia Telles, Anabel Ly Maduar, Christina Binato, Claudia Padovani, Debora Silvestre Missias Alves, José Paulo Brait, Marília Gabriela M. Pagliaro
Gerência de *design* e produção gráfica: Everson de Paula
Coordenação de produção: Patricia Costa Ribeiro
Gerência de planejamento editorial: Maria de Lourdes Rodrigues
Coordenação de *design* e projetos visuais: Marta Cerqueira Leite
Projeto gráfico: Bruno Tonel, Mariza de Souza Porto
Capa: Ana Carolina Orsolin, Bruno Tonel
   Ilustração: Marilia Pirillo
Coordenação de arte: Carolina de Oliveira Fagundes
Edição de arte: Renato de Araújo Florentino, Gláucia Koller, Cristiane Cabral
Editoração eletrônica: Setup Bureau Editoração Eletrônica
Coordenação de revisão: Maristela S. Carrasco
Revisão: Ana Maria C. Tavares, Cecília Setsuko, Leila dos Santos, Mônica Surrage, ReCriar editorial, Renata Brabo, Rita de Cássia Sam, Vânia Bruno
Coordenação de pesquisa iconográfica: Luciano Baneza Gabarron
Pesquisa iconográfica: Cristina Mota, Márcia Sato
Coordenação de *bureau*: Rubens M. Rodrigues
Tratamento de imagens: Ademir Francisco Baptista, Joel Aparecido, Luiz Carlos Costa, Marina M. Buzzinaro
Pré-impressão: Alexandre Petreca, Everton L. de Oliveira, Marcio H. Kamoto, Vitória Sousa
Coordenação de produção industrial: Wendell Monteiro
Impressão e acabamento: Bercrom Gráfica e Editora
Lote: 797.503
Cód: 24123437

```
       Dados Internacionais de Catalogação na Publicação (CIP)
                (Câmara Brasileira do Livro, SP, Brasil)

       Tufano, Douglas
          Gramática fundamental / Douglas Tufano. --
       4. ed. -- São Paulo : Moderna, 2020.

          Obra em 5 volumes do 1º ao 5º ano.

          1. Português (Ensino fundamental) 2. Português -
       Gramática (Ensino fundamental) I. Título.

       20-33441                              CDD-372.61
```

Índices para catálogo sistemático:

1. Gramática : Português : Ensino fundamental   372.61

Maria Alice Ferreira - Bibliotecária - CRB-8/7964

ISBN 978-85-16-12343-7 (LA)
ISBN 978-85-16-12344-4 (LP)

Reprodução proibida. Art. 184 do Código Penal e Lei 9.610 de 19 de fevereiro de 1998.
Todos os direitos reservados
EDITORA MODERNA LTDA.
Rua Padre Adelino, 758 – Belenzinho
São Paulo – SP – Brasil – CEP 03303-904
Vendas e Atendimento: Tel. (0_ _11) 2602-5510
Fax (0_ _11) 2790-1501
www.moderna.com.br
2024
Impresso no Brasil

1 3 5 7 9 10 8 6 4 2

Para você

Olá!

Este livro foi feito para ajudá-lo a ler e a escrever cada vez melhor.

Nele, há textos interessantes e muitas atividades para você aprender de forma agradável e divertida.

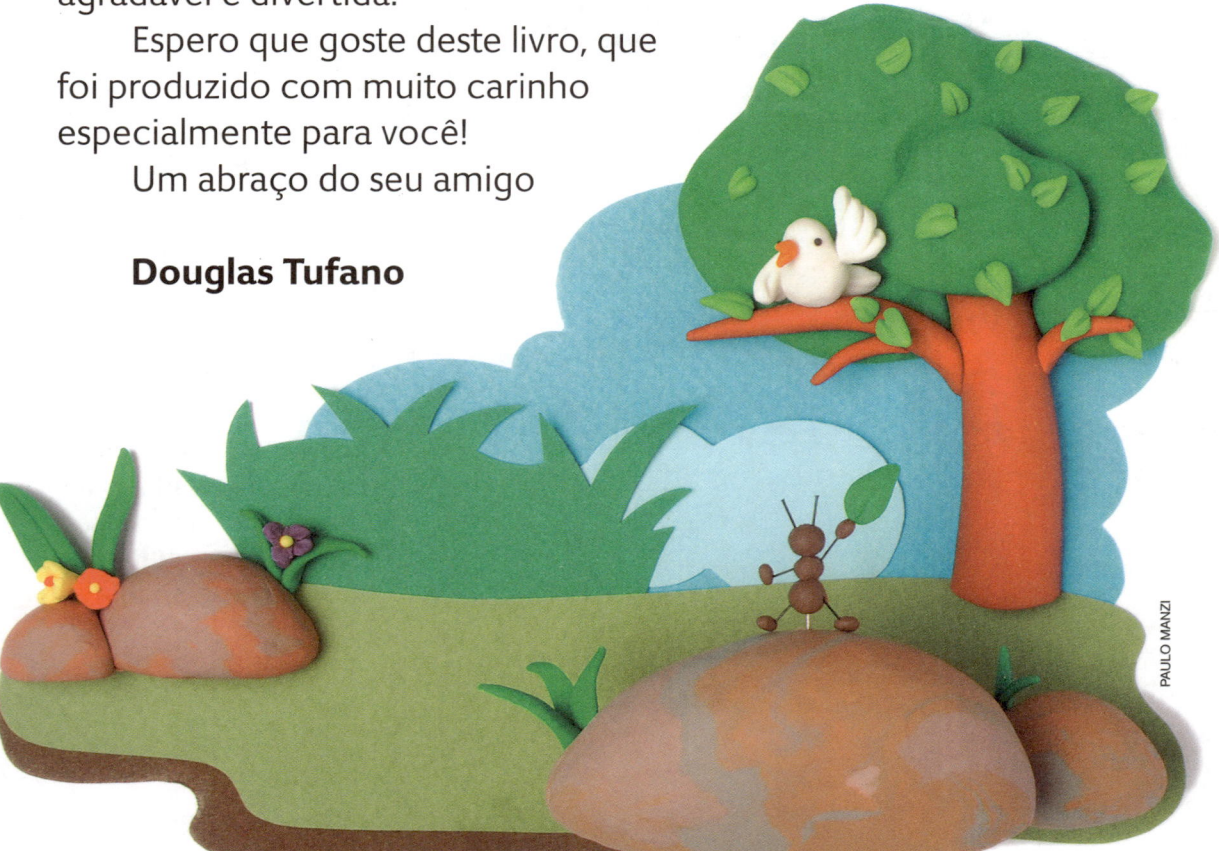

Espero que goste deste livro, que foi produzido com muito carinho especialmente para você!

Um abraço do seu amigo

Douglas Tufano

Nome: _____

Escola: _____

Veja como é o seu livro...

Em cada **capítulo**, conteúdos de **Gramática** e de **Ortografia** feitos para você aprender com facilidade.

Nesta seção, você vai **aprender como usar o dicionário** para conhecer os vários sentidos das palavras.

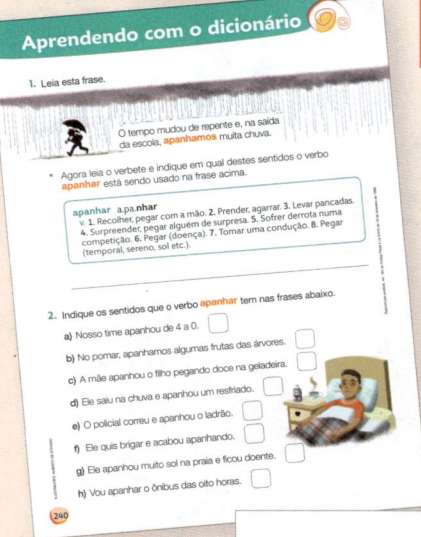

Sempre que encontrar esta vinheta, consulte no **Minidicionário** as palavras indicadas. Assim, você fica craque na **consulta a dicionários** e amplia **seu vocabulário**.

Com **atividades inteligentes e divertidas**, ficará mais gostoso estudar!

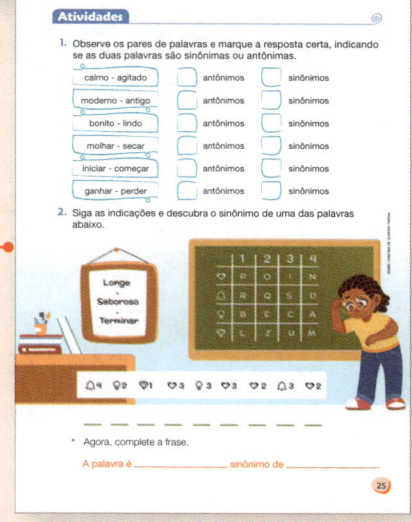

Na **Revisão**, você retoma os conteúdos estudados.

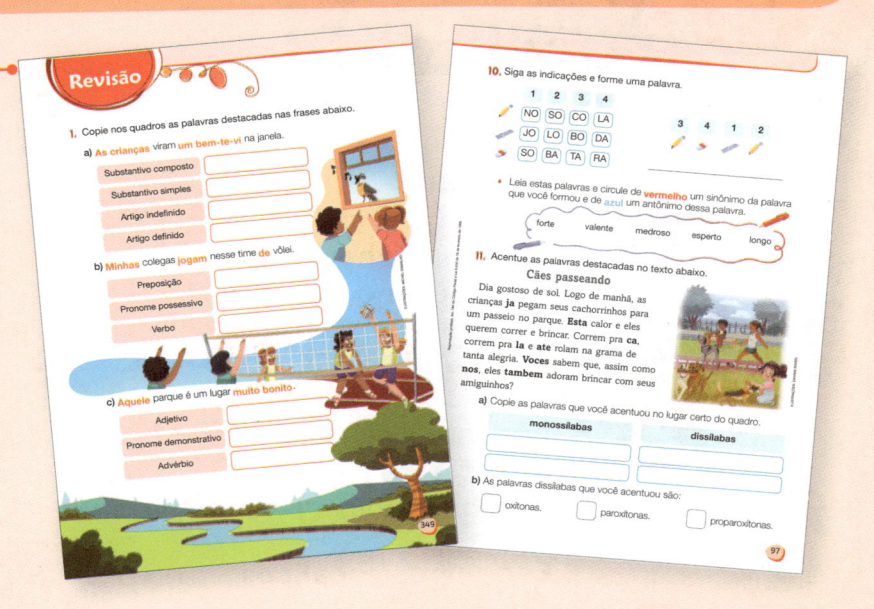

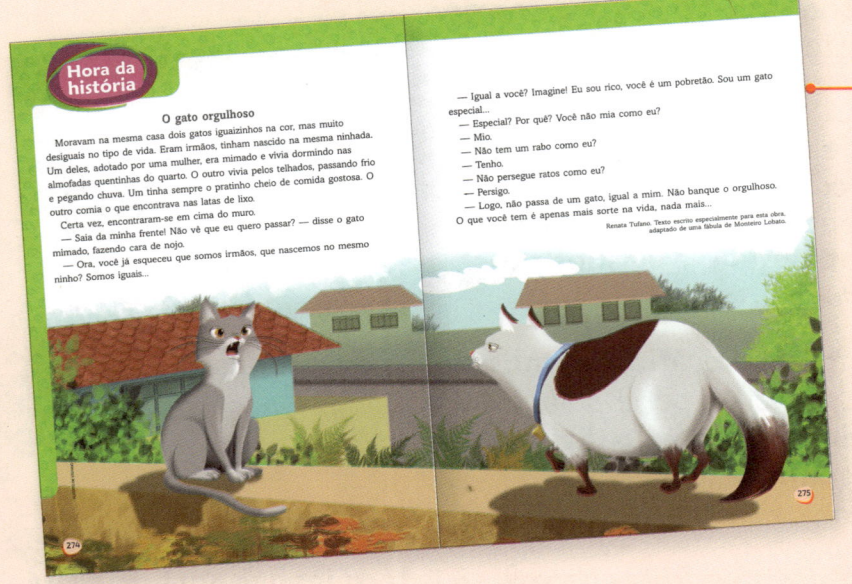

E mais! **Histórias bem ilustradas**, com atividades variadas, para você ler e se divertir.

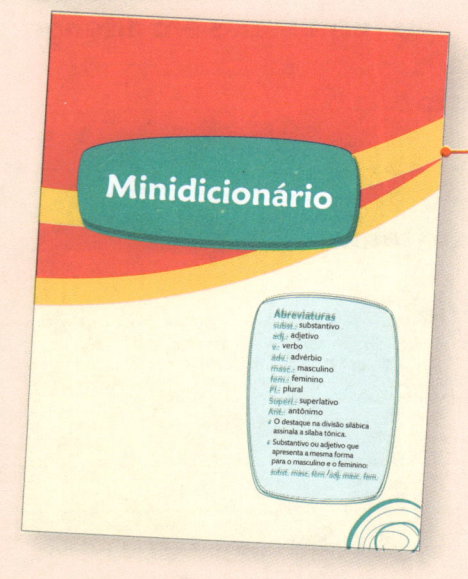

No final do livro, um **Minidicionário**, para você consultar sempre que quiser aprender novas palavras.

Este ícone indica que a atividade é oral

Sumário

1
- **Alfabeto** 10
  - *Gaturro* 10
- **Ordem alfabética** 15
- **Como usar o dicionário** 21

2
- **Sinônimos e antônimos** 24
  - *Como se formam as ondas* 24
- **Aprendendo com o dicionário** 31
- **M antes de B e P** 33
  - *Brincando com a peteca* 33

3
- **Encontros vocálicos** 38
  - *Caixa mágica de surpresas* 38
- **Aprendendo com o dicionário** 43
- **O, E (finais)** 44
  - *Céu estrelado* 44

4
- **Sílaba tônica** 48
  - *O circo chegou!* 48
- **Aprendendo com o dicionário** 52
- **Acento agudo e circunflexo** 53
  - *Minduim* 53

5
- **Acentuação gráfica: monossílabas e oxítonas** 58
  - *Você conhece o peixe-palhaço?* 58
- **Aprendendo com o dicionário** 65
- **Consoante muda** 66
  - *Néctar: o alimento das borboletas* 66

6
- **Acentuação gráfica: paroxítonas terminadas em L, R, I, UM** 70
- **Acentuação gráfica: paroxítonas terminadas em ditongo** 73
  - *Armandinho* 73
- **Aprendendo com o dicionário** 75
- **GUE, GUI, GUA** 76
  - *Garfield* 76

7
- **Acentuação gráfica: proparoxítonas** 80
  - *Um pássaro diferente* 80
- **Aprendendo com o dicionário** 85
- **QUE, QUI, QUA** 86
  - *Guepardo: o campeão de velocidade* 86

Revisão 92

Hora da história 98
- *A árvore egoísta* 98

8
Dígrafos 102
Armandinho 102
Aprendendo com o dicionário 110
R, RR 111
Corrida maluca 111

9
Tipos de frases 114
Turma da Mônica 114
Aprendendo com o dicionário 119
S, SS 120

10
Sinais de pontuação 122
Brincando de adivinhar 122
Aprendendo com o dicionário 131
L, U 132
[Pica-pau] 132

11
Substantivos 136
Brincando com os nomes 136
Aprendendo com o dicionário 145
LH, LI 146
Abelha na orelha da Amélia 146

12
Substantivo simples e composto 148
O arco-íris 148
Aprendendo com o dicionário 155
Usos do hífen 156
Hora de brincar 156

13
Substantivo: singular e plural 160
Gaturro 160
Aprendendo com o dicionário 167
Sons do X 169
Uma letra brincalhona 169

14
Substantivo: masculino e feminino 174
Armandinho 174
Aprendendo com o dicionário 181
H inicial 182
O Menino Maluquinho 182

Revisão 186
Hora da história 192
Horácio 192

Sumário

15
- **Artigo definido e indefinido** 196
  - *Um sonho* 196
- **Aprendendo com o dicionário** 200
- **NS** 201
  - *Instante de amor* 201

16
- **Aumentativo e diminutivo** 204
  - *O sino do gato* 204
- **Aprendendo com o dicionário** 214
- **(S)INHO, ZINHO** 215
  - *Receita de jardim colorido* 215

17
- **Adjetivo** 218
  - *A linda ave-do-paraíso* 218
- **Aprendendo com o dicionário** 229
- **ÊS/ESA, ENSE** 230

18
- **Adjetivo: comparativo e superlativo** 232
  - *Turma da Mônica* 232
- **Aprendendo com o dicionário** 240
- **OSO, OSA** 241
  - *Passeando com a mamãe* 241
- **EZA** 243

19
- **Verbo: presente, passado, futuro** 244
  - *Gaturro* 244
- **Aprendendo com o dicionário** 254
- **RAM, RÃO** 255
  - *Passado e futuro* 255

20
- **Advérbios** 258
  - *Tarde de chuva* 258
- **Aprendendo com o dicionário** 264
- **Mau, mal** 265
  - *Lobo mau? Nada disso!* 265
- **Mas, mais** 267

Revisão 268
Hora da história 274
  - *O gato orgulhoso* 274

21
- **Pronomes pessoais do caso reto** 278
  - *Beleza voadora* 278
- **Pronomes de tratamento** 285
  - *Educação é importante* 285
- **Aprendendo com o dicionário** 288
- **O, OU (mediais)** 289
  - *Que loucura!* 289

ALBERTO DE STEFANO

22
Pronomes pessoais do caso oblíquo (1) ... 292
Aprendendo com o dicionário ... 297
Por que, porque ... 298
Frank & Ernest ... 298

23
Pronomes pessoais do caso oblíquo (2) ... 300
O pintor dos girassóis ... 300
Aprendendo com o dicionário ... 303
AZ, EZ, IZ, OZ, UZ ... 304
Garfield ... 304

24
Pronomes possessivos ... 306
O jardineiro e suas flores ... 306
Pronomes demonstrativos ... 310
Garfield ... 310
Aprendendo com o dicionário ... 313
EI ... 315
Colecionador de cheiros troca ... 315

25
Interjeição ... 318
Magali ... 318
Onomatopeia ... 320
Arrebentando ... 320
Aprendendo com o dicionário ... 323
ÃO, AM ... 324
Festa na escola ... 324

26
Numeral ... 326
A Terra é azul ... 326
Aprendendo com o dicionário ... 337
C, Ç, S ... 339
Curiosidades sobre a girafa ... 339

27
Preposição ... 342
Jeitos de falar... ... 342
Aprendendo com o dicionário ... 346
Pôr, por ... 347
A menina na janela ... 347

Revisão ... 349
Hora da história ... 353
O velho, o menino e a mulinha ... 353

Minidicionário ... 357

1

▸ Alfabeto

GATURRO Nik

bom   amor   divertido   ler

As letras que usamos para escrever formam o **alfabeto**.

Ler é uma aventura!

Os livros nos fazem viajar por mundos desconhecidos! Com eles, podemos ir para o passado ou para o futuro.

A leitura nos mostra diferentes aspectos da vida, nos faz pensar sobre muitas coisas.

Algumas histórias nos emocionam (tem gente que chega a chorar quando lê um romance triste, não é mesmo?). Outras são engraçadas e nos fazem rir.

Os livros nos ensinam, abrem nossa cabeça para novas ideias. Ler é, de fato, uma aventura incrível que nos faz viver na fantasia histórias que nenhum jogo eletrônico é capaz de reproduzir!

Leia a HQ.

CEBOLINHA — Mauricio de Sousa

a) No primeiro quadrinho, qual é o motivo da discussão dos meninos? Parece que eles não estão de acordo sobre alguma coisa. Sobre o quê?

b) No segundo quadrinho, Cebolinha entra na conversa e diz o quê?

c) Ainda no segundo quadrinho, como os meninos reagem ao que diz Cebolinha? Por quê?

d) No terceiro quadrinho, o que eles perguntam para Cebolinha?

e) No último quadrinho, o que Cebolinha explica aos meninos?

f) É possível dizer que a expressão facial dos meninos no último quadrinho revela algo sobre o hábito de leitura deles?

O **alfabeto** tem 26 letras.

Este é o nosso alfabeto em **letras maiúsculas**.

A	B	C	D	E	F	G	H	I	J	K	L	M
N	O	P	Q	R	S	T	U	V	W	X	Y	Z

Este é o nosso alfabeto em **letras minúsculas**.

a	b	c	d	e	f	g	h	i	j	k	l	m
n	o	p	q	r	s	t	u	v	w	x	y	z

As letras K, W, Y

As letras **K/k** (cá), **W/w** (dáblio) e **Y/y** (ípsilon) são usadas em abreviaturas, em algumas palavras de origem estrangeira usadas no Brasil e em nomes próprios. Veja.

1 **k**g = 1 quilograma   **w**indsurfe   **Y**ara

Desafio!

Um grupo de alunos escreveu uma frase engraçada, meio maluca, usando apenas palavras começadas pela letra **D**. Veja.

> Daniel Dias, desenhista doido, desenha depressa, durante dias, dedos, dentaduras, dados, diamantes, desodorantes.

- Será que você e seus colegas são capazes de criar uma frase com palavras começadas apenas pela letra **P**? Quem consegue criar a frase mais longa?

Ordem alfabética

A ordem em que as letras aparecem no alfabeto recebe o nome de **ordem alfabética**.

Para organizar palavras em ordem alfabética, olhamos a primeira letra. Veja.

abacaxi — a
galo — g
livro — l
sapatos — s
xícara — x

primeiras letras

Quando as palavras começam pela mesma letra, é a segunda letra de cada palavra que vai determinar a ordem alfabética. Veja.

p**a**to — a
p**i**ano — i
p**u**lseira — u
p**o**te — o
p**e**na — e

segundas letras

ILUSTRAÇÕES: FABIANA SALOMÃO

15

Organizando essas palavras em ordem alfabética, temos:

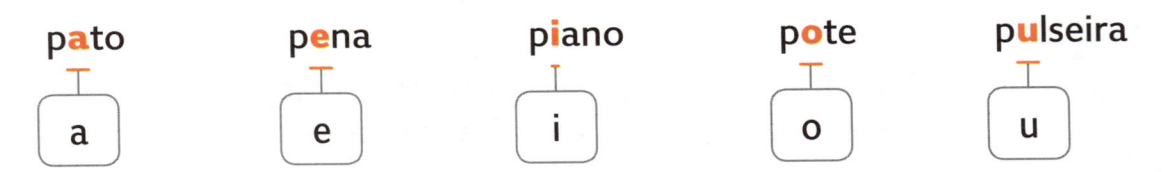

p**a**to	p**e**na	p**i**ano	p**o**te	p**u**lseira
a	e	i	o	u

Quando as duas primeiras letras das palavras são iguais, é a terceira letra que vai determinar a ordem alfabética. Veja.

sa**p**o	sa**l**ada	sa**b**iá	sa**x**ofone	sa**i**a
p	l	b	x	i

terceiras letras

Organizando essas palavras em ordem alfabética, temos:

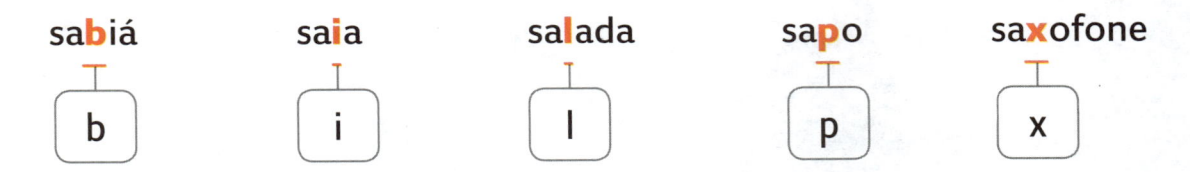

sa**b**iá	sa**i**a	sa**l**ada	sa**p**o	sa**x**ofone
b	i	l	p	x

Quando as três primeiras letras das palavras são iguais, é a quarta letra que vai determinar a ordem alfabética, e assim por diante.

Saber a ordem alfabética é muito útil quando estamos fazendo uma pesquisa: os dicionários e as enciclopédias, as listas de alunos de uma classe ou de livros de uma biblioteca, por exemplo, são organizados em ordem alfabética.

16

Atividades

1. Numere os nomes próprios segundo a ordem alfabética.

- Paula
- Clarice
- Miguel
- Daniela
- Yúri
- Cecília
- Dulce
- Juliano
- Gabriel
- Pedro
- Bernardo
- Alice

2. Leia.

Jean Galvão

ANDERSON, BEATRIZ, CARLOS...

MARIANA, NOÊMIA, OSVALDO, PEDRO...

VÂNIA, XAVIER, YARA...

ZÉLIO? **PRESENTE!**

a) Que ordem a professora segue para fazer a chamada dos alunos?

_____

b) Por que o aluno atrasado conseguiu chegar a tempo de responder à chamada?

_____

3. Escreva em ordem alfabética o segundo nome dos jogadores deste time de vôlei. Os segundos nomes estão no quadro ao lado.

Eduardo
Cláudio
Augusto
Fernando
Carlos
Gustavo

1 Luís _____   2 Luís _____

3 Luís _____   4 Luís _____

5 Luís _____   6 Luís _____

18

4. Troque as letras por aquelas que vêm **antes** no alfabeto e forme cinco nomes de pessoas.

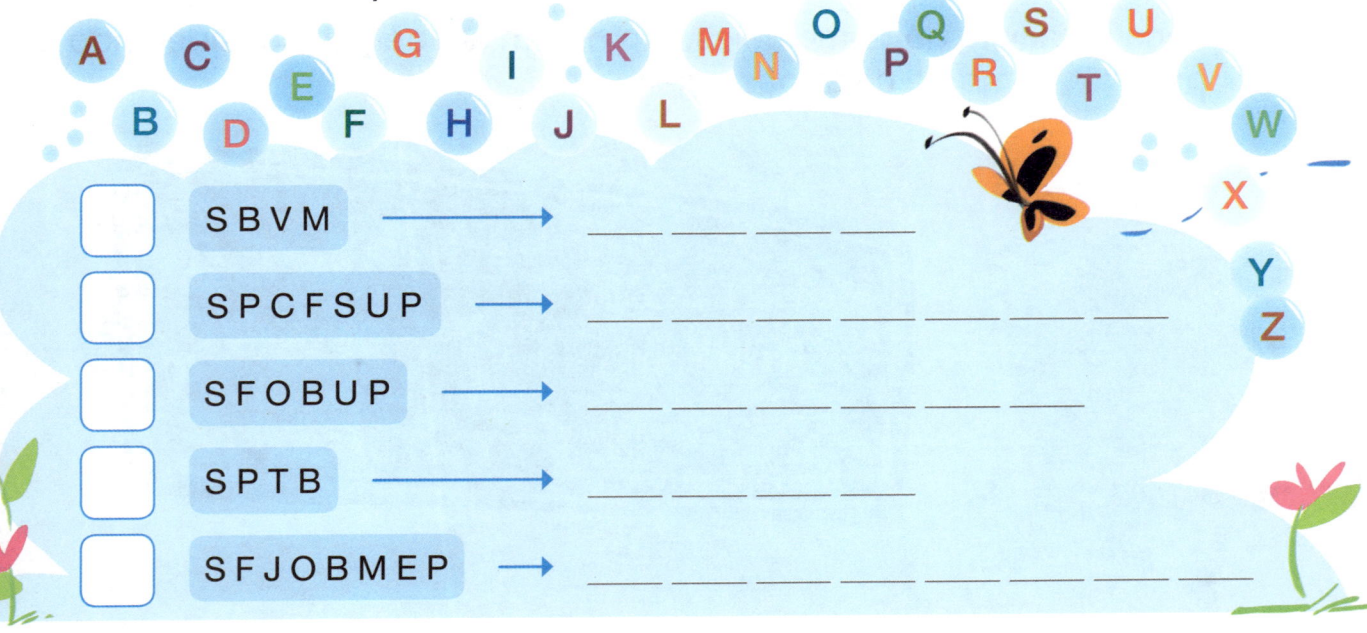

A B C D E F G H I J K L M N O P Q R S T U V W X Y Z

☐ S B V M ⟶ _____

☐ S P C F S U P ⟶ _____

☐ S F O B U P ⟶ _____

☐ S P T B ⟶ _____

☐ S F J O B M E P ⟶ _____

• Numere esses nomes de 1 a 5, seguindo a ordem alfabética.

5. Descubra o segundo nome das jogadoras deste time de vôlei, colocando-os em ordem alfabética. Os segundos nomes estão no quadro ao lado.

Raquel
Célia
Lúcia
Carla
Cristina
Beatriz

ILUSTRAÇÕES: FABIANA SALOMÃO

① Maria _____   ② Sílvia _____

③ Regina _____   ④ Luciana _____

⑤ Ana _____   ⑥ Teresa _____

19

6. Imagine que estes autores brasileiros vão embarcar todos juntos em um ônibus.

Faça uma lista do nome deles, em ordem alfabética, considerando o primeiro nome de cada passageiro.

Pedro Bandeira
Mauricio de Sousa
Ziraldo
Manuel Bandeira
Ana Maria Machado
Cecília Meireles
Walcyr Carrasco
Eva Furnari
Caetano Veloso
Katia Canton

1. _____
2. _____
3. _____
4. _____
5. _____
6. _____
7. _____
8. _____
9. _____
10. _____

Como usar o dicionário

O dicionário explica o significado das palavras.

No dicionário, as palavras são apresentadas em ordem alfabética.

Cada palavra, com sua explicação e exemplos, recebe o nome de **verbete**.

Além de explicar o significado das palavras, o dicionário fornece várias outras informações sobre elas, melhorando nosso conhecimento da língua portuguesa.

Veja um exemplo de verbete.

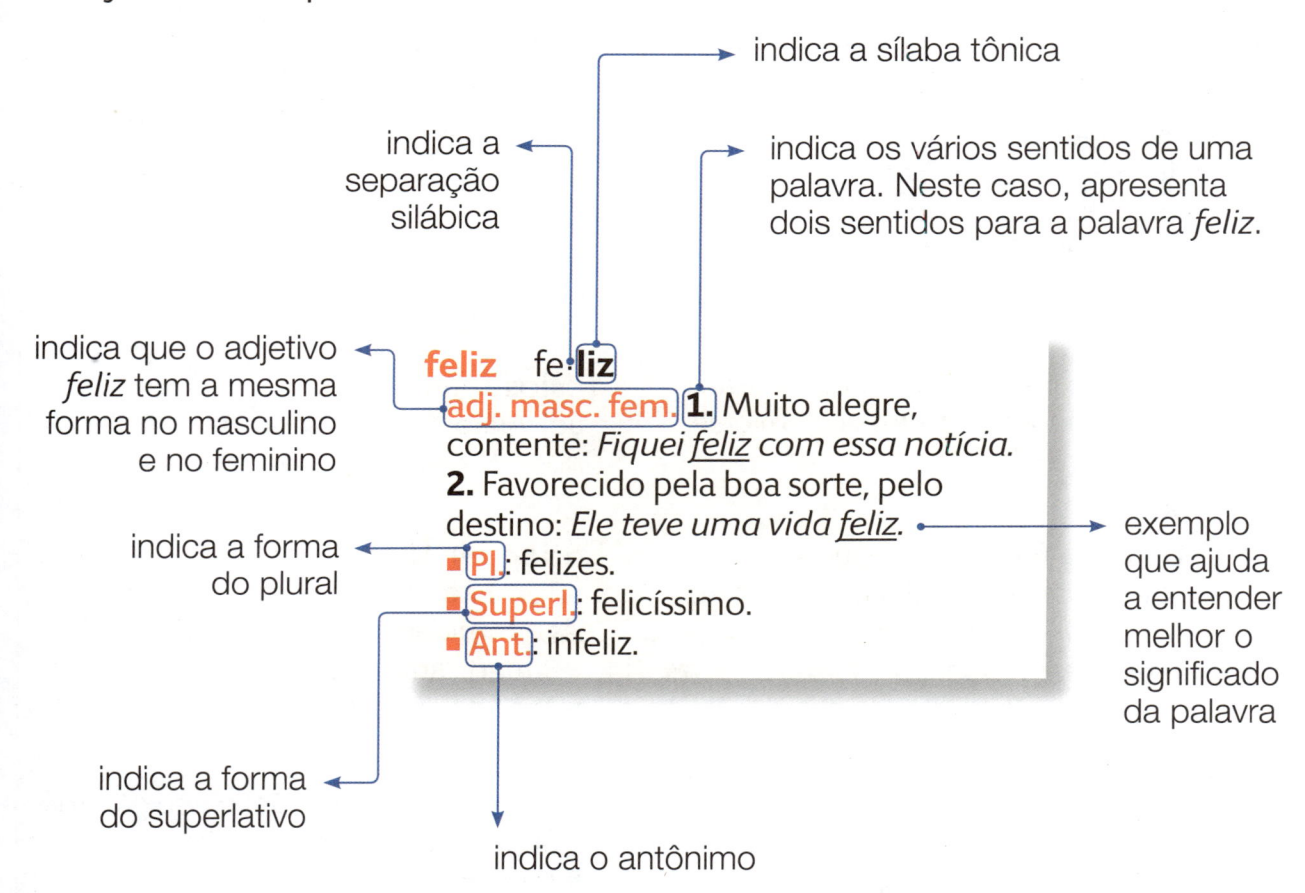

- indica a sílaba tônica
- indica a separação silábica
- indica os vários sentidos de uma palavra. Neste caso, apresenta dois sentidos para a palavra *feliz*.
- indica que o adjetivo *feliz* tem a mesma forma no masculino e no feminino
- indica a forma do plural
- indica a forma do superlativo
- indica o antônimo
- exemplo que ajuda a entender melhor o significado da palavra

feliz fe·**liz**
adj. masc. fem. **1.** Muito alegre, contente: *Fiquei feliz com essa notícia.* **2.** Favorecido pela boa sorte, pelo destino: *Ele teve uma vida feliz.*
- Pl.: felizes.
- Superl.: felicíssimo.
- Ant.: infeliz.

Para localizar rapidamente uma palavra, você pode usar como referência as duas palavras que aparecem no alto de cada página. A palavra da esquerda indica o primeiro verbete da página e a palavra da direita indica o último verbete da página.

Sabendo a ordem alfabética, você logo descobre se a palavra que está procurando está ou não entre essas duas palavras no alto da página.

Veja a seguir a reprodução de uma página do **Minidicionário**, que você encontra no final do livro. Depois, responda às questões de acordo com essa página.

primeiro verbete da página → **acabar**

último verbete da página → **barato**

verbete →

Aa

acabar a.ca.**bar**
v. Terminar, concluir: *Ele acabou a tarefa.* ■ Ant.: iniciar, começar.

acalmar a.cal.**mar**
v. Deixar calmo: *As palavras do pai acalmaram o garoto.*

admirável ad.mi.**rá**.vel
adj. masc. fem. Que merece elogio: *Parabéns, sua atitude foi admirável.* ■ Pl.: admiráveis. ■ Superl.: admirabilíssimo.

adorável a.do.**rá**.vel
adj. masc. fem. Encantador: *Ele é um menino adorável, todos gostam dele.* ■ Pl.: adoráveis.

ágil **á**.gil
adj. masc. fem. Ligeiro, que se movimenta com facilidade e rapidez: *Esse menino é ágil, num instante subiu na árvore.* ■ Pl.: ágeis.
■ Superl.: agilíssimo.

agradável a.gra.**dá**.vel
adj. masc. fem. Que agrada, que dá prazer: *lugar agradável.*
■ Pl.: agradáveis. ■ Superl.: agradabilíssimo. ■ Ant.: desagradável.

alegre a.**le**.gre
adj. masc. fem. Contente, feliz: *Ela ficou alegre com o presente que ganhou.* ■ Superl.: alegríssimo.
■ Ant.: triste.

alegria a.le.**gri**.a
subst. fem. Contentamento: *Senti a alegria do garoto quando ele viu o presente.* ■ Ant.: tristeza.

alto **al**.to
adj. 1. Que tem grande estatura: *homem alto.* 2. Elevado: *muro alto.* 3. Que soa forte: *som alto.*
■ Superl.: altíssimo. ■ Ant.: baixo.

amar a.**mar**
v. Gostar muito: *Ela ama seus pais.*

amável a.**má**.vel
adj. masc. fem. Gentil, educado: *O rapaz foi amável com a menina.*
■ Pl.: amáveis. ■ Superl.: amabilíssimo.

aninhar a.ni.**nhar**
v. acomodar confortavelmente, aconchegar: *O cachorrinho aninhou-se no colo do garoto.*

ansioso an.si.**o**.so
adj. Aflito: *Ele está ansioso por saber a nota do exame, não aguenta esperar mais.*

antigo an.**ti**.go
adj. Muito velho, que tem muitos anos: *As pirâmides do Egito são antigas.*
■ Superl.: antiguíssimo ou antiquíssimo.
■ Ant.: novo, recente.

atento a.**ten**.to
adj. Que presta atenção: *aluno atento.*
■ Superl.: atentíssimo.
■ Ant.: desatento.

Bb

baixo **bai**.xo
adj. 1. Que tem pouca altura: *homem baixo.* 2. Que quase não se ouve: *voz baixa.* ■ Superl.: baixíssimo. ■ Ant.: alto.

barato ba.**ra**.to
adj. Que custa pouco: *livro barato.* ■ Superl.: baratíssimo ■ Ant.: caro.

22

Atividades

1. Copie da página anterior os verbetes que se referem a adjetivos.

_____

_____

2. Que palavras apresentam mais de um significado? _____

3. Circule os verbetes que se referem a verbos.

4. Siga as instruções e forme 3 palavras que estão na página do **Minidicionário** reproduzida na página anterior.

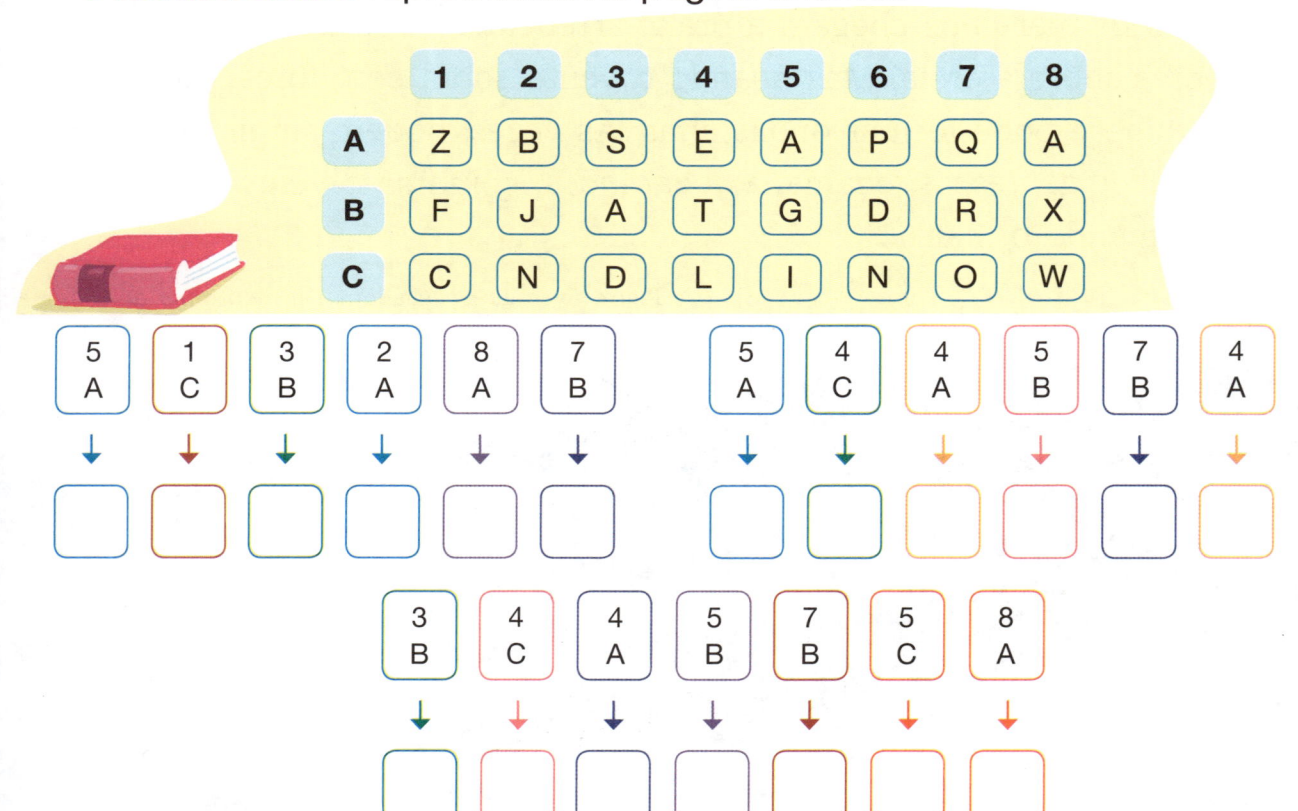

	1	2	3	4	5	6	7	8
A	Z	B	S	E	A	P	Q	A
B	F	J	A	T	G	D	R	X
C	C	N	D	L	I	N	O	W

5A 1C 3B 2A 8A 7B   5A 4C 4A 5B 7B 4A

↓ ↓ ↓ ↓ ↓ ↓   ↓ ↓ ↓ ↓ ↓ ↓

☐ ☐ ☐ ☐ ☐ ☐   ☐ ☐ ☐ ☐ ☐ ☐

3B 4C 4A 5B 7B 5C 8A

↓ ↓ ↓ ↓ ↓ ↓ ↓

☐ ☐ ☐ ☐ ☐ ☐ ☐

• Escreva as três palavras que você formou na coluna certa.

Adjetivo	Verbo	Substantivo

2

▶ Sinônimos e antônimos

Como se formam as ondas

As águas do mar sobem e descem continuamente, fazendo ondulações, que são as ondas.

Quando as ondas são calmas e baixas, denominam-se *marulhos*. Quando os marulhos chegam à praia, arrebentam e formam ondas menores sobre a areia. Mas quando o vento sopra com força, ele varre o marulho e pode formar ondas altas. Às vezes, podem surgir ondas enormes, gigantescas, chamadas *vagalhões*, como se o vento estivesse despenteando o mar.

Pierre Averous & Héliadore. *Da montanha ao mar*.
São Paulo: Scipione, 1991. p. 50. (Texto adaptado).

enorme   gigantesco   subir   descer   alto   baixo
   sinônimos   antônimos   antônimos

Sinônimos são palavras que têm significado muito parecido.
Antônimos são palavras que têm significado contrário.

Atividades

1. Observe os pares de palavras e marque a resposta certa, indicando se as duas palavras são sinônimas ou antônimas.

   - calmo - agitado — antônimos / sinônimos
   - moderno - antigo — antônimos / sinônimos
   - bonito - lindo — antônimos / sinônimos
   - molhar - secar — antônimos / sinônimos
   - iniciar - começar — antônimos / sinônimos
   - ganhar - perder — antônimos / sinônimos

2. Siga as indicações e descubra o sinônimo de uma das palavras abaixo.

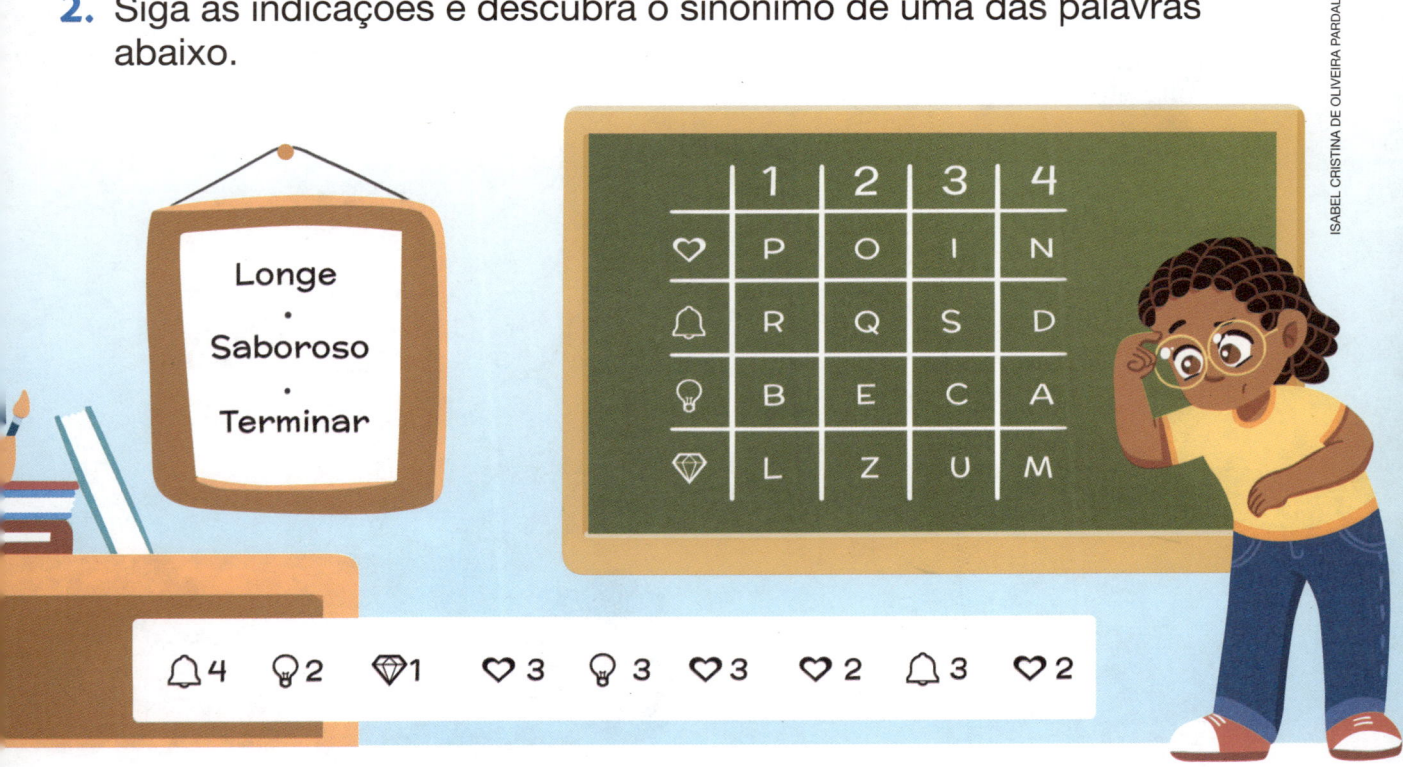

   - Longe
   - Saboroso
   - Terminar

	1	2	3	4
❤	P	O	I	N
🔔	R	Q	S	D
💡	B	E	C	A
💎	L	Z	U	M

   🔔4 💡2 💎1 ❤3 💡3 ❤3 ❤2 🔔3 ❤2

   D E L I C I O S O

   • Agora, complete a frase.

   A palavra é _____, sinônimo de _____.

3. Preencha a cruzadinha com os sinônimos das palavras do quadro.

1. realizar
2. obrigar
3. permanecer
4. machucar
5. fortificar
6. morrer
7. brecar
8. roubar

Todos os sinônimos começam com a letra **f**.

Como formar antônimos

sala **arrumada**

sala **desarrumada**

homem **feliz**

homem **infeliz**

ar **puro**

ar **impuro**

arrumada
desarrumada

feliz
infeliz

puro
impuro

Podemos formar antônimos usando **des**, **in** e **im** antes de algumas palavras.

Observe.

arrumada ⟶ **des** + arrumada ⟶ **desarrumada**
feliz ⟶ **in** + feliz ⟶ **infeliz**
puro ⟶ **im** + puro ⟶ **impuro**

Usamos **im** antes de **p** e **b**. Usamos **in** antes das outras letras.

Atividades

1. Forme antônimos dos verbos abaixo, usando **des**.

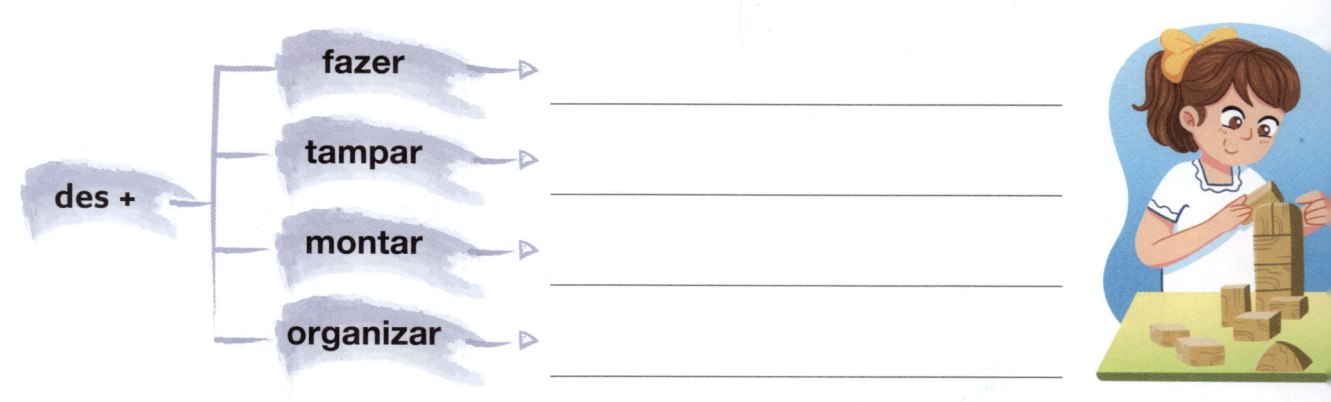

des +
- fazer → _____
- tampar → _____
- montar → _____
- organizar → _____

2. Decifre o código e forme dois verbos.

E P I O L R D S U M B H A

_ _ _ _ _ _ _ _ _

_ _ _ _ _ _ _ _ _ _ _

- Agora, complete as frases com os verbos que você formou.

  a) As autoridades precisam _____ esse rio; ele deve voltar a ser limpo.

  b) Bete vai _____ o presente.

3. Leia.

NÍQUEL NÁUSEA — Fernando Gonsales

Observe como completamos a frase.

Hoje ele está **sem paciência**, está **impaciente**.

- Faça o mesmo com as frases abaixo, usando adjetivos iniciados com **in** ou **im**.

   a) Meu álbum de figurinhas não está completo, está _____.

   b) Esse menino não é disciplinado, é _____.

   c) Essa resposta não está correta, está _____.

   d) Nosso trabalho não ficou perfeito, ficou _____.

   e) O motorista correu muito e não foi prudente, foi _____.

   f) Nesta cidade, um frio tão forte não é comum, é _____.

4. Encontre no quadro de letras o antônimo com **im** ou **in** das palavras ao lado.

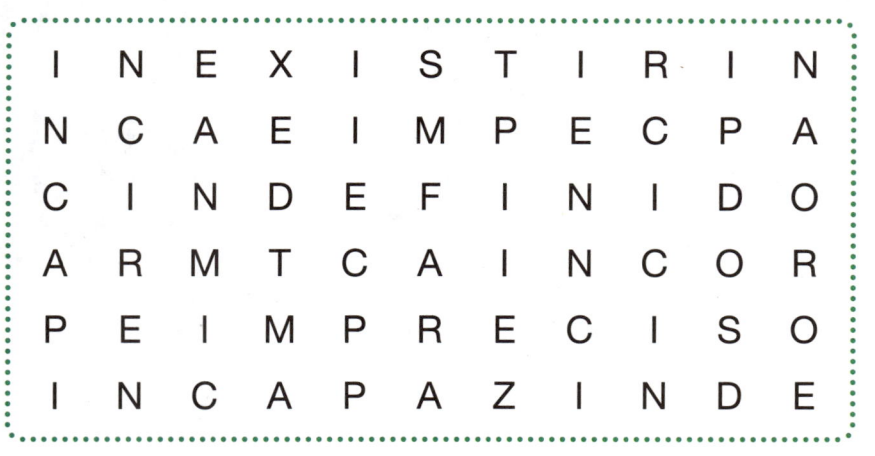

I	N	E	X	I	S	T	I	R	I	N
N	C	A	E	I	M	P	E	C	P	A
C	I	N	D	E	F	I	N	I	D	O
A	R	M	T	C	A	I	N	C	O	R
P	E	I	M	P	R	E	C	I	S	O
I	N	C	A	P	A	Z	I	N	D	E

preciso

definido

existir

capaz

29

5. Nem todas as palavras têm antônimos ou sinônimos. Leia as palavras abaixo e circule o número daquelas que têm antônimos.

- **1.** ordem
- **2.** união
- **3.** casa
- **4.** escola
- **5.** atento
- **6.** elegante
- **7.** apertar
- **8.** amparar
- **9.** árvore

a) Escreva agora os antônimos das palavras que você circulou.

_____

_____

b) Observe bem a formação dos antônimos que você escreveu. O que eles têm em comum?

_____

_____

Aprendendo com o dicionário

O dicionário nos ajuda a conhecer cada vez melhor a nossa língua.

Nesta seção, vamos fazer algumas atividades que mostram como é importante ler bem um verbete de dicionário para compreender os vários sentidos que uma palavra pode ter, dependendo da frase em que está. Assim, podemos escolher os sinônimos e antônimos mais adequados a determinada situação.

1. Leia este verbete.

> **grande gran**.de
> **adj. masc. fem. 1.** Que é amplo, que ocupa muito espaço. **2.** Alto, crescido, desenvolvido. **3.** Muito bom. **4.** Profundo, forte.

- Escreva o número do sentido que a palavra **grande** apresenta nas frases abaixo.

    a) Caio é pequeno, mas Pedro é grande. ☐

    b) Cecília Meireles foi uma grande escritora. ☐

    c) Minha escola é grande. ☐

    d) Sinto um grande amor pela minha família. ☐

    e) Esta árvore é grande. ☐

    f) No meu bairro, há uma grande livraria. ☐

    g) É uma grande alegria encontrar aqui meus amigos. ☐

    h) Portinari foi um grande pintor brasileiro. ☐

2. Leia o cartaz.

VISITE O PANTANAL!
Sinta a grande emoção de ver de perto a incrível beleza da natureza!

ILUSTRAÇÃO: ISABEL CRISTINA DE OLIVEIRA PARDAL; FOTOS: MARCELO PIU/AGÊNCIA O GLOBO, FABIO COLOMBINI, EDGLORIS MARYS/SHUTTERSTOCK, VINICIUS BACARIN/SHUTTERSTOCK, ONDREJ PROSICKY/SHUTTERSTOCK, ANDRE DIB/PULSAR IMAGENS

- Releia o verbete da página anterior. Em qual dos sentidos do verbete a palavra grande foi usada no cartaz? _____

32

Reforço ortográfico

▸ M antes de B e P

Brincando com a peteca

Você pensa que jogar peteca é uma brincadeira moderna? Que nada! É muito antiga. Certos povos indígenas que viviam aqui no Brasil antes da chegada dos portugueses já faziam petecas e brincavam com elas.

Aliás, a palavra **peteca** tem origem na língua tupi, falada pela maioria dos povos indígenas. Ela veio da expressão *pe'teka*, que significa "bater com a mão".

Crianças indígenas do povo Kalapalo brincando com peteca de palha de milho na Aldeia Aiha, Parque Indígena do Xingu (MT).

No alto, crianças indígenas do povo Guarani Mbyá brincando com peteca de palha de milho em São Paulo (SP). Acima, crianças brincando com peteca em Diamantina (MG).

33

Reforço ortográfico

Os indígenas fazem petecas com diferentes materiais e formatos. Veja alguns exemplos.

Peteca de palha de milho. Povo Guarani. Aldeia Kalipety, São Paulo (SP).

Peteca de palha de milho e penas. Povo Guarani (SC).

Peteca de palha de milho. Povo Kuikuro. Parque Indígena do Xingu (MT).

34

Em muitas cidades são organizados até campeonatos adultos de peteca. Nesse caso, há uma quadra com rede e os competidores formam equipes que se enfrentam.

Você também gosta de jogar peteca?

Não deixe a peteca cair!

Essa expressão, tão comum em todo o Brasil, significa "não desanimar, não se entregar, manter o pique".

Ela veio do jogo da peteca, pois, se um jogador deixa a peteca cair, o que acontece? Ele perde ponto ou é eliminado!

O jogo de peteca faz parte do currículo de Educação Física da EE Pedro II, em Belo Horizonte (MG).

Campeonato Interno de Peteca 2019, do Praia Clube, no Ginásio Adalberto Testa, Uberlândia (MG).

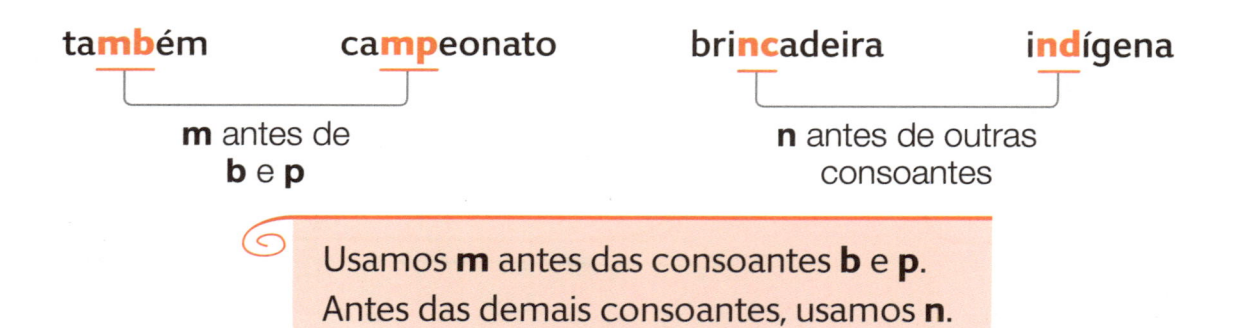

ta**mb**ém   ca**mp**eonato   bri**nc**adeira   i**nd**ígena

m antes de **b** e **p**

n antes de outras consoantes

Usamos **m** antes das consoantes **b** e **p**.
Antes das demais consoantes, usamos **n**.

Reforço ortográfico

Atividades

1. Complete os espaços com **in** ou **im** e forme antônimos das palavras.

   capaz → _____capaz

   seguro → _____seguro

   paciência → _____paciência

   possível → _____possível

   felicidade → _____felicidade

   popular → _____popular

2. As sílabas das palavras abaixo estão invertidas. Escreva-as corretamente. Veja o exemplo.

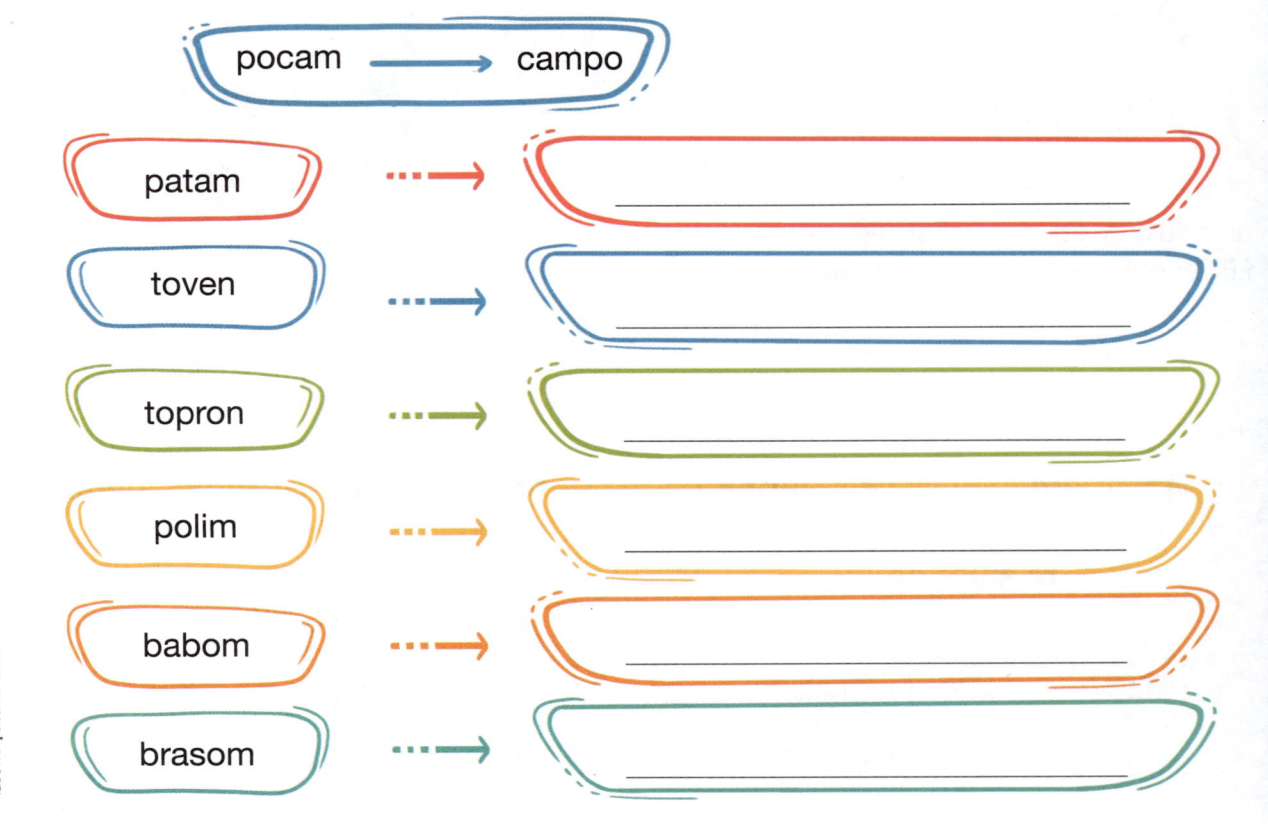

   pocam → campo

   patam → _____

   toven → _____

   topron → _____

   polim → _____

   babom → _____

   brasom → _____

3. Ordene as sílabas e forme palavras.

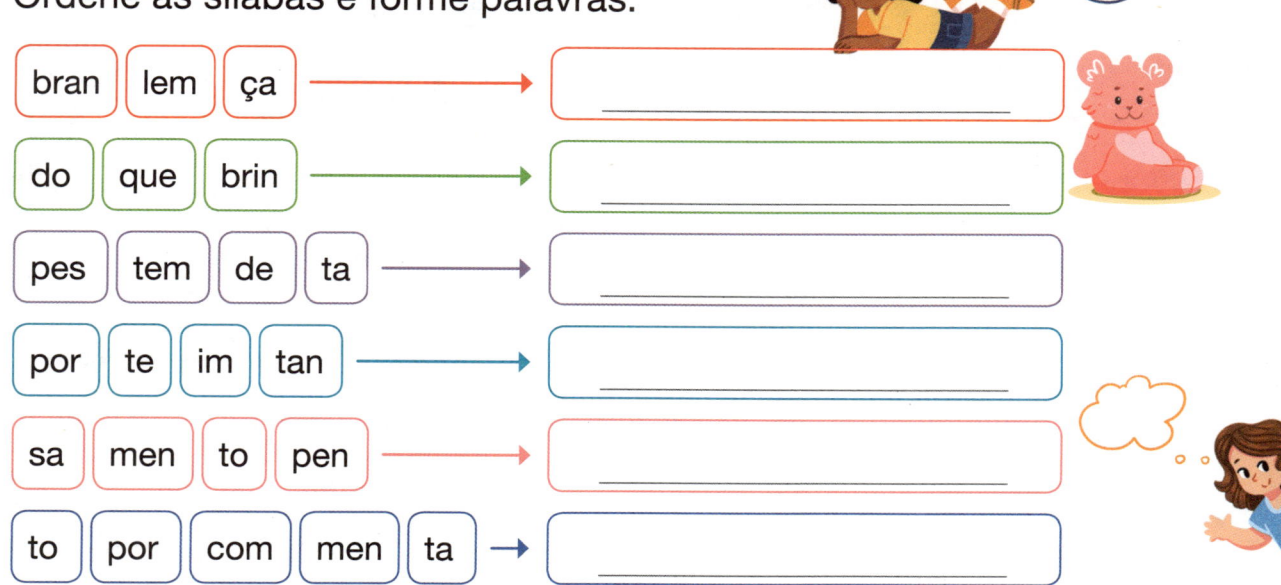

bran | lem | ça → _____

do | que | brin → _____

pes | tem | de | ta → _____

por | te | im | tan → _____

sa | men | to | pen → _____

to | por | com | men | ta → _____

- Colocando as palavras que você formou na ordem alfabética, qual é a primeira? E a última?

_____

4. Vamos brincar de formar novas palavras. Mas atenção com as mudanças na ortografia! Veja o exemplo.

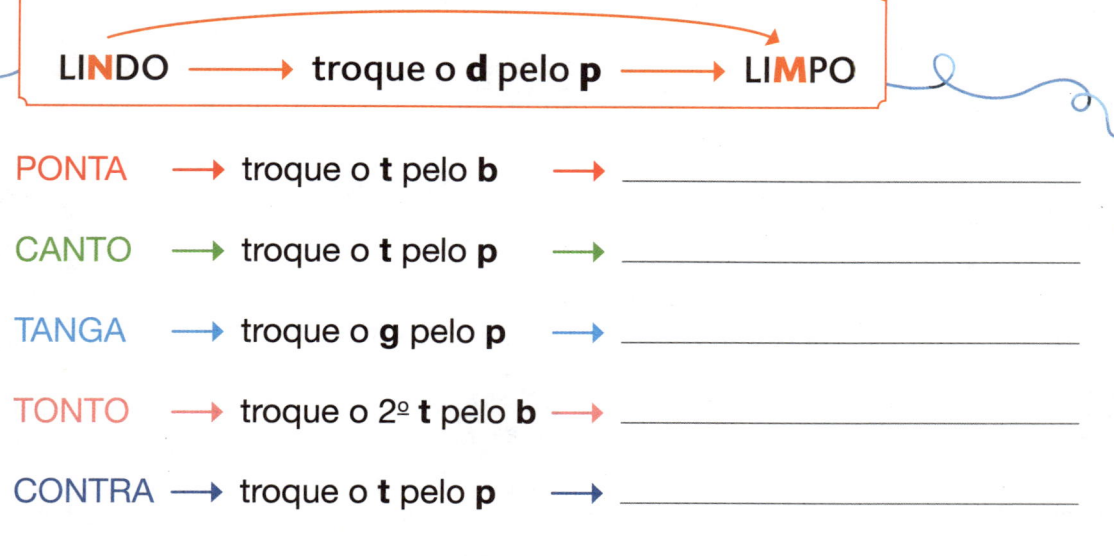

LI**N**DO → troque o **d** pelo **p** → LI**M**PO

PONTA → troque o **t** pelo **b** → _____

CANTO → troque o **t** pelo **p** → _____

TANGA → troque o **g** pelo **p** → _____

TONTO → troque o 2º **t** pelo **b** → _____

CONTRA → troque o **t** pelo **p** → _____

- Agora, faça o que se pede.

   a) Escreva o antônimo de **compra**. _____

   b) Escreva um sinônimo de **tombo**. _____

3

▶ **Encontros vocálicos**

Caixa mágica de surpresas

Um livro
é uma beleza,
é caixa mágica
só de surpresa.

Um livro
parece mudo,
mas nele a gente
descobre tudo.

Um livro
tem asas,
longas e leves
que, de repente,
levam a gente
longe, longe.

Um livro
é parque de diversões
cheio de sonhos coloridos,
cheio de doces sortidos,
cheio de luzes e balões.

Um livro
é uma floresta
com folhas e flores
e bichos e cores.
É mesmo uma festa,
um baú de feiticeiro,
um navio pirata no mar,
um foguete perdido no ar,
é amigo e companheiro.

Elias José. *Caixa mágica de surpresas*.
São Paulo: Paulus, 2019.

feiticeiro   navio
encontros vocálicos

38

As palavras podem apresentar encontros consonantais e encontros vocálicos.

Se duas consoantes aparecem juntas em uma sílaba (consoante + L e consoante + R), elas formam um **encontro consonantal**. Veja exemplos.

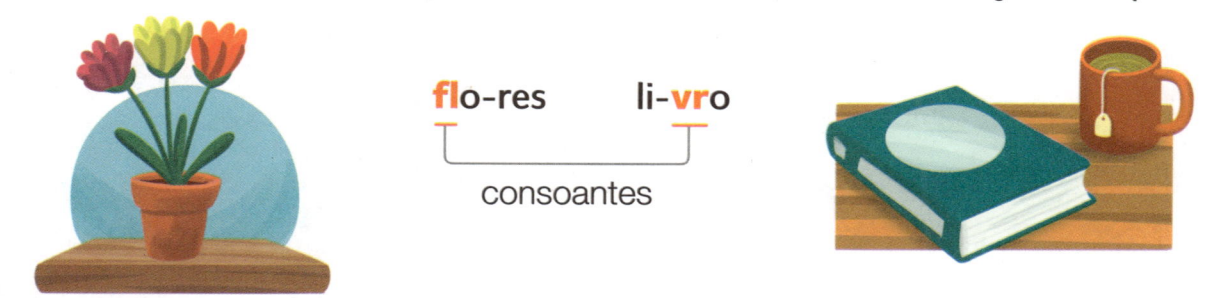

flo-res   li-**vr**o
consoantes

Se duas ou mais vogais aparecem juntas em uma palavra, na mesma sílaba ou não, elas formam um **encontro vocálico**.

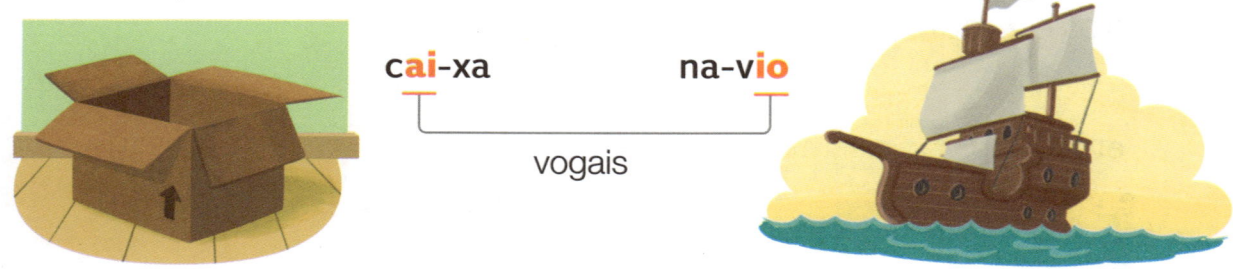

c**ai**-xa   na-v**io**
vogais

Classificação dos encontros vocálicos

Os encontros vocálicos são classificados em **ditongo**, **tritongo** e **hiato**.

Ditongo

O chocolate está na caixa.

c**ai**-xa
ditongo

> O encontro de **duas vogais na mesma sílaba** recebe o nome de **ditongo**.

Outros exemplos.

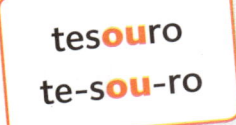

| tes**ou**ro | rec**ei**ta | her**ói** | q**ua**se |
| te-s**ou**-ro | re-c**ei**-ta | he-r**ói** | q**ua**-se |

Tritongo

Estes palhacinhos são iguais.

i-g**uai**s
tritongo

O encontro de **três vogais na mesma sílaba** recebe o nome de **tritongo**.

Outros exemplos.

enxag**uou**
en-xa-g**uou**

Urug**uai**
U-ru-g**uai**

sag**uão**
sa-g**uão**

Hiato

Marina toca piano.

p**i**-**a**-no
hiato

O encontro de **duas vogais em sílabas separadas** recebe o nome de **hiato**.

Outros exemplos.

m**oe**da
m**o**-**e**-da

gar**oa**
ga-r**o**-**a**

tit**ia**
ti-t**i**-**a**

l**ua**r
l**u**-**a**r

40

Atividades

1. Leia em voz alta as palavras e separe-as em sílabas.

coelho _____   leite _____

carneiro _____   saúde _____

- Sublinhe de **azul** as palavras que têm ditongo e de **vermelho** as que têm hiato.

2. Complete com as letras dos quadros e forme nomes de pessoas.

| O E A O |
| N R D |

L __ __ __ __ __ __ __

| R A |
| A U |

L __ __ __ __

| E E |
| I S |

D __ __ __ __

| F L E |
| A A |

R __ __ __ __ __ __

| L A O |
| U I N |

J __ __ __ __ __ __

| D U E |
| E L T A |

C __ __ __ __ __ __ __

- Agora, organize na tabela os nomes que você formou.

Nomes com ditongo	Nomes com hiato

41

3. Leia.

CHEGOU A PRIMAVERA!
É TEMPO DE FLORES, CORES E MAIS ALEGRIA NO AR!

a) Nesse cartaz, há três palavras com encontro vocálico.

Quais são elas? _____

_____

b) Classifique o encontro vocálico que há em cada uma.

4. Agora, releia estas palavras do cartaz.

primavera   flores

- Nessas palavras:

☐ há encontros vocálicos.   ☐ há encontros consonantais.

5. Siga as indicações e forme duas palavras.

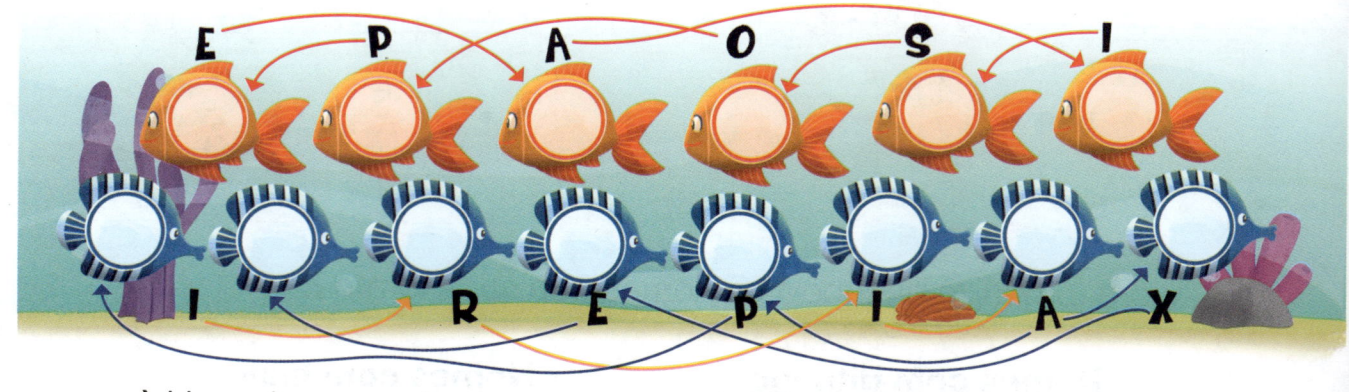

E   P   A   O   S   I

I   R   E   P   I   A   X

a) Uma dessas palavras apresenta dois hiatos. Escreva essa palavra e separe as sílabas dela. _____

b) Qual dessas palavras apresenta um ditongo e um hiato?

Separe as sílabas dessa palavra. _____

Aprendendo com o dicionário

1. Leia esta placa.

- Agora, leia o verbete abaixo e diga em qual dos sentidos a palavra **bravo** foi usada no cartaz.

> **bravo** **bra**.vo
> **adj. 1.** Corajoso, valente, que enfrenta o perigo. **2.** Zangado. **3.** Muito agitado. **4.** Feroz, que ataca.

2. Indique os sentidos que a palavra **bravo** apresenta nestas frases.

   a) Fiquei bravo com o funcionário que me atendeu muito mal. ☐

   b) O bravo bombeiro entrou na casa em chamas e salvou a criança. ☐

   c) O mar hoje está muito bravo, é perigoso entrar na água. ☐

   d) Ela ficou brava com o filho porque ele perdeu a mochila. ☐

   e) Não mexa com esse gato, parece que ele está bravo. ☐

   f) O bravo guerreiro venceu os inimigos. ☐

Reforço ortográfico

O, E (finais)

Céu estrelado

No verão não tenho sono,
quero ficar acordado,
sair à noite e olhar
o céu todinho estrelado!

Leia em voz alta estas palavras.

son**o** noit**e**

- Em muitas palavras, a letra **o** final geralmente é pronunciada com o som de **u**: son**o**.
- Em muitas palavras, a letra **e** final geralmente é pronunciada com o som de **i**: noit**e**.

Por isso, preste atenção na hora de escrever!

Atividades

1. Passe as frases para o singular.

Os meninos abrem os presentes.

_____

Esses vestidos amarelos são elegantes.

_____

- Agora, leia em voz alta as frases que você formou.

2. Leia em voz alta as palavras abaixo. Sublinhe aquelas em que as letras **o** e **e finais** são geralmente pronunciadas com o som de **u** e **i**.

bebe	metrô	bebê	metro
carnê	forro	carne	forró
dominó	bordo	domino	bordô

a) As palavras que você sublinhou são:

☐ oxítonas.   ☐ paroxítonas.   ☐ proparoxítonas.

b) As palavras que você **não** sublinhou são:

☐ oxítonas.   ☐ paroxítonas.   ☐ proparoxítonas.

Reforço ortográfico

3. Quatro palavras da lista abaixo estão escondidas no quadro de letras. Você consegue achá-las? Circule-as.

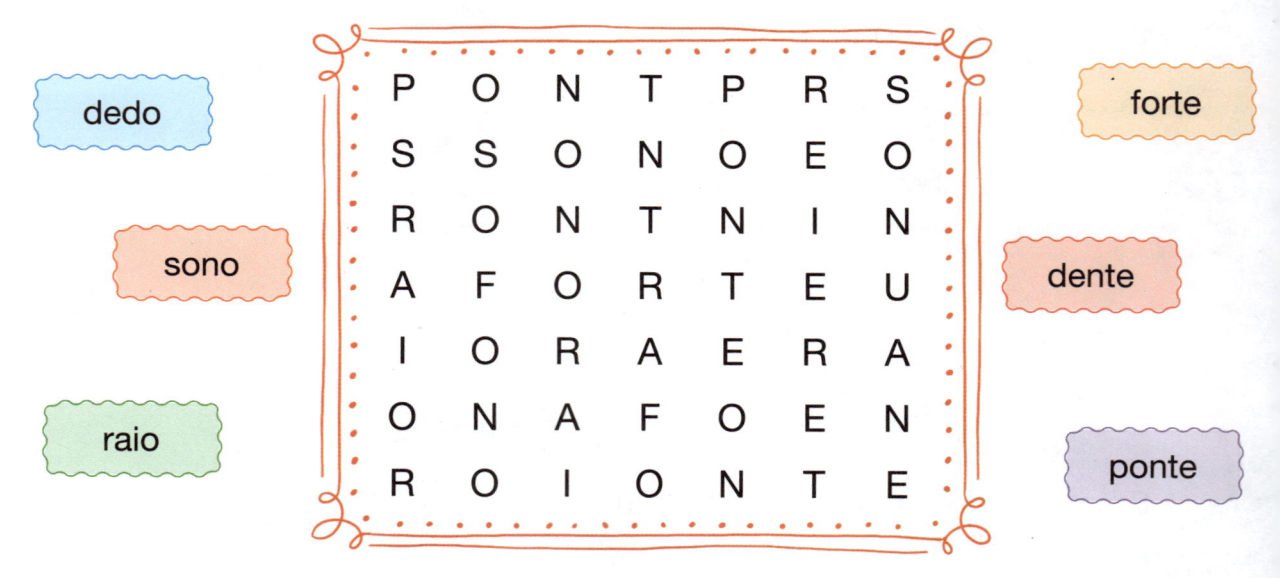

dedo

sono

raio

P	O	N	T	P	R	S
S	S	O	N	O	E	O
R	O	N	T	N	I	N
A	F	O	R	T	E	U
I	O	R	A	E	R	A
O	N	A	F	O	E	N
R	O	I	O	N	T	E

forte

dente

ponte

a) Copie as palavras que **não** estão no quadro.

_____

b) Agora, leia essas palavras em voz alta.

4. Complete cada frase com uma das palavras do quadro.

maio
maiô

a) A menina ganhou um _____ novo para ir à praia no feriado.

saque
saquê

b) O _____ daquele tenista é o mais forte do campeonato.

5. A primeira sílaba de cada palavra está correta, mas as outras letras estão misturadas. Escreva-as corretamente. Veja o exemplo.

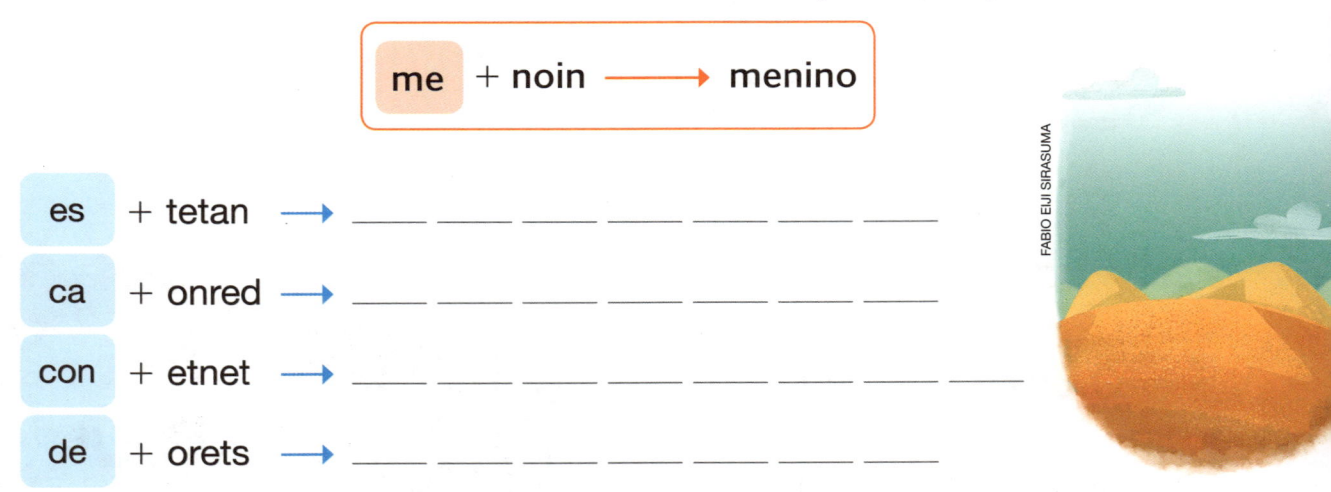

me + noin ⟶ menino

es + tetan ⟶ __ __ __ __ __ __

ca + onred ⟶ __ __ __ __ __ __

con + etnet ⟶ __ __ __ __ __ __ __

de + orets ⟶ __ __ __ __ __ __ __

6. As palavras abaixo foram escritas ao contrário. Escreva-as corretamente.

E N O F E L E T _____ ☐

O R I E H N I R A M _____ ☐

E D A D U A S _____ ☐

O T N E M A S N E P _____ ☐

- Numere essas palavras de 1 a 4, seguindo a ordem alfabética.

7. Complete estes nomes próprios com **e** ou **o**.

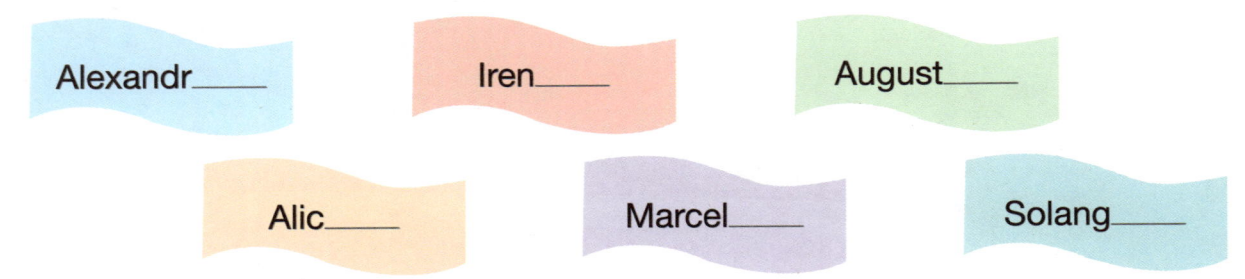

Alexandr____   Iren____   August____

Alic____   Marcel____   Solang____

- Escreva, agora, o seu primeiro nome.

_____

47

4

▶ Sílaba tônica

O circo chegou!

De onde vem esse cheiro novo
esse cheiro de aventura?
E esse brilho, esse barulho
embrulhando a manhã?
Vem de onde, vem de onde
essa vontade de dançar?
Até as nuvens, ansiosas,
fazem fila no céu
para ver o que é que há:
Foi o circo que chegou
espalhando na cidade
um ar de felicidade.

Roseana Murray. *O circo*.
São Paulo: Paulus. 2011.

aven**tu**ra   ma**nhã**   ci**da**de

sílabas tônicas

Minidicionário

Leia o verbete **ansioso**.

48

Sílaba tônica é a sílaba pronunciada com mais força em uma palavra.

Veja outros exemplos.

jar**dim**
última sílaba

es**co**la
penúltima sílaba

sábado
antepenúltima sílaba

Como você viu pelos exemplos acima, a sílaba tônica de uma palavra pode ser a **última**, a **penúltima** ou a **antepenúltima**.

Conforme a posição da sílaba tônica, a palavra é classificada como **oxítona**, **paroxítona** ou **proparoxítona**.

- Oxítona: quando a sílaba tônica é a última.

fute**bol** ⟶ fu-te-**bol**

- Paroxítona: quando a sílaba tônica é a penúltima.

pa**lha**ço ⟶ pa-**lha**-ço

- Proparoxítona: quando a sílaba tônica é a antepenúltima.

médico ⟶ **mé**-di-co

49

Atividades

1. Separe as sílabas das palavras e circule a sílaba tônica.

   - bosque _____
   - mágico _____
   - gramado _____
   - capim _____
   - árvore _____
   - armazém _____

   • Agora, sublinhe de vermelho as palavras oxítonas, de azul as paroxítonas e de verde as proparoxítonas.

2. Leia as palavras em voz alta e circule as oxítonas.

   papel • vento • calor • nuvem • bambu
   mochila • azul • livro • canal • caneta

   • Agora, encontre no quadro de letras as palavras oxítonas que você circulou.

B	A	M	P	E	L	B	U	C	L	C	A
A	Z	U	C	A	R	O	L	R	P	A	P
N	B	Z	U	S	L	C	A	N	A	L	A
B	A	N	A	U	R	A	Z	A	P	O	P
U	M	A	P	L	U	B	U	I	O	R	E
A	B	L	P	A	P	E	L	S	L	E	R
B	U	M	B	C	O	L	O	R	L	A	L

3. Leia os títulos dos livros.

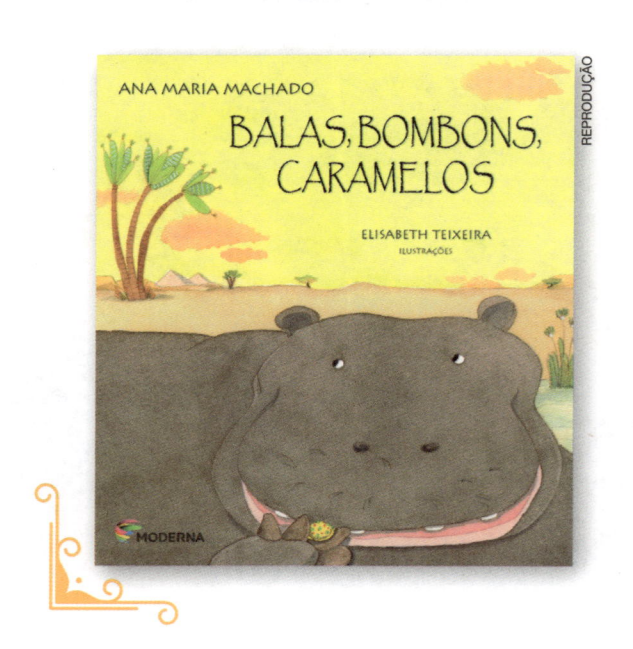

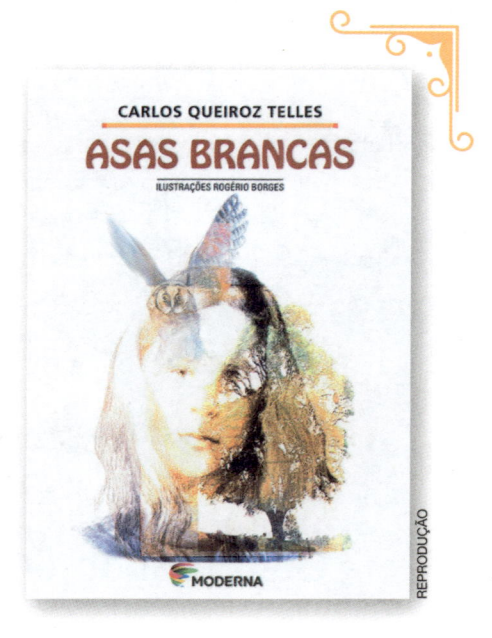

- Qual dos títulos tem apenas palavras paroxítonas?

_____

4. Desafio! Quantas palavras de duas sílabas e paroxítonas você consegue formar juntando as sílabas das nuvens? Já fizemos uma como exemplo.

ma + ta = mata

ta
mo
pa
co
to
no
la
sa
ca
ma

_____
_____
_____
_____
_____
_____

Aprendendo com o dicionário

1. Leia a frase.

O super-homem conseguiu pegar o avião!

- Agora, leia o verbete abaixo e indique em qual dos sentidos o verbo **pegar** foi usado nessa frase.

_____

pegar   pe.**gar**
v. **1.** Segurar, prender nas mãos. **2.** Adquirir ou transmitir uma doença. **3.** Entrar em um veículo para ir a algum lugar. **4.** Seguir por uma direção. **5.** Ser atingido. **6.** Funcionar.

2. Indique os sentidos que o verbo **pegar** tem nas frases a seguir.

   a) Esse menino pegou sarampo. ☐

   b) Peguei chuva quando saí da escola. ☐

   c) Meu celular não pega neste lugar. ☐

   d) Ela pegou o livro que estava na estante. ☐

   e) Pego esse ônibus para ir à escola. ☐

   f) Devo pegar essa rua para chegar à praça. ☐

   g) Ele pegou um táxi e foi ao cinema. ☐

52

Reforço ortográfico

Acento agudo e circunflexo

MINDUIM — Charles M. Schulz

> VENDA DE REVISTAS EM QUADRINHOS USADAS

> VOCÊ SÓ TEM ESSAS?

voc**ê**
vogal com **acento circunflexo**

s**ó**
vogal com **acento agudo**

> O **acento agudo** (´) e o **acento circunflexo** (^) são colocados sobre as vogais tônicas de certas palavras.
>
> O **acento agudo** é usado sobre as vogais **a**, **e**, **i**, **o** e **u**: m**á**scara, caf**é**, fam**í**lia, vov**ó**, sa**ú**de. Nas vogais **a**, **e** e **o**, o acento indica que o som delas é aberto.
>
> O **acento circunflexo** é usado sobre as vogais **a**, **e** e **o** e indica que o som delas é fechado: c**â**mera, t**ê**nis, vov**ô**.

53

Reforço ortográfico

Atividades

1. Leia as palavras em voz alta, circule as sílabas tônicas e acentue as vogais com acento agudo ou circunflexo.

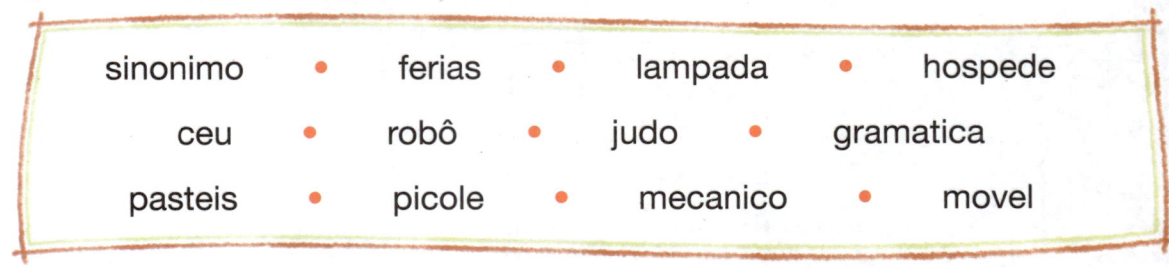

sinonimo	ferias	lampada	hospede
ceu	robô	judo	gramatica
pasteis	picole	mecanico	movel

2. O acento pode mudar o significado de uma palavra. Por isso, preste atenção na hora de escrever. Complete os espaços do texto com **e** ou **é**.

O jardineiro cuida bem da grama _____ das plantas.

Ele _____ esforçado _____ gosta do trabalho que faz.

"_____ muito bom ver um jardim bem bonito", costuma dizer.

"Este _____ um serviço que me deixa satisfeito _____ feliz."

54

3. Troque os símbolos pelas letras e descubra duas palavras que completam os nomes das sobremesas ilustradas.

a) Observe as fotos a seguir e escreva as palavras que você formou nos espaços certos.

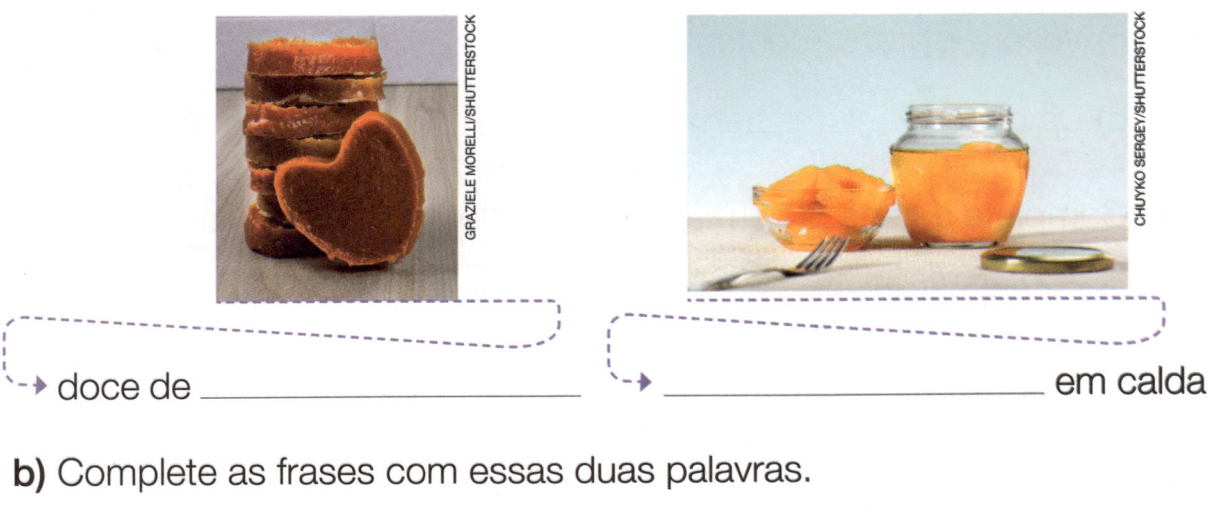

→ doce de _____   _____ em calda

b) Complete as frases com essas duas palavras.

A palavra _____ tem acento agudo.

A palava _____ tem acento circunflexo.

c) Agora, separe as sílabas dessas palavras e circule a sílaba tônica de cada uma.

_____

d) Essas duas palavras são:

☐ oxítonas.   ☐ paroxítonas.   ☐ proparoxítonas.

Reforço ortográfico

4. Leia a frase em voz alta e observe a diferença de sentido entre a palavra **esta** (sem acento) e a palavra **está** (com acento agudo).

> **Esta** cidade **está** enfeitada para a festa!

- Agora, complete as frases com **esta** ou **está**.

   a) _____ menina _____ muito elegante hoje.

   b) Onde _____ a professora? Será que ela _____ na biblioteca?

   c) Você _____ contente com _____ notícia?

   d) De quem é _____ mochila que _____ no armário?

5. Complete as frases com as palavras dos quadrinhos.

   a) Se você for para o Sul, leve um agasalho de _____, pois _____ faz muito frio.   `lá / lã`

   b) _____ um pedaço _____ bolo a seu irmão; você já comeu dois!   `de / dê`

   c) Ele trouxe _____ notícias, _____ foi gentil ao anunciá-las.   `mas / más`

   d) Ele deu um _____ tão apertado _____ cadarço que foi preciso cortá-lo.   `no / nó`

- Agora, organize as palavras que você usou para completar as frases nos quadros.

Palavras com acento agudo	Palavras com acento circunflexo	Palavras sem acento

6. Leia esta historinha do Bidu.

- Agora, ligue as colunas.

acento agudo

acento circunflexo

só

alguém

ônibus

Atenção!

Não erre na escrita!
Acento: sinal que se coloca sobre uma vogal para indicar a sílaba tônica e sua pronúncia.
Assento: lugar onde as pessoas sentam.

5

Acentuação gráfica: monossílabas e oxítonas

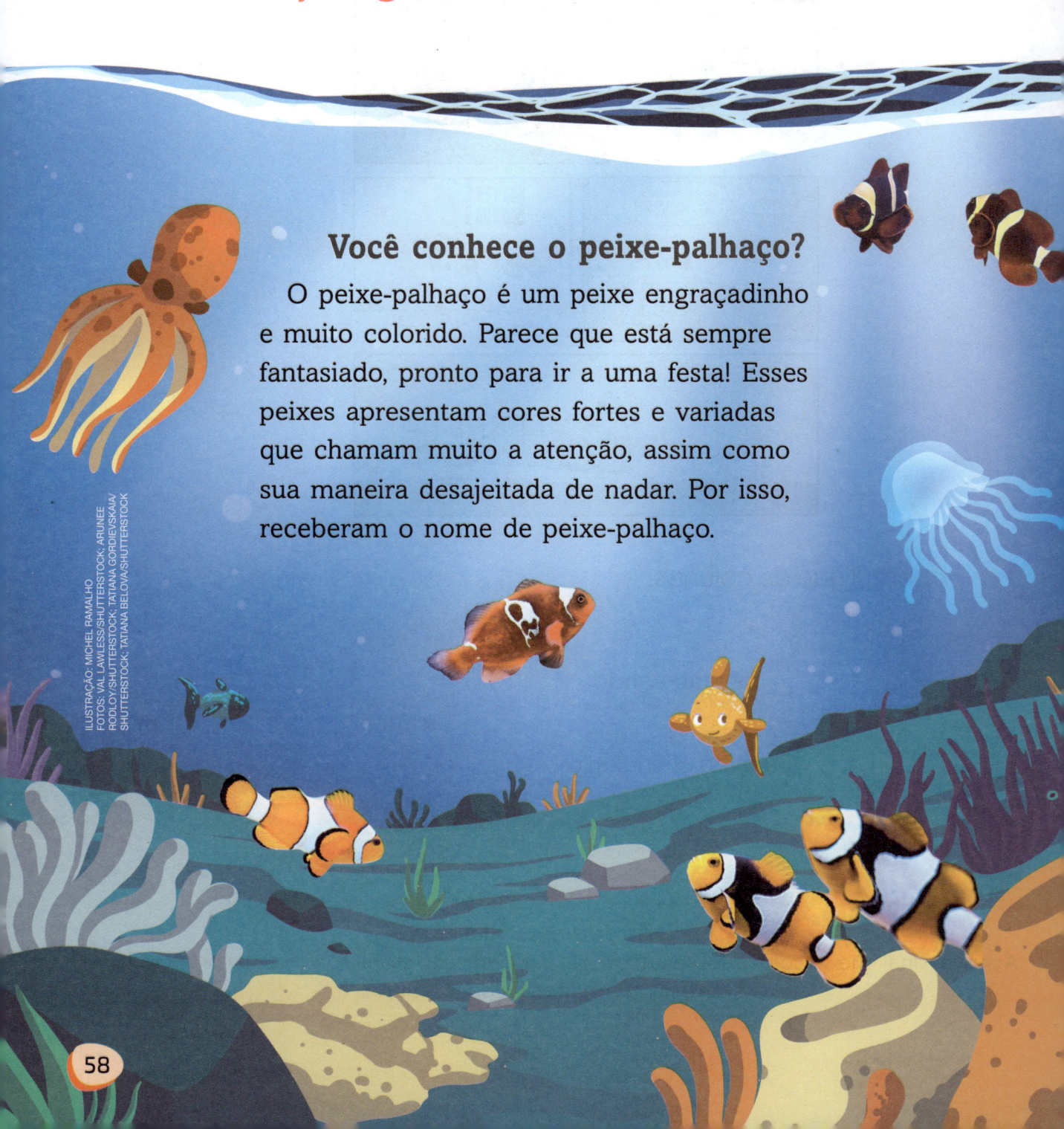

Você conhece o peixe-palhaço?

O peixe-palhaço é um peixe engraçadinho e muito colorido. Parece que está sempre fantasiado, pronto para ir a uma festa! Esses peixes apresentam cores fortes e variadas que chamam muito a atenção, assim como sua maneira desajeitada de nadar. Por isso, receberam o nome de peixe-palhaço.

Você já estudou que cada pedacinho de uma palavra pronunciado de uma só vez recebe o nome de **sílaba**.

seu ⟶ palavra com uma só sílaba: **seu**

nome ⟶ palavra com duas sílabas: **no-me**

palhaço ⟶ palavra com três sílabas: **pa-lha-ço**

colorido ⟶ palavra com quatro sílabas: **co-lo-ri-do**

engraçadinho ⟶ palavra com cinco sílabas: **en-gra-ça-di-nho**

E que, de acordo com o número de sílabas, as palavras podem ser classificadas em:

- **monossílabas** – quando têm apenas uma sílaba;
- **dissílabas** – quando têm duas sílabas;
- **trissílabas** – quando têm três sílabas;
- **polissílabas** – quando têm quatro sílabas ou mais.

ILUSTRAÇÕES: MICHEL RAMALHO

Acentuação das monossílabas

Leia, agora, estas frases em voz alta. Preste atenção às palavras destacadas.

O pai **da** menina **dá** um presente para ela.

- **da**: monossílaba pronunciada fracamente
- **dá**: monossílaba pronunciada fortemente

Dê o livro **de** Geografia para a professora.

- **Dê**: monossílaba pronunciada fortemente
- **de**: monossílaba pronunciada fracamente

ILUSTRAÇÕES: MICHEL RAMALHO

> As **palavras monossílabas** terminadas em **a** (ou **as**), **e** (ou **es**), **o** (ou **os**) são graficamente acentuadas quando pronunciadas fortemente.
> - Levam acento agudo quando a vogal tem som aberto.
> - Levam acento circunflexo quando a vogal tem som fechado.

Veja.

Nós vimos **três** borboletas no jardim.

O cachorro está em **pé** tentando pegar as borboletas.

Atividades

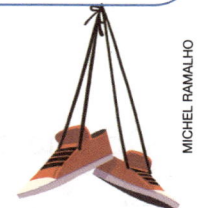

1. Complete corretamente as frases com as palavras indicadas nos quadrinhos.

   a) _____ uma xícara _____ chá ao vovô.   `de • dê`

   b) Fiquei com _____ _____ menino que caiu.   `do • dó`

   c) No filme, a mulher _____ um grito, sai _____ casa e se esconde.   `da • dá`

   d) Alguém deu um _____ _____ cordão do meu tênis.   `no • nó`

2. Leia as frases em voz alta e acentue as palavras monossílabas se necessário.

   a) O homem jogou terra no buraco com uma pa.

   b) A rainha ma quis prender a princesa.

   c) Peguei um pano e tirei o po da mesa.

   d) Aqui e um lugar seguro, não ha perigo nenhum.

   e) Saia ja daí e venha ca!

3. Leia a tirinha e sublinhe as palavras monossílabas.

   ARMANDINHO — Alexandre Beck

   — ENTÃO QUANDO VOCÊ CRESCER VAI CUIDAR DA NATUREZA?!
   — ESPERO QUE SIM!
   — DEPENDE DE VOCÊS!
   — TENTEM NÃO DESTRUIR TUDO ATÉ LÁ!

   a) Copie a única monossílaba acentuada. _____

   b) Copie a única palavra polissílaba. _____

Acentuação das oxítonas

[Jacaré]

Do que a forte onça-pintada
Ele é mais feroz, até.
Vive sempre perto d'água,
Quem será? Que bicho é?
Tem bocão e couro grosso
Esse tal de jacaré.

Fábio Sombra. *Onça, veado, poesia e bordado.*
São Paulo: Moderna, 2015. p. 18.

Você estudou que damos o nome de **sílaba tônica** à sílaba que é pronunciada com mais força em uma palavra. E que, de acordo com a posição da sílaba tônica, as palavras podem ser classificadas em:

- **oxítonas** – quando a sílaba tônica é a última;

    jaca**ré** ⟶ ja-ca-**ré**

    se**rá** ⟶ se-**rá**

- **paroxítonas** – quando a sílaba tônica é a penúltima;

    onça ⟶ **on**-ça

    forte ⟶ **for**-te

- **proparoxítona** – quando a sílaba tônica é a antepenúltima.

    árvore ⟶ **ár**-vo-re

    re**lâm**pago ⟶ re-**lâm**-pa-go

Veja, agora, quando acentuar graficamente as oxítonas. Leia estas palavras e observe as sílabas destacadas em cada uma.

gam**bá**	jaca**ré**	vo**cê**	ci**pó**	arma**zém**	vo**vô**
gam**bás**	jaca**rés**	vo**cês**	ci**pós**	arma**zéns**	vo**vôs**

As **palavras oxítonas** terminadas em **a** (ou **as**), **e** (ou **es**), **o** (ou **os**) e **em** (ou **ens**) devem ser graficamente acentuadas.

O acento **agudo** indica que a vogal tem **som aberto**.
O acento **circunflexo** indica que a vogal tem **som fechado**.

ILUSTRAÇÕES: MICHEL RAMALHO

Atividades

1. Leia em voz alta as dez palavras oxítonas abaixo e acentue-as quando necessário.

| bambu | bone | tatu | paleto | maracujas |

| robo | bambole | picole | guri | guarana |

a) Colocando as palavras que você acentuou na ordem alfabética, qual deve ser a primeira? _____

b) E a última? _____

2. Troque as letras das palavras abaixo por aquelas que vêm **antes** no alfabeto e forme três nomes de pessoas.

DBSPMJOB → _____

BOESF → _____

BMFYBOESF → _____

a) Só um desses nomes deve levar acento. Qual? _____

b) Por quê?

64

Aprendendo com o dicionário

1. Leia o cartaz.

Pratique esportes!

É divertido e bom para o corpo!

- Agora, leia o verbete abaixo e indique o sentido que a palavra **bom** tem nessa frase.

_____

> **bom**
> **adj. 1.** Bondoso, que faz o bem. **2.** Competente, que faz bem seu trabalho. **3.** Saudável, que faz bem à saúde. **4.** Delicioso, gostoso. **5.** Que tem valor ou boa qualidade.

2. Releia o verbete e indique os sentidos que a palavra **bom** tem nas frases abaixo.

   a) Ele é um bom mecânico, conserta bem os automóveis. ☐

   b) O clima desta cidade é muito bom. ☐

   c) Você fez um bom trabalho de Ciências. Parabéns! ☐

   d) Hum! Esse doce é muito bom! ☐

   e) Ele é um homem bom, sempre ajuda quem precisa. ☐

   f) Faz muito frio nesta região; isso não é bom para as pessoas. ☐

Reforço ortográfico

▶ Consoante muda

Néctar: o alimento das borboletas

A maior parte das borboletas passa o tempo voando de uma flor a outra, sugando-lhes o delicioso **néctar**. Para tocar nas flores e reconhecê-las, as borboletas se utilizam das antenas: uma espécie de "nariz", comprido e fácil de mexer, próprio para penetrar na **corola** das flores e descobrir o néctar doce.

Primeira enciclopédia: os animais dos campos e dos jardins. São Paulo: Maltese, 1987. p. 17.

líquido açucarado produzido pelas flores

conjunto das folhas coloridas e delicadas das flores

né**c**tar
|
consoante muda

Consoante muda é aquela que, numa palavra, não se apoia em nenhuma vogal.

Atividades

1. Complete as frases com as palavras do quadro.

> advogado   pneu   técnico
> objeto   magnífico   adjetivo

a) O astrônomo viu um _____ estranho no ar.

b) O _____ do time orienta os jogadores.

c) Cuidado! O _____ dessa bicicleta está furado.

d) O _____ provou que o rapaz era inocente.

e) A palavra "grande" é um _____.

f) Parabéns! Você fez um desenho _____!

- Agora, leia essas frases em voz alta.

2. Siga a indicação do quadro 1 e forme uma palavra com consoante muda no quadro 2.

Comece pela bolinha **vermelha**.

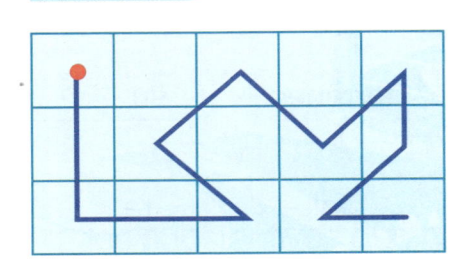

Quadro 1

Quadro 2

H		Ó		T
	C		P	E
E	L	I	R	O

- Agora, escreva a palavra que você formou. _____

Reforço ortográfico

3. Na separação silábica, a consoante muda fica com a vogal que vem **antes** dela.

| a**d**vogado ⟶ **ad**-vo-ga-do | ca**pt**urar ⟶ **cap**-tu-rar |

- Separe as sílabas das palavras a seguir.

  - observação _____
  - admirar _____
  - espectador _____
  - submarino _____

4. Complete os espaços escolhendo uma das indicações dos quadrinhos coloridos.

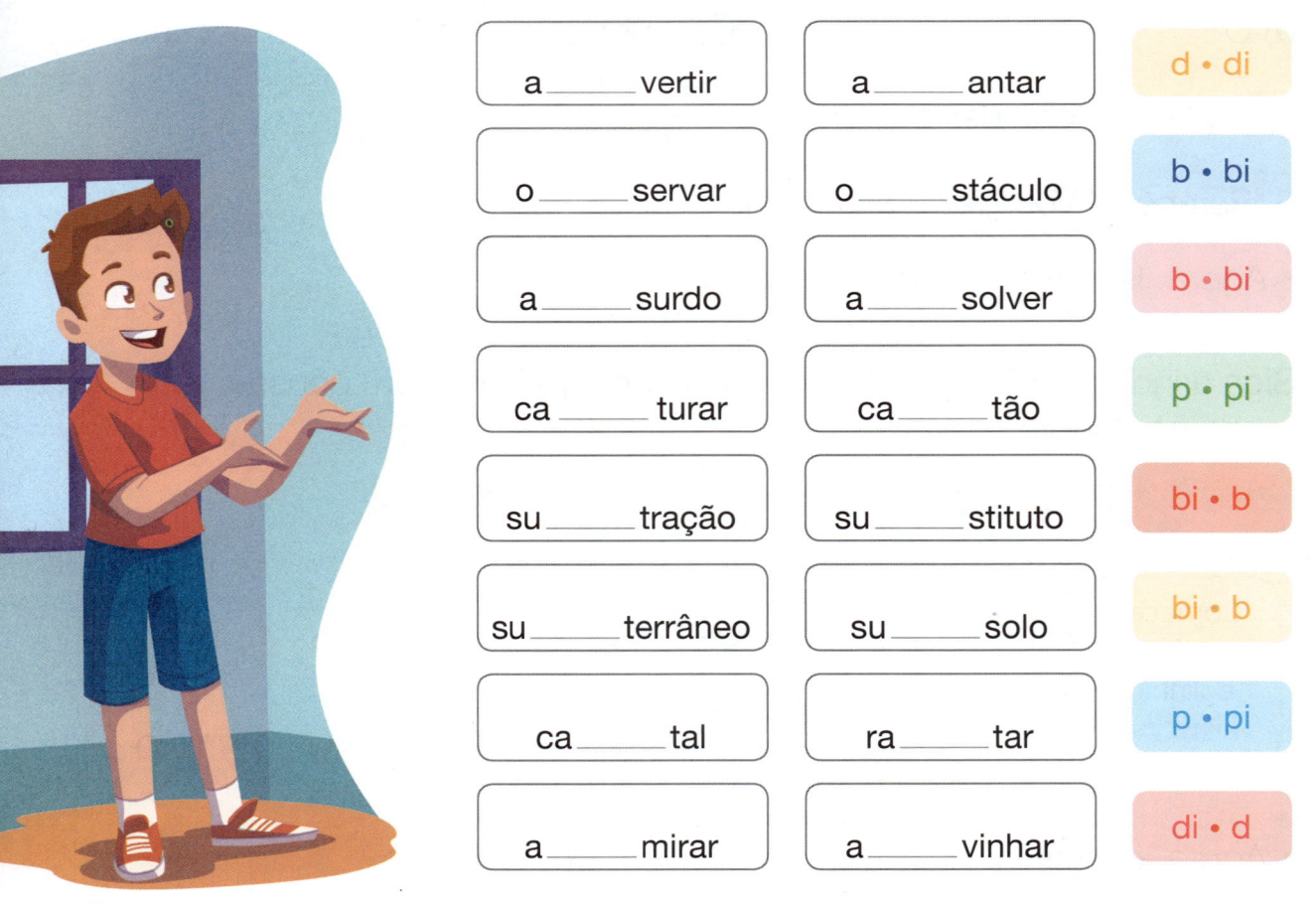

a_____vertir	a_____antar	d • di
o_____servar	o_____stáculo	b • bi
a_____surdo	a_____solver	b • bi
ca_____turar	ca_____tão	p • pi
su_____tração	su_____stituto	bi • b
su_____terrâneo	su_____solo	bi • b
ca_____tal	ra_____tar	p • pi
a_____mirar	a_____vinhar	di • d

68

5. Leia.

Jean Galvão

a) O que provoca o humor dessa tira?

b) Que palavra com consoante muda foi usada nessa tira? _____

c) Separe as sílabas dessa palavra. _____

6. Ordene as sílabas de mesma cor e forme nomes de pessoas com consoantes mudas.

ney   mun   mar   Ed   Dag   da   Sid   do   Ed   na   Mag

6

Acentuação gráfica: paroxítonas terminadas em L, R, I, UM

**ALIMENTAÇÃO SAUDÁVEL
FAZ BEM PARA O CÉREBRO
E PARA O CORAÇÃO!**

Minidicionário

Leia o verbete **saudável**.

saudáve**l**

palavra paroxítona terminada em **l**

Você já estudou que uma palavra é **paroxítona** quando a sílaba tônica é a penúltima, como a palavra **amigos**.

Agora, observe que algumas paroxítonas são graficamente acentuadas.

| túne**l** | tá**xi** | láp**is** | hambúrgue**r** | álb**um** |

As palavras **paroxítonas** terminadas em **l**, **r**, **i** (ou **is**), **um** (ou **uns**) devem ser acentuadas.

Atividades

1. Acentue corretamente as palavras.

   tenis   automovel   açucar   incrivel   agradavel

   • Complete o texto com as palavras que você acentuou.

   Saímos de _____ num dia muito _____.

   Quando chegamos à praia, levamos um susto: ela era _____!

   Tinha uma areia fininha como _____ e um mar calmo de

   águas azuis. Logo tiramos os _____ e corremos para o mar!

2. Em cada item, há uma palavra que deve ser acentuada. Sublinhe essa palavra e acentue-a. Veja o exemplo.

a) lição <u>fácil</u>

b) calça com ziper

c) biquini azul

d) ferramenta util

e) movel antigo

f) pessoa amavel

3. Cada título destes filmes apresenta uma palavra sem acento. Acentue-as corretamente.

O HORRIVEL MONSTRO DAS NEVES

UM PORQUINHO ADORAVEL

4. Leia as palavras do quadro.

| invisível | imóvel | invencível | inacreditável |
| aproveitável | comestível | inútil |

Atenção! Cuidado com os acentos!

- Agora, leia as explicações e escreva a palavra do quadro correspondente. O primeiro já foi feito como exemplo.

a) Que não é útil. ·······▶ **inútil**

b) Que não se mexe. ·······▶ _____

c) Que não dá para acreditar. ·······▶ _____

d) Que se pode comer. ·······▶ _____

e) Que se pode aproveitar. ·······▶ _____

f) Que não se consegue ver. ·······▶ _____

g) Que não se consegue vencer. ·······▶ _____

Acentuação gráfica: paroxítonas terminadas em ditongo

ARMANDINHO — Alexandre Beck

— DESLIGA ESSA TEVÊ!
— É A ÚLTIMA VEZ QUE EU PEÇO!!
— ÚLTIMA?
— VITÓRIA!
— Ei! Ei!

vitór**ia**

paroxítona terminada em **ditongo**

> As palavras **paroxítonas** terminadas em **ditongo**, seguido ou não de **s**, devem ser acentuadas.

Veja os exemplos.

armár**io**

relóg**ios**

órg**ão**

rég**uas**

73

Atividades

1. Troque as letras por aquelas que vêm **antes** no alfabeto e forme palavras.

   IJTUPSJB → _____

   JOGBODJB → _____

   HJOBTJP → _____

   BNCVMBODJB → _____

   - Agora, acentue as palavras que você formou.

2. Nomes de pessoas também devem ser acentuados segundo as regras de ortografia. Há muitos nomes que são palavras paroxítonas terminadas em ditongo. Veja alguns exemplos.

   | Már**io** | Sílv**io** | Tân**ia** |

   - Os nomes abaixo foram escritos ao contrário, sem acento e sem inicial maiúscula. Escreva-os corretamente.

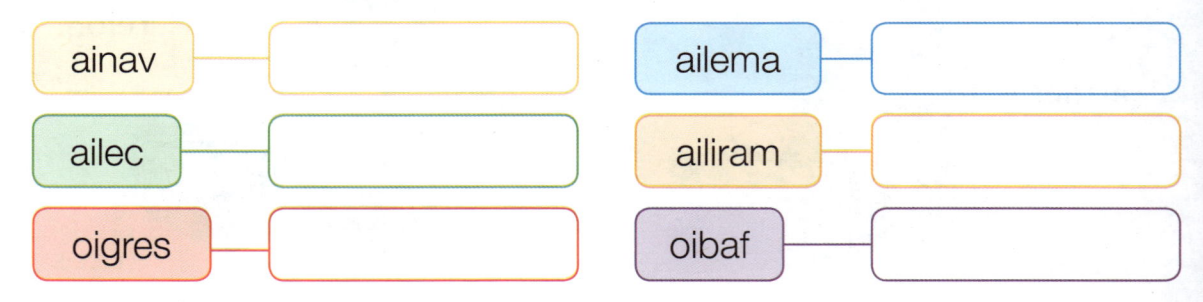

   ainav — _____   ailema — _____

   ailec — _____   ailiram — _____

   oigres — _____   oibaf — _____

3. Quais palavras devem ser acentuadas nesta faixa?

   JULIO E MARCIA: FELIZ ANIVERSARIO!

Aprendendo com o dicionário

1. Leia.

As crianças plantaram flores na entrada da escola, que agora mudou, ficou mais bonita e alegre.

- Agora, leia o verbete abaixo e indique o sentido do verbo **mudar** nessa frase. _____

> **mudar** mu.**dar**
> **v. 1.** Trocar. **2.** Modificar, transformar, deixar de outro modo. **3.** Pôr em outro lugar. **4.** Sair do lugar onde se mora para ir morar em outro lugar.

2. Indique os sentidos que o verbo **mudar** tem nas frases abaixo.

a) Essa família mudou-se para outra cidade. ☐

b) O novo penteado mudou o rosto da menina. ☐

c) Ela mudou de roupa para ir à festa. ☐

d) O amor muda as pessoas. ☐

e) Vou mudar de lugar com você. ☐

f) Praticar esportes muda o corpo das pessoas. ☐

g) A professora mudou os livros da estante de lugar. ☐

Reforço ortográfico

GUE, GUI, GUA

GARFIELD — Jim Davis

conse**gue** → gue → **u** não pronunciado

lín**gua** → gua → **u** pronunciado

Grupos gue e gui

> Nos grupos **gue** e **gui**, a letra **u** às vezes é pronunciada, às vezes não é pronunciada, dependendo da palavra.

Exemplos de palavras em que o **u** é pronunciado.

a**gue**ntar lin**gui**ça sa**gui**

Exemplos de palavras em que o **u** não é pronunciado.

nin**gué**m al**gué**m conse**gui**r

Grupo gua

> No grupo **gua**, a letra **u** é sempre pronunciada.

lin**gua**rudo **gua**rda á**gua**

Atividades

1. Ordene as sílabas e forme palavras.

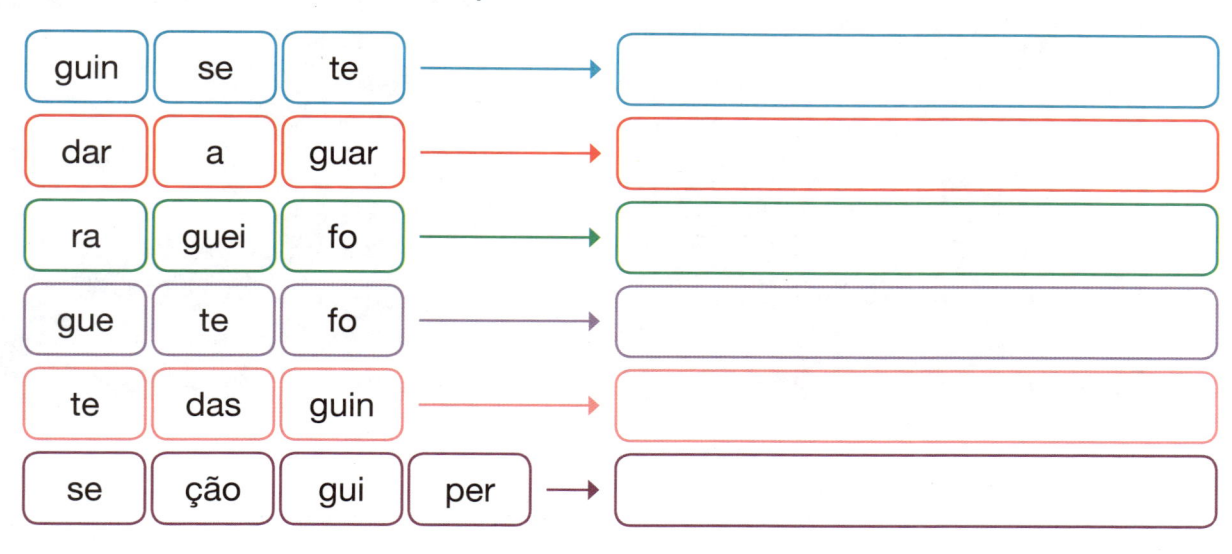

guin	se	te	→	
dar	a	guar	→	
ra	guei	fo	→	
gue	te	fo	→	
te	das	guin	→	
se	ção	gui	per	→	

a) Leia em voz alta as palavras que você formou.

b) Colocando essas palavras em ordem alfabética, qual é a segunda?

   E a penúltima? _____

2. Decifre o código e descubra o nome do animal que, quando se vê em perigo, enterra-se na areia do fundo do mar.

   C N G A R J E O U

a) Separe as sílabas da palavra que você formou. _____

b) Essa palavra é:

   ☐ oxítona.   ☐ paroxítona.   ☐ proparoxítona.

Reforço ortográfico

3. Escreva o nome da árvore que dá cada fruta.

Pêssego

Figo

Manga

Pitanga

- Nas palavras que você escreveu, o **u** do grupo **gue**:

  ☐ é pronunciado.   ☐ não é pronunciado.

4. Sublinhe com um traço as palavras abaixo em que o **u** é pronunciado e com dois traços as palavras em que o **u** não é pronunciado.

GUANABARA   GUILHERME   URUGUAI   GUEPARDO

5. Complete as frases de acordo com o exemplo.

> Ele pegou o livro. ⟶ Eu também peguei.

a) Ela pegou a mochila. Eu também _____.

b) Ele chegou tarde. Eu também _____.

c) Ela apagou a luz. Eu também _____.

d) Ele pagou o lanche. Eu também _____.

6. No quadro de letras abaixo, corte as consoantes da palavra **futebol** e descubra uma nova palavra.

t a f ç o b u g l u f e t i r o l

a) Escreva a palavra que você descobriu. _____

b) Essa palavra indica a pessoa que trabalha em um _____.

7. Troque as letras por aquelas que vêm **antes** no alfabeto e forme o nome de um lindo animal das selvas brasileiras que parece onça, mas não é.

KBHVBUJSJDB ⟶ ___ ___ ___ ___ ___ ___ ___ ___ ___ ___ ___

• Leia em voz alta o nome desse animal.

7

Acentuação gráfica: proparoxítonas

Um pássaro diferente

O pássaro joão-de-barro é um ótimo construtor de ninho de barro em forma de forno. Para isso, o casal usa o bico e os pés para amassar as bolinhas de barro com palha e, aos poucos, vai levantando sua casinha, que costuma ficar pronta em 20 dias, mais ou menos.

Se o tempo esfria, o joão-de-barro não se preocupa, pois a abertura do ninho fica na direção contrária ao vento e o protege muito bem. Lá dentro é até quentinho.

Ele faz um corredor de entrada em forma de L, que permite o acesso ao interior do ninho, onde há uma espécie de quartinho forrado de penas, folhas e outras coisas macias. É lá que serão chocados os ovos, em segurança. E você pensa que é só a fêmea que cuida dos filhotes? Nada disso, os dois cuidam deles com carinho.

É bem diferente esse joão-de--barro, não acham?

ILUSTRAÇÕES: DAYANE RAVEN

pássaro → **pás** - sa - ro
palavra proparoxítona

ótimo → **ó** - ti - mo
palavra proparoxítona

> **Proparoxítona** é a palavra em que a **antepenúltima** sílaba é tônica. **Toda** palavra **proparoxítona** é acentuada.

Veja alguns exemplos.

lâmpada   **mé**dico   **sí**laba   **ô**nibus   **nú**mero

81

Atividades

1. No quadro, há palavras oxítonas, paroxítonas e proparoxítonas. Sublinhe as **proparoxítonas** e acentue-as corretamente.

principe   mágico   devagar
rapido   pequeno   professor   centimetro   medo
abobora   pagina   mecânico   pessego   esporte
          musica   celular

2. A primeira sílaba de cada palavra está certa, mas as outras letras estão misturadas. Ordene as letras e forme palavras. Veja o exemplo.

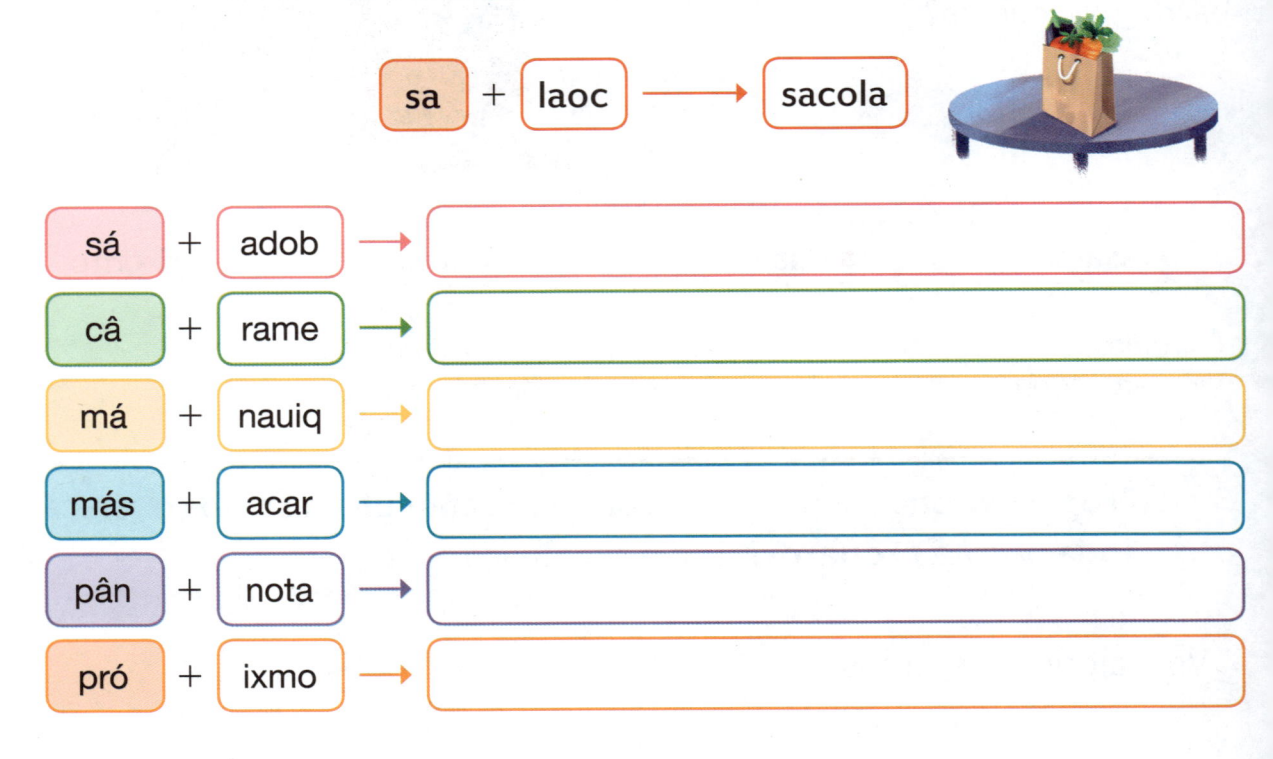

sa + laoc → sacola

sá + adob →

câ + rame →

má + nauiq →

más + acar →

pân + nota →

pró + ixmo →

- Todas as palavras que você formou são:

☐ oxítonas.   ☐ paroxítonas.   ☐ proparoxítonas.

3. Siga as indicações e forme os nomes de três animais.

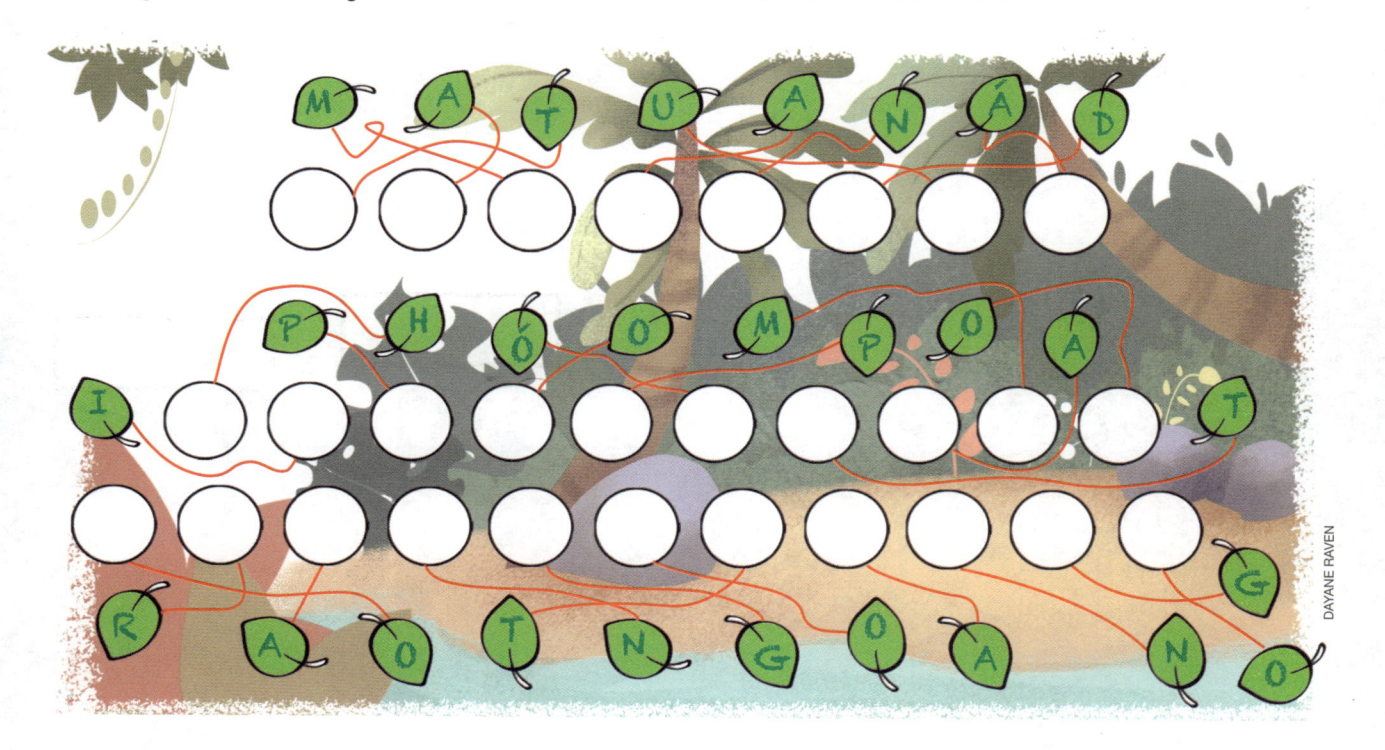

a) Copie os nomes para identificar a foto de cada animal.

b) Agora:

- circule de **azul** o nome que é uma palavra oxítona.

- circule de **vermelho** o nome que é uma palavra paroxítona.

- circule de **verde** o nome que é uma palavra proparoxítona.

83

4. Nomes de pessoas que são palavras proparoxítonas também devem levar acento agudo ou circunflexo. Leia em voz alta os seis nomes da cena e acentue-os se necessário.

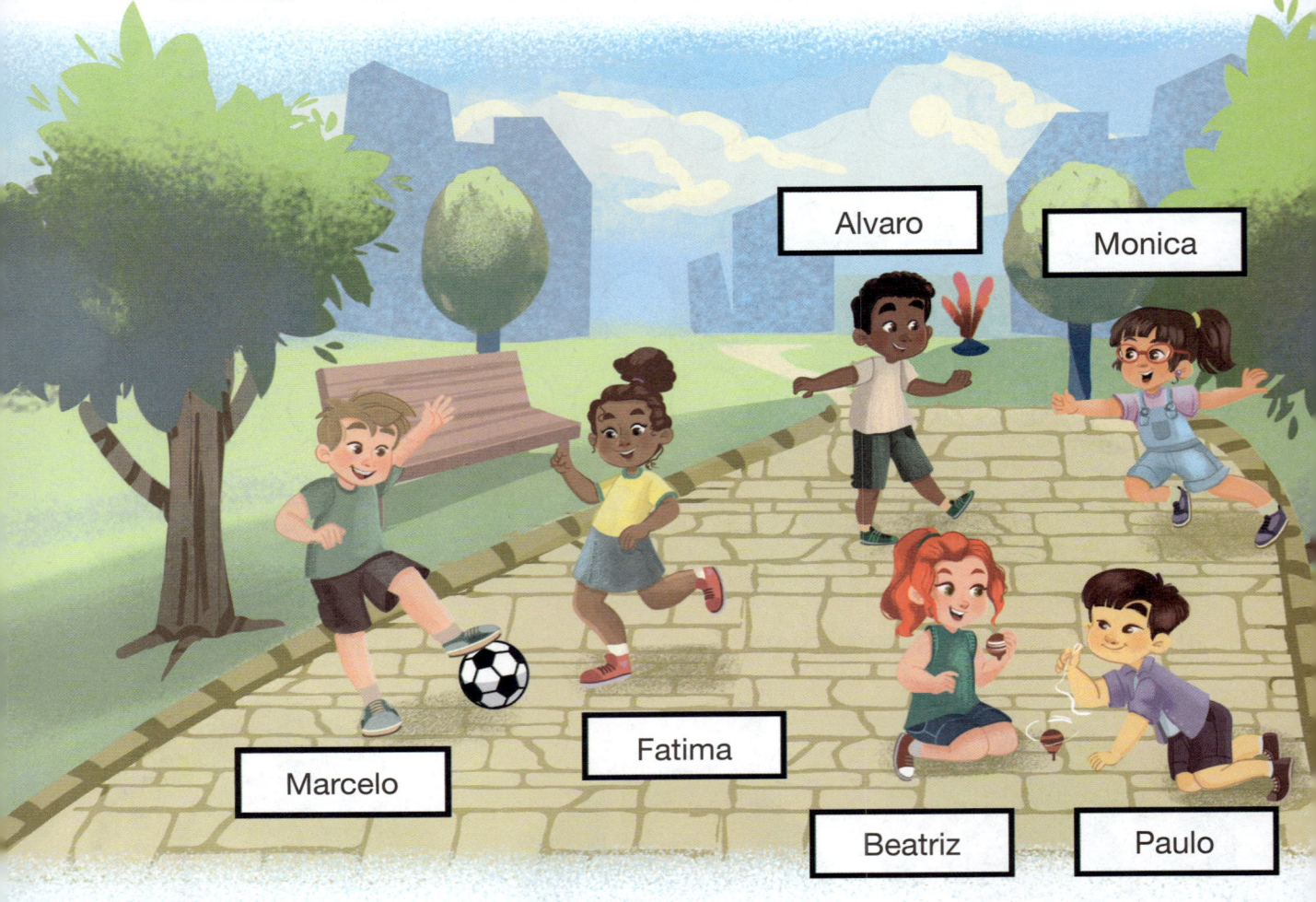

Álvaro

Mônica

Marcelo

Fátima

Beatriz

Paulo

a) Agora, escreva seu primeiro nome.

Nome: _____
_____
_____

b) Seu primeiro nome é uma palavra:

☐ oxítona.   ☐ paroxítona.   ☐ proparoxítona.

Aprendendo com o dicionário

1. Leia.

   Ajude a manter a casa em ordem. Não largue seus brinquedos pela casa.

   - Agora, leia o verbete abaixo e indique em que sentido o verbo **largar** foi usado nessa frase.

   > **largar** lar.gar
   > v. 1. Abrir a mão e soltar o que se segura. 2. Deixar jogado.
   > 3. Abandonar. 4. Partir, sair do ponto em que se estava.

2. Indique os sentidos que o verbo **largar** tem nestas frases.

   a) Você não deve largar o curso pela metade. ☐

   b) O menino não larga a mão do pai quando atravessa a rua. ☐

   c) O piloto brasileiro largou em primeiro naquela corrida. ☐

   d) Não largue seu tênis no corredor; guarde-o no armário. ☐

   e) Não sei por que ele largou esse emprego. ☐

   f) Marisa largou a caneta e pegou o giz. ☐

   g) Quem largou essa mochila no canto da sala? ☐

Reforço ortográfico

QUE, QUI, QUA

Guepardo: o campeão de velocidade

O guepardo é o animal de quatro patas mais rápido que existe. Nenhum outro consegue ser tão veloz quanto ele. Quando o vemos sentado, tranquilo, não imaginamos que, em poucos segundos, ele pode alcançar a incrível velocidade de 100 km por hora, a mesma de um automóvel!

Mas ele aguenta correr assim apenas distâncias curtas, no máximo uns quinhentos metros. Depois se cansa e precisa dar uma parada de uma hora mais ou menos para se recuperar.

O guepardo é um animal bonito e musculoso. Pode pesar cerca de cinquenta quilos e tem manchas negras pelo corpo todo.

Um guepardo em plena corrida.

coluna flexionada   coluna estendida

As patas tocam no chão.   As patas não tocam no chão, como se ele estivesse voando.

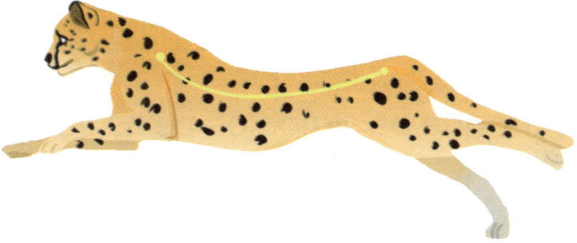

Cientistas da Universidade do Estado da Carolina do Norte (EUA) criaram um robô usando como base o guepardo.

que   **qui**nhentos   cin**que**nta   tran**qui**lo

u não pronunciado   **u** pronunciado

> Nos grupos **que** e **qui**, a letra **u** às vezes é pronunciada e às vezes não é pronunciada, dependendo da palavra.

quatro   **qua**ndo

u pronunciado

> No grupo **qua**, a letra **u** é sempre pronunciada.

ILUSTRAÇÕES: DAYANE RAVEN

Reforço ortográfico

Atividades

1. Troque os símbolos pelas vogais e forme palavras.

| a | e | i | o | u | ã |

p ___ q ___ ___ n ___ q ___ ___

q ___ ___ m ___ d ___

q ___ ___ rt ___ ___ r ___ ___

a) Separe as sílabas das palavras que você formou.

b) Qual dessas palavras apresenta três ditongos?

_____

Ditongo é o encontro de duas vogais na mesma sílaba.

2. Complete as frases interrogativas com as palavras abaixo.

Quem   Quanto   Quando

Qual   Quantos   Com quem

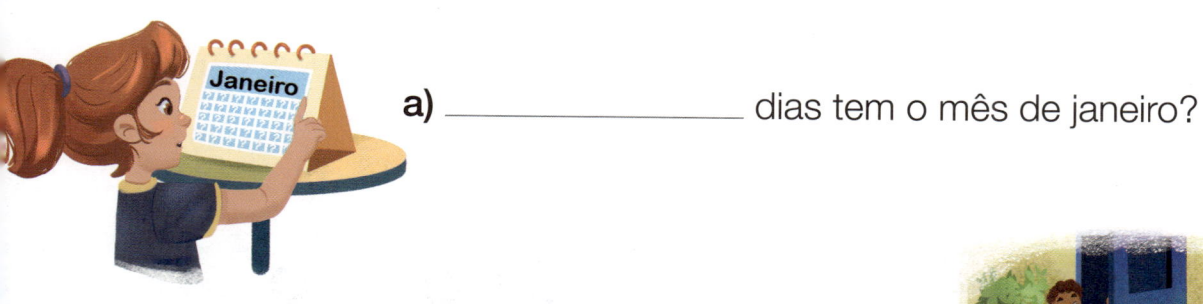

a) _____ dias tem o mês de janeiro?

b) _____ é esse menino que entrou na sala?

c) _____ vamos à praia?

d) _____ você foi à festa da escola?

e) _____ é o nome da nova professora?

f) _____ custa essa camiseta?

- Leia em voz alta as frases formadas.

89

Reforço ortográfico

3. Complete as frases com as palavras indicadas nos quadros.

> tranquilamente   quando   parque   esquilo

_____ entramos no _____, vimos um _____ andando _____ perto das pessoas.

> quatro   Joaquim   quilômetros   daqui

_____ a _____ ou cinco _____, chegaremos à cidade de Santos, onde mora nosso amigo _____.

a) Leia em voz alta as frases formadas.

b) Agora, organize na tabela as palavras que você escreveu nas frases.

Palavras em que o u é pronunciado	Palavras em que o u não é pronunciado

4. Complete as frases com os verbos do quadro.

esqueceu   conseguiu   esquentou   aguentei   aguar

a) Ele costuma _____ as plantas de manhã bem cedo.

b) Quem _____ terminar o exercício?

c) Mamãe _____ a água para fazer café.

d) Eu saí porque não _____ o calor daquela sala.

e) Alguém _____ aquela mochila no pátio.

• Leia as frases em voz alta.

5. Complete os espaços com as letras dos quadros e forme palavras.

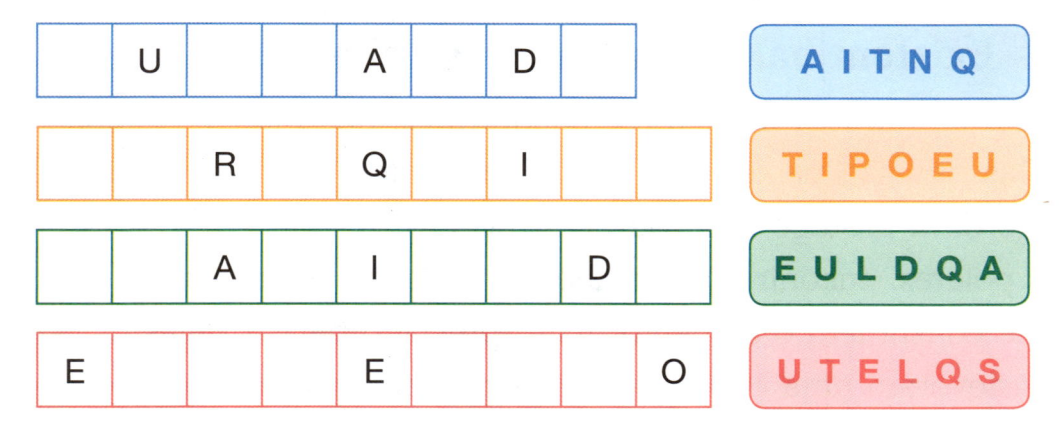

| _ | U | _ | A | _ | D | _ |

A I T N Q

| _ | _ | R | Q | _ | I | _ |

T I P O E U

| _ | _ | A | _ | I | _ | D | _ |

E U L D Q A

| E | _ | _ | _ | E | _ | _ | O |

U T E L Q S

• Escreva uma palavra em que o **u** tenha o mesmo som que em:

a) qualidade – _____

b) esqueleto – _____

c) quitanda – _____

91

Revisão

Existem baleias nos mares gelados?

Sim. As baleias também podem ser encontradas nos mares gelados dos polos. Elas não são peixes, são animais mamíferos. Uma espessa camada de gordura protege o corpo delas do frio.

Nas águas polares, encontram-se milhões e milhões de camarões pequenos, que constituem o alimento mais apreciado pelas baleias; por isso, elas devoram uma enorme quantidade deles, todos os dias. Quando esse alimento gostoso se torna raro, as baleias partem para os mares mais quentes.

Primeira enciclopédia: os animais dos países quentes e dos países frios. São Paulo: Maltese, 1987. p. 37.

ILUSTRAÇÕES: DAYANE RAVEN

Minidicionário

Leia os verbetes **mamífero** e **espesso**.

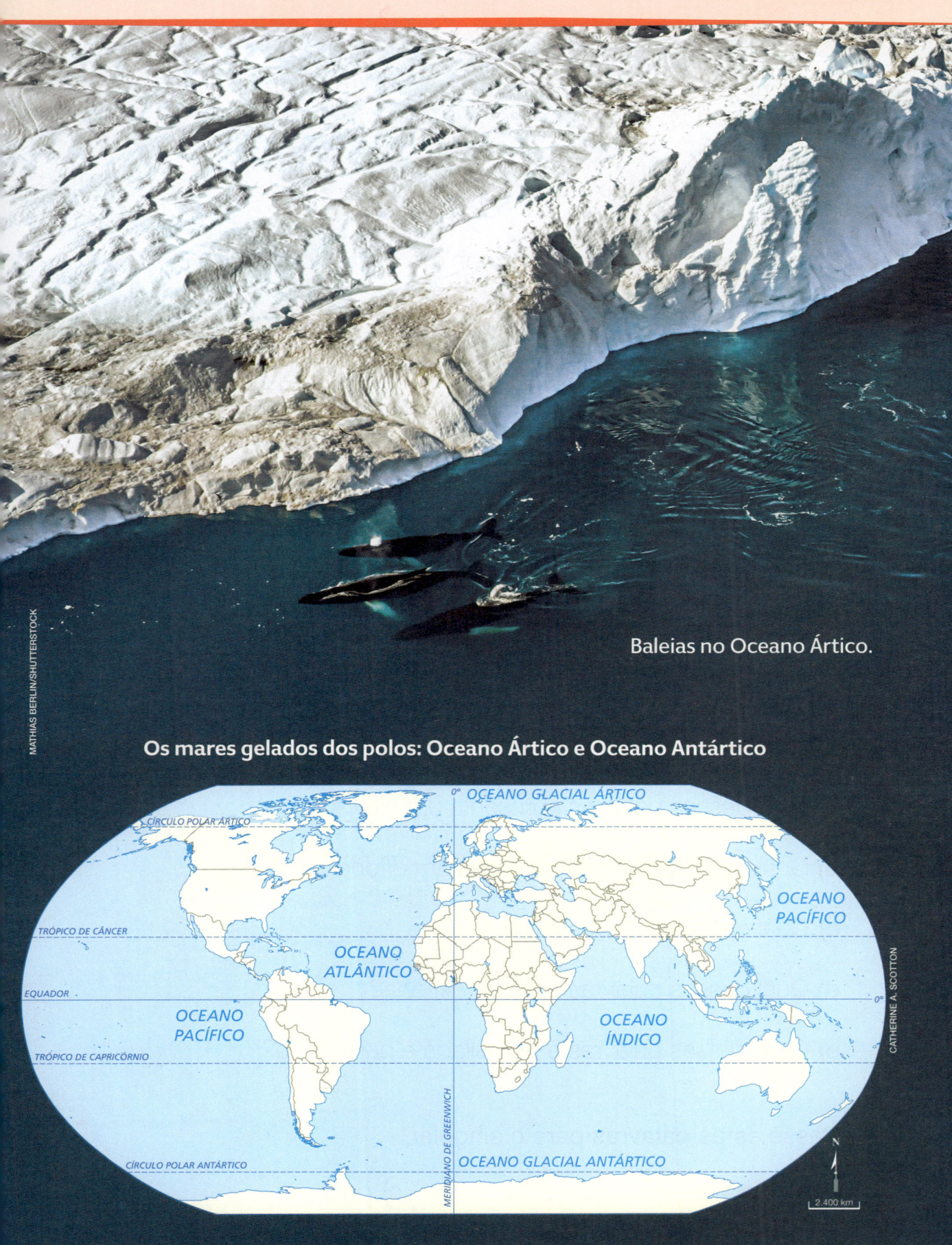

Baleias no Oceano Ártico.

Os mares gelados dos polos: Oceano Ártico e Oceano Antártico

Fonte: IBGE. *Meu 1º atlas*. Rio de Janeiro: IBGE, 2012.

Revisão

As atividades de 1 a 5 referem-se ao texto *Existem baleias nos mares gelados?*.

1. As palavras **gelados** e **quentes** são: ☐ sinônimos. ☐ antônimos.

2. Escreva um antônimo e um sinônimo destas palavras.

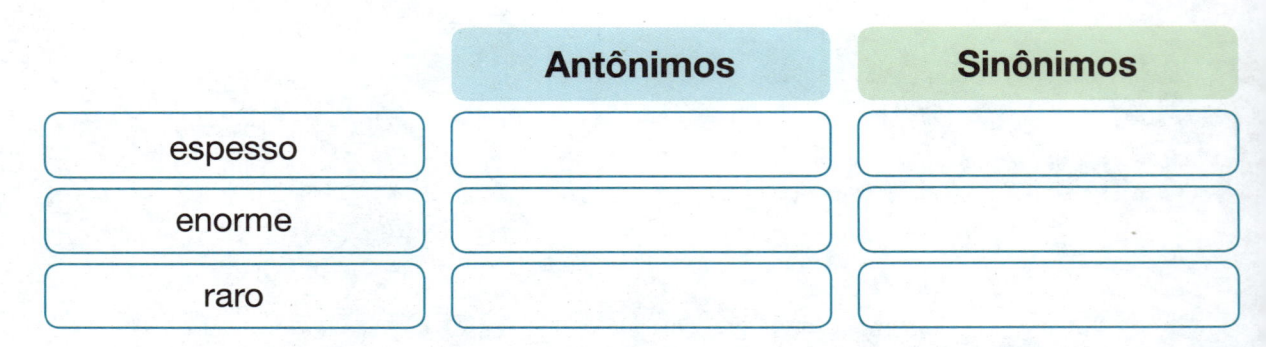

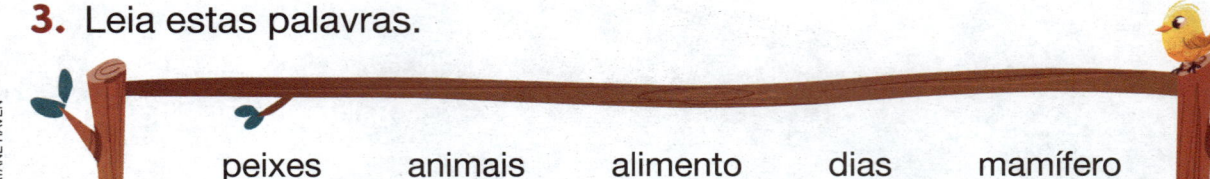

	Antônimos	Sinônimos
espesso		
enorme		
raro		

3. Leia estas palavras.

peixes   animais   alimento   dias   mamífero

a) Qual dessas palavras apresenta um hiato? _____

b) Quais dessas palavras apresentam ditongo? _____

c) Qual dessas palavras é oxítona? _____

d) Qual dessas palavras é proparoxítona? _____

e) Qual dessas palavras é polissílaba e paroxítona? _____

4. Passe estas palavras para o singular.

a) animais → _____   **c)** polares → _____

b) mares → _____   **d)** camarões → _____

94

5. No primeiro parágrafo do texto, há várias palavras monossílabas.

Copie apenas aquelas que têm o sinal do **til**. _____

6. Complete as palavras com **m** ou **n**.

so____bra
se____pre

ca____po
o____da

bo____beiro
ca____peão

li____do
ca____to

- Circule os balões em que as duas palavras devem ser completadas com **m**.

7. As palavras abaixo foram escritas ao contrário. Escreva-as corretamente.

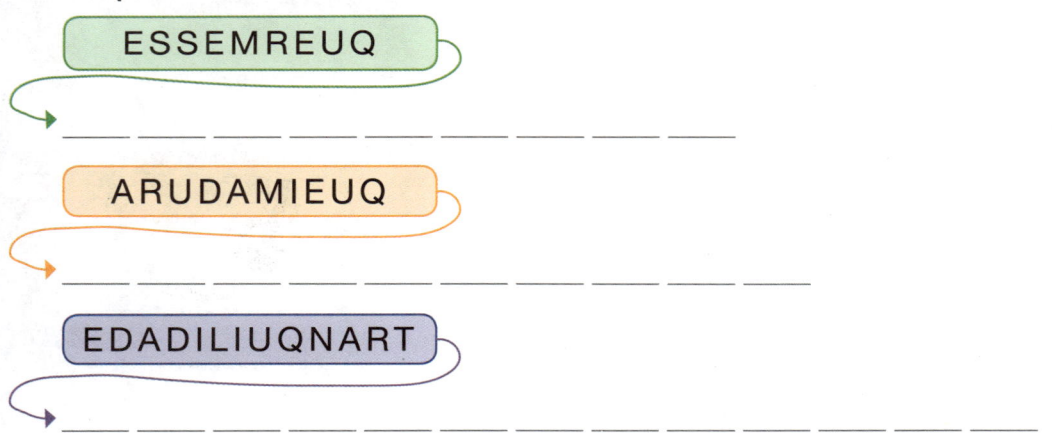

ESSEMREUQ

_____

ARUDAMIEUQ

_____

EDADILIUQNART

_____

a) Leia em voz alta as palavras que você escreveu.

b) Escreva agora essas palavras de acordo com as explicações.

Calma, sossego.

Ferimento causado pelo fogo.

Festa popular com barracas de comidas e bebidas e de jogos.

Revisão

8. Leia.

ARMANDINHO — Alexandre Beck

— CRESCER TEM AS SUAS VANTAGENS!
— EU SEI DISSO, FÊ!
— UM DIA AINDA VOU ALCANÇAR O POTE DE BISCOITOS

Vamos recordar este tipo de formação do antônimo.

vantagens ⟶ **des**vantagens

- Usando **des**, forme antônimos destas palavras.

  atento

  contente

  carregar

  conhecer

  confiança

9. Forme antônimos usando **im** ou **in**.

a) competente

b) explicável

c) paciente

d) capacidade

e) pureza

10. Siga as indicações e forme uma palavra.

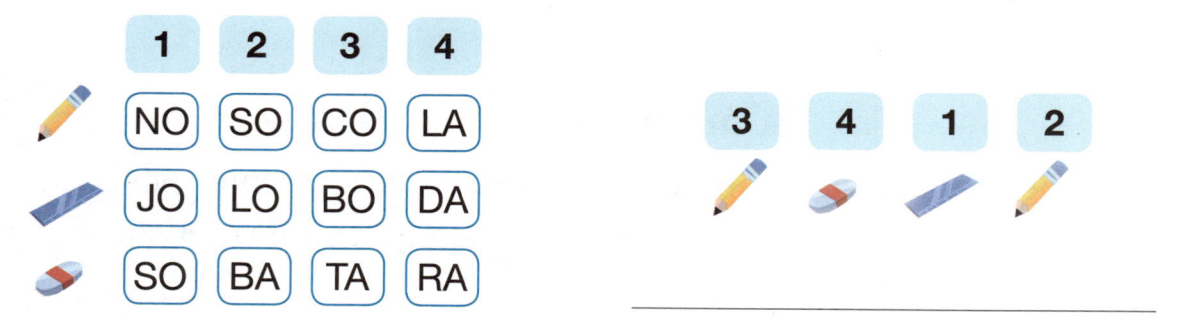

	1	2	3	4
✏️	NO	SO	CO	LA
📏	JO	LO	BO	DA
🧽	SO	BA	TA	RA

3	4	1	2

_____

- Leia estas palavras e circule de **vermelho** um sinônimo da palavra que você formou e de **azul** um antônimo dessa palavra.

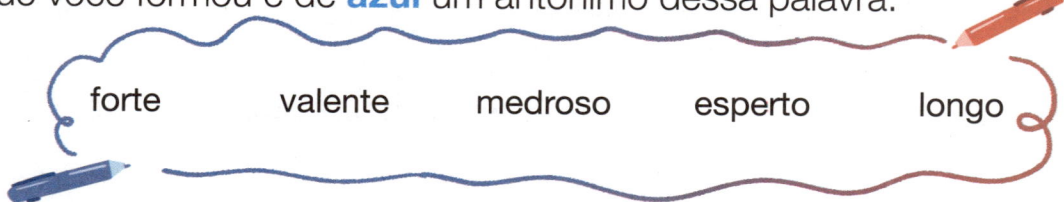

  forte   valente   medroso   esperto   longo

11. Acentue as palavras destacadas no texto abaixo.

Cães passeando

Dia gostoso de sol. Logo de manhã, as crianças **ja** pegam seus cachorrinhos para um passeio no parque. **Esta** calor e eles querem correr e brincar. Correm pra **ca**, correm pra **la** e **ate** rolam na grama de tanta alegria. **Voces** sabem que, assim como **nos**, eles **tambem** adoram brincar com seus amiguinhos?

a) Copie as palavras que você acentuou no lugar certo do quadro.

monossílabas	dissílabas

b) As palavras dissílabas que você acentuou são:

☐ oxítonas.   ☐ paroxítonas.   ☐ proparoxítonas.

97

Hora da história

A árvore egoísta

No meio de um imenso jardim, junto a muitas outras árvores, vivia um grande e lindo cedro. Todos que entravam no jardim admiravam sua beleza e o elogiavam.

Um dia, ele disse aos jardineiros:

— Tirem essa castanheira daqui! Ela é muito feia para ficar perto de mim!

E a castanheira foi levada embora.

Depois de alguns dias, ele gritou:

— Tirem as figueiras! Estão me fazendo muita sombra. Quero o sol só para mim!

E as figueiras foram arrancadas.

Perto do cedro ficaram poucas árvores.

Pouco tempo depois, ele ordenou:

— Tirem as macieiras! Preciso de mais espaço, não quero mais nenhuma árvore por perto.

E lá se foram as macieiras. O cedro acabou ficando sozinho no meio do grande jardim.

Mas, um dia, o céu começou a escurecer — uma grande tempestade se aproximava. Um vento forte então começou a soprar, tornando-se, aos poucos, mais e mais violento. As árvores que ainda restavam no jardim apoiaram-se umas nas outras para resistirem à fúria do vento.

No meio do jardim, sozinho, o cedro balançava. Desesperado, lutou com todas as forças para resistir, agarrando-se à terra com suas longas raízes.

Mas o vento, sem as outras árvores para impedi-lo, ficou livre para atacar o cedro e começou a arrancá-lo, derrubando-o finalmente no chão.

Renata Tufano. Versão escrita especialmente para esta obra de uma fábula de Leonardo da Vinci.

Hora da história

Atividades

1. Quem é a personagem principal dessa história? _____

2. Numere as cenas, seguindo a ordem da história.

ILUSTRAÇÕES: DAYANE RAVEN

3. Faça um X nas frases que contam o que aconteceu nessa história.

☐ O cedro vivia feliz junto com as outras árvores do jardim.

☐ O cedro se achava mais importante que as outras árvores.

☐ O cedro mandou tirar as árvores que estavam perto dele.

☐ Como era grande, o cedro protegia as outras árvores.

☐ O cedro caiu porque não tinha outras árvores para ajudá-lo.

4. Você acha que algumas pessoas se comportam como o cedro da história? Converse com seus colegas sobre isso.

5. O que esse comportamento pode provocar na vida das pessoas?

6. O que você aprendeu com essa história?

7. Que outro título você daria à história?

_____

Vamos ler mais?

Na história da árvore egoísta, vimos que ninguém consegue viver sozinho. Às vezes, precisamos ajudar nossos amigos e, muitas vezes, somos nós que precisamos de ajuda. Mas, numa outra história, havia uma árvore que tinha um amigo, um menino a quem ela muito amava, que descansava sob sua sombra e comia de seus doces frutos. Esse menino foi crescendo e a árvore, que não queria perder seu amigo, foi se transformando para ficar sempre por perto dele.

Veja a história dessa amizade no livro *A árvore generosa*, de Shel Silverstein.

101

8

Dígrafos

ARMANDINHO — Alexandre Beck

— QUAL O PROBLEMA DA LISTA DA FEIRA, FILHO?
— NÃO SABIA QUE ALHO TINHA DENTES... QUE ALFACE TINHA PÉS...
— ...MUITO MENOS QUE REPOLHO TINHA CABEÇA!

© ALEXANDRE BECK

fi**lh**o   ti**nh**a

dígrafos

> O **dígrafo** é um grupo de duas letras que representam um único som.

Há vários dígrafos na língua portuguesa. Observe os exemplos.

chuva → **ch**	**gu**erra → **gu**	de**sc**ida → **sc**
repo**lh**o → **lh**	á**gu**ia → **gu**	de**sç**o → **sç**
ni**nh**o → **nh**	**qu**erido → **qu**	e**xc**elente → **xc**
pá**ss**aro → **ss**	**qu**ilo → **qu**	te**rr**a → **rr**

Atividades

1. Complete os espaços com os dígrafos do quadro e forme palavras.

| nh | lh | rr | ss | ch |

te____ado   gira____ol   dese____ista

ca____eta   bola____a   a____obiar

____aveiro   ara____a   te____eno

bi____ete   pa____arela   sanduí____e

- Colocando as palavras que você formou em ordem alfabética, qual é a segunda? E a penúltima? _____

Veja como separamos as sílabas das palavras com os dígrafos **ss** e **rr**.

dino**ss**auro → di - no**s** - **s**au - ro

te**rr**ível → te**r** - **r**í - vel

> Na divisão silábica dos dígrafos **ss** e **rr**, cada letra fica em uma sílaba.

2. Leia as palavras e sublinhe as que têm dígrafos.

pescaria • passageiro • fera • farra
massagem • pesado • carroça • caroço

- Agora, separe as sílabas das palavras que você sublinhou.

_____

- Qual das palavras sublinhadas tem um ditongo?

_____

103

3. No quadro de letras, corte as consoantes da palavra **domingo**. Depois, com as outras letras, forme uma palavra com dígrafo.

D R C N G R M A O D S N E G S L N

- Escreva a palavra que você formou. _____

- Nessa palavra, há dois dígrafos. Quais são eles? _____

Veja como separamos as sílabas de palavras com os dígrafos **lh**, **nh** e **ch**.

coe**lh**o	→	co	-	e	-	**lh**o
mo**ch**ila	→	mo	-	**ch**i	-	la
rai**nh**a	→	ra	-	i	-	**nh**a

Na divisão silábica, os dígrafos **lh**, **nh** e **ch** não se separam.

4. Separe as sílabas destas palavras.

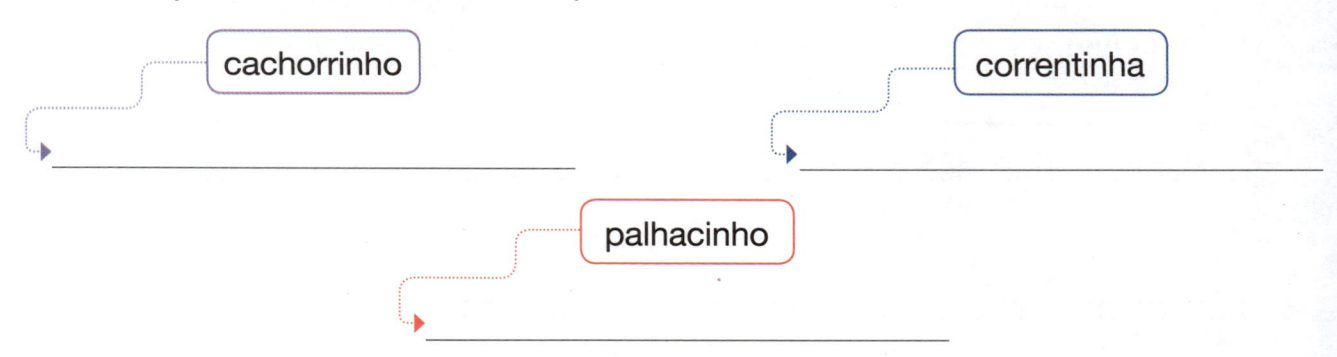

cachorrinho
_____

correntinha
_____

palhacinho
_____

5. A primeira sílaba de cada palavra está certa, mas as outras letras estão fora de ordem. Ordene-as e forme palavras com dígrafos.

vi + *h o i n z* → _____

pa + *a n o m h* → _____

es + *o h l e p* → _____

Leia estas palavras em voz alta.

SANGUE **AGUENTAR** **ENGUIÇAR** **LINGUIÇA**

Nas palavras **sangue** e **enguiçar**, não pronunciamos a letra **u**. As letras **g** e **u** juntas formam um dígrafo porque são duas letras que representam um único som.

Nas palavras **aguentar** e **linguiça**, pronunciamos a letra **u**. As letras **g** e **u** não formam um dígrafo porque são duas letras e cada letra representa um som. Observe.

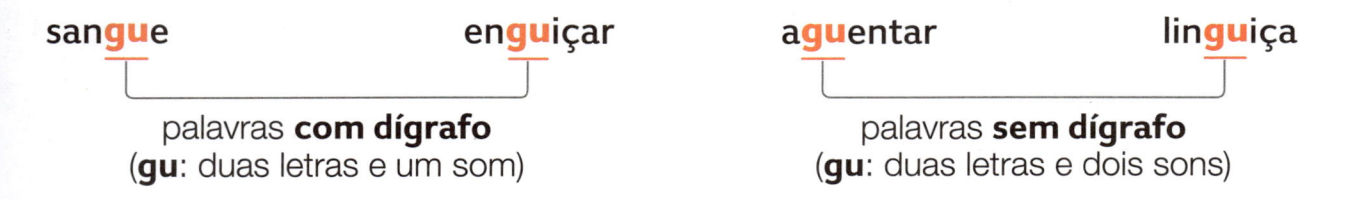

san**gu**e en**gu**içar a**gu**entar lin**gu**iça

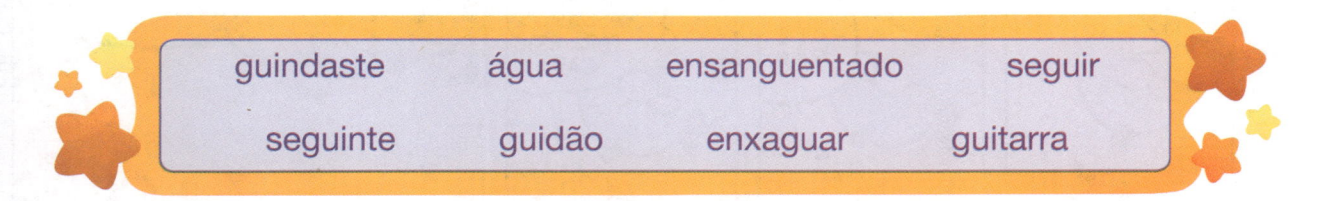

palavras **com dígrafo**
(**gu**: duas letras e um som)

palavras **sem dígrafo**
(**gu**: duas letras e dois sons)

6. Sublinhe as palavras em que as letras **g** e **u** formam dígrafo.

guindaste	água	ensanguentado	seguir
seguinte	guidão	enxaguar	guitarra

Leia estas palavras em voz alta.

QUENTE **QUILO** **FREQUENTE** **TRANQUILO**

Nas palavras **quente** e **quilo**, não pronunciamos a letra **u**. As letras **q** e **u** juntas formam um dígrafo porque são duas letras que representam um único som.

Nas palavras **frequente** e **tranquilo**, pronunciamos a letra **u**. As letras **q** e **u** não formam dígrafo porque são duas letras e cada letra representa um som. Observe.

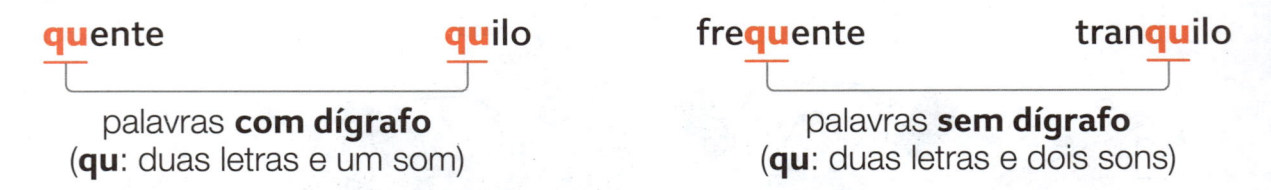

quente   **qu**ilo   fre**qu**ente   tran**qu**ilo

palavras **com dígrafo**   palavras **sem dígrafo**
(**qu**: duas letras e um som)   (**qu**: duas letras e dois sons)

7. Leia as palavras do quadro em voz alta.

esquentar	tranquilizar	máquina
aquilo	delinquente	

- Agora, copie as palavras nos locais certos.

Palavras com dígrafo	Palavras sem dígrafo

8. Leia a tirinha.

NÍQUEL NÁUSEA   Fernando Gonsales

Ei!

JÁ É A QUINTA VEZ QUE PASSAMOS POR ESSE CARA!

TEM ALGO ERRADO COM A NOSSA TRILHA!

- Nessa tira, há várias palavras com dígrafos. Copie-as e circule o dígrafo que há em cada uma.

Leia este texto.

Filhotes enormes

Os filhotes de girafa já nascem grandes, com cerca de 1 metro e 80 centímetros de altura, pesando aproximadamente 50 quilogramas. Uns bebezões, não é mesmo? Crescem ainda mais e, quando adultos, as fêmeas podem chegar a 4 metros de altura, enquanto os machos chegam a 5 metros e meio de altura!

Girafa e seu filhote.

nascem   **crescem**

Veja como separamos as sílabas de palavras com os dígrafos **sc**, **sç** e **xc**.

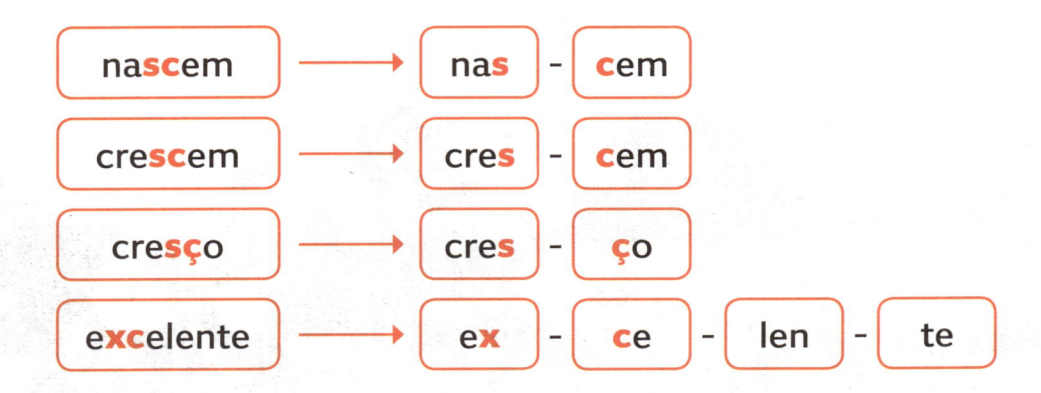

nascem	→	nas - cem
crescem	→	cres - cem
cresço	→	cres - ço
excelente	→	ex - ce - len - te

Na divisão silábica dos dígrafos **sc**, **sç** e **xc**, cada letra fica em uma sílaba.

9. Escreva as últimas cinco letras do alfabeto.

_____

a) Agora, corte essas letras do quadro abaixo e, com as restantes, forme uma palavra com dígrafo e que começa com a letra **D**.

I C Y A D X N V I P W I Z S L

_____

b) Que dígrafo há nessa palavra? _____

c) Separe as sílabas da palavra que você formou.

_____

d) Essa palavra é: ☐ oxítona. ☐ paroxítona. ☐ proparoxítona.

10. Há poucas palavras com o dígrafo **xc**. Veja algumas delas com a explicação de seu significado.

e**xc**esso ⟶ que vai além dos limites do que é bom ou permitido.

O guarda multou o motorista por **excesso** de velocidade.

108

exceção → que é diferente dos outros, que não segue a regra geral.

Todos os jogadores do time são altos, menos o número 8, que é baixinho. Ele é uma **exceção**.

excessivo → demais, exagerado.

Seus gastos foram **excessivos**!

a) Agora, use o código abaixo e descubra duas das palavras citadas.

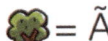

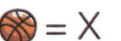

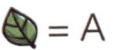

🍎 = E 🧁 = C 🌳 = Ã 🛸 = S 🏀 = X 💎 = Ç 🍃 = A 🍳 = O

🍎 🏀 🧁 🍎 💎 🌳 🍳   🍎 🏀 🧁 🍎 🛸 🛸 🍳

_____ _____   _____ _____

b) Uma dessas palavras tem dois dígrafos. Escreva essa palavra e circule os dígrafos.

109

Aprendendo com o dicionário

1. Leia.

   De manhã, muitas pessoas gostam de **fazer** ginástica no parque.

   - Agora, leia o verbete a seguir e indique em qual sentido o verbo **fazer** foi usado nessa frase.

   _____

   > **fazer** fa.**zer**
   > v. **1.** Construir. **2.** Criar. **3.** Praticar. **4.** Agir. **5.** Completar. **6.** Arrumar. **7.** Fingir.

2. Indique o sentido do verbo **fazer** nas frases abaixo.

   a) Os alunos fizeram um belo cartaz para a festa. ☐

   b) O pedreiro fez um muro no fundo da casa. ☐

   c) Beto fez 10 anos ontem. ☐

   d) Você fez bem em não discutir com os colegas. ☐

   e) Pedro faz natação uma vez por semana. ☐

   f) Ele sempre faz a sua cama antes de sair do quarto. ☐

   g) Ele se faz de inocente, mas é o culpado pela confusão. ☐

Reforço ortográfico

R, RR

Corrida maluca

O rato correu do gato
que correu do cachorro
que correu do garoto
que corria como um louco
e escorregou no barro,
se enroscou na cerca
e caiu sentado, todo sem graça,
com cara de quem comeu e não gostou!

Célia Siqueira.
Texto escrito especialmente para esta obra.

rato en**r**oscou   ba**rr**o   ca**r**a
⎣_____⎦   ⎣___⎦   ⎣___⎦
      r forte   **rr**   **r** fraco

O **r** representa:
- som forte no início da palavra: **r**ato;
- som forte no meio da palavra, depois da letra **n**: en**r**oscou;
- som fraco no meio de vogais: ca**r**a.

O **rr** representa som forte e é sempre empregado entre vogais: ba**rr**o.

Reforço ortográfico

Atividades

1. Leia as palavras de cada grupo em voz alta e sublinhe, em cada um, aquela que não combina com as outras três.

   a) torrada • aranha • macarronada • ferradura

   b) carinho • feriado • perigo • carroça

   c) Marina • Carolina • Roberta • Mariana

   d) enrolar • riscar • corredor • feira

2. Escreva as palavras que o professor vai ditar no local certo.

R fraco	R forte	RR

- Relacione as explicações com algumas das palavras acima.

   nome de flor ⟶ rosa

   a) Ave de cauda longa e penas coloridas. ⟶ _____

   b) Pequeno rio. ⟶ _____

   c) Aquilo que sobra. ⟶ _____

   d) Que não tem cabelos. ⟶ _____

   e) Protege a cabeça contra o frio. ⟶ _____

   f) Animal feroz. ⟶ _____

RAITAN OHI

3. Amplie as frases usando as palavras dos quadrinhos. Veja o exemplo.

Renata e Karina foram ao cinema.   ontem/de carro

Ontem, Renata e Karina foram ao cinema de carro.

a) A cara do palhaço fez a garotada dar muita risada.   na festa/engraçada

_____

_____

b) A carroça quase caiu.   durante o temporal/no barranco

_____

_____

c) A pipa enroscou na cerca.   do garoto/de arame/colorida

_____

_____

4. Desafio! Leia a frase em voz alta e depressa, sem errar!

Olha a cara carrancuda do cara que está no carro!

9

Tipos de frases

TURMA DA MÔNICA — Mauricio de Sousa

Quando nos comunicamos falando ou escrevendo, usamos frases.

> A **frase** é uma palavra ou um grupo de palavras que apresenta uma ideia com sentido completo.

É o que podemos ver, por exemplo, na tira de humor que você leu.

Posso te pintar?   **Claro!**

Frases

Atenção: nas tiras e histórias em quadrinhos, as frases são escritas sempre com letras maiúsculas. Mas, quando escrevemos, devemos usar letra maiúscula só no início da primeira palavra da frase.

A frase pode ser: **declarativa**, **interrogativa**, **exclamativa** e **imperativa**.

Para classificar uma frase, é importante prestar atenção no modo como ela é pronunciada. Muitas vezes, só o jeito de dizer uma frase muda a sua classificação.

Veja agora a explicação de cada tipo de frase e preste atenção na leitura em voz alta.

- Frase declarativa – expressa uma afirmação ou uma negação e termina com ponto-final. Exemplos:

    Hoje vamos ao parque.
    Hoje não vamos ao parque.

- Frase interrogativa – indica uma pergunta e termina com ponto de interrogação. Exemplo:

    Hoje vamos ao parque?

- Frase exclamativa – expressa sentimentos, sensações e emoções, como alegria, espanto, admiração, surpresa, medo etc., e termina com ponto de exclamação. Exemplo:

    Hoje vamos ao parque? Oba!

- Frase imperativa – expressa ordem, comando, conselho ou pedido e pode terminar com ponto de exclamação ou ponto-final. Exemplos:

    Entrem no ônibus!
    Entrem no ônibus.

O que é entonação?

Entonação é o modo como pronunciamos as frases. Na escrita, a entonação é marcada pelos sinais de pontuação. São eles que nos indicam o modo como devemos ler uma frase.

Atividades

1. Transforme as frases declarativas em frases exclamativas, indicando admiração. Veja o exemplo.

Esse animal é feroz. ⟶ Como esse animal é feroz!

frase declarativa   frase exclamativa

a) Essa árvore é alta. _____

b) Esse pássaro é bonito. _____

c) Essa história é engraçada. _____

- Agora, leia em voz alta as frases que você formou.

2. Leia o texto abaixo e complete-o, escrevendo nos quadrinhos os seguintes sinais de pontuação: **ponto-final**, **ponto de interrogação** e **ponto de exclamação**.

Os adoráveis pinguins

Você sabia que os pinguins são aves ☐ É verdade ☐ Mas são aves que não voam ☐ Em compensação, são ótimos nadadores e passam a maior parte do tempo na água ☐

Você já viu um pinguim andando ☐ Ele balança o corpo de um jeito engraçado, de um lado para o outro ☐ Sabe uma coisa que os pinguins adoram fazer ☐ Deslizar sobre a neve, como se estivessem em um tobogã ☐ Outra diversão deles é, organizados em fila, mergulhar na água, um depois do outro ☐ É uma farra ☐ Eles parecem se divertir muito com isso ☐ Os pinguins são muito engraçadinhos ☐ Você não acha ☐

Minidicionário
Leia o verbete **adorável**.

Pinguim deslizando sobre a neve.

Pinguins mergulhando em fila.

3. Escreva perguntas para as respostas abaixo. Conforme o caso, use **quando** ou **com quem** no começo de cada pergunta. Veja o exemplo.

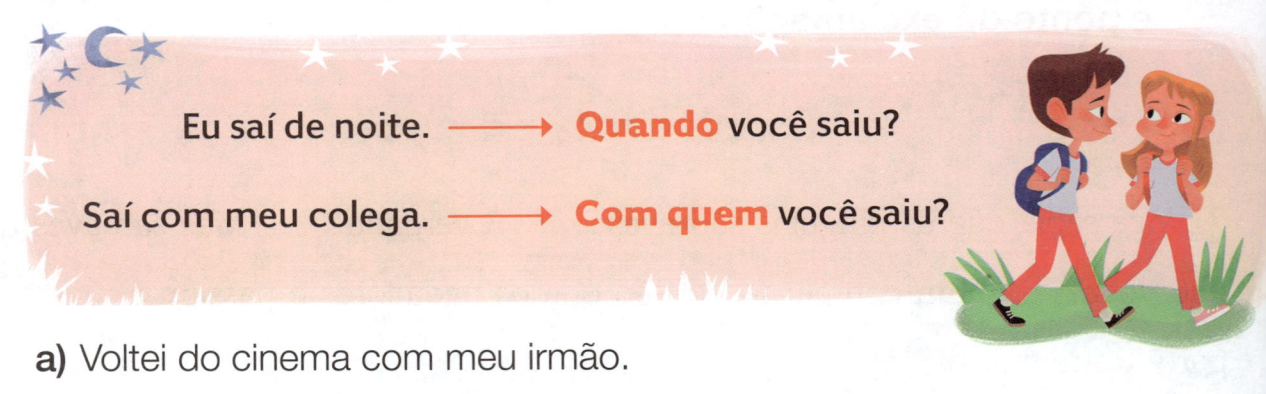

Eu saí de noite. ⟶ **Quando** você saiu?

Saí com meu colega. ⟶ **Com quem** você saiu?

a) Voltei do cinema com meu irmão.

_____

b) Ontem à tarde joguei *videogame*.

_____

c) Vi esse filme na semana passada.

_____

d) Fui à lanchonete com meus colegas.

_____

4. Vamos treinar entonação! Leia em voz alta estas frases exclamativas.

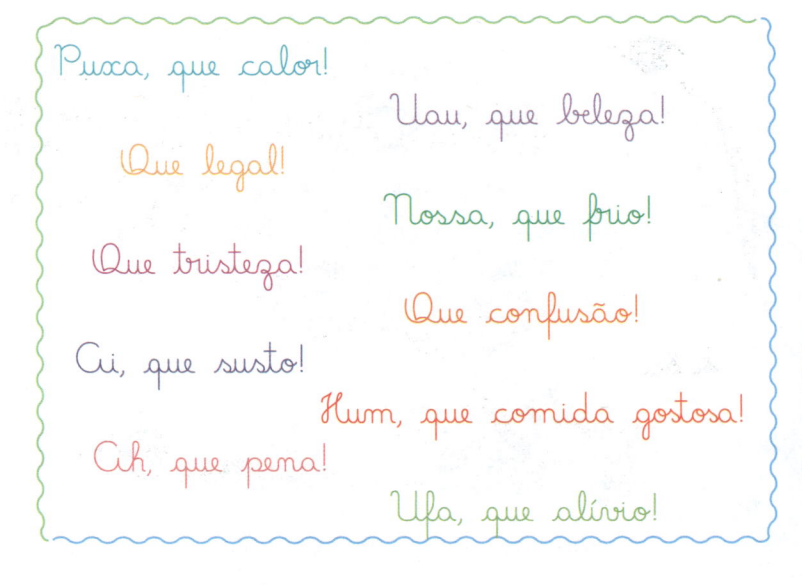

Puxa, que calor!

Uau, que beleza!

Que legal!

Nossa, que frio!

Que tristeza!

Que confusão!

Ai, que susto!

Hum, que comida gostosa!

Ah, que pena!

Ufa, que alívio!

Aprendendo com o dicionário

1. Leia o verbete.

> **folha** **fo**.lha
> subst. fem. **1.** Parte da planta, geralmente verde, que se desenvolve presa nos ramos ou no caule. **2.** Pedaço de papel de formato quadrado ou retangular, de diferentes tamanhos.

- Com base no verbete acima, explique o humor da tira.

NÃO QUER FUNCIONAR...
A IMPRESSORA TEM FOLHAS, FILHO?
SIM, EU COLOQUEI!

Alexandre Beck. *Armandinho nove*. Caxias do Sul (RS): Belas Letras, 2018. p. 21.

2. Leia o verbete e indique o sentido que o verbo **arrumar** tem nas frases.

> **arrumar** ar.ru.**mar**
> v. **1.** Pôr em ordem, organizar. **2.** Conseguir, arranjar. **3.** Aprontar, vestir. **4.** Provocar, causar. **5.** Inventar, imaginar. **6.** Consertar.

a) Ela já se arrumou para ir ao baile. ☐

b) Meu tio arrumou emprego nessa loja. ☐

c) Esse sujeito sempre arruma confusão quando vem aqui. ☐

d) Arrume esses livros na estante. ☐

e) Arrumei essa fechadura ontem e agora ela enguiçou de novo. ☐

f) Caio, vá arrumar seu quarto que está uma bagunça! ☐

g) Ele sempre arruma uma desculpa para não ajudar os colegas. ☐

h) A mulher arrumou os filhos para a festa da escola. ☐

Reforço ortográfico

S, ss

Com roupa de inverno, a gatinha desfila na passarela.

pa**ss**arela
— ss

Você já sabe que, para representar o som de **s** entre vogais, devemos usar **ss**. Mas atenção! Só entre vogais. Nos outros casos, devemos usar apenas **s**. Veja os exemplos.

pe**nsa**r — consoante / vogal   bo**lsa** — consoante / vogal   pe**rse**guir — consoante / vogal

Atividades

1. Complete as palavras com **s** ou **ss**.

   gira____ol   men____alidade   per____onagem

   can____ado   a____obiar   fal____idade

   pa____agem   diver____ão   apre____ado

   • Colocando essas palavras em ordem alfabética, quais são as duas primeiras? E as duas últimas?

   _____

   _____

2. Escreva as palavras que o professor vai ditar.

_____

_____

3. Ordene as letras e forme palavras.

N O A M S   →   ___ ___ ___ ___ ___

I E O N S N   →   ___ ___ ___ ___ ___ ___

R V A C O N E S   →   ___ ___ ___ ___ ___ ___ ___ ___

A R I L P U S E   →   ___ ___ ___ ___ ___ ___ ___ ___

As palavras começam com a letra **azul** e terminam com a letra **vermelha**.

4. Complete as frases conforme o exemplo. Observe as palavras coloridas.

a) Quem a**ss**ina faz uma _____ assinatura _____.

b) Quem faz ma**ss**agem é _____.

c) Quem leva uma me**ns**agem é _____.

d) Árvore que dá pê**ss**ego é _____.

e) Quem tem so**ss**ego está _____.

f) Quem **ins**iste é uma pessoa _____.

VICTOR GOULARTE

121

10

Sinais de pontuação

Brincando de adivinhar

O menino entra em casa e diz para a mãe:

— Vamos ver se você consegue acertar uma adivinhação.

— Pode falar! — respondeu ela.

— O que é que fica molhado enquanto vai secando?

— O quê? Fica molhado enquanto vai secando? Ah, essa não sei!

— Ora, é fácil, é a toalha. Enquanto ela seca alguma coisa, vai ficando molhada... Peguei você!

— Muito bem, seu espertinho, então vamos ver você agora.

— Pode falar!

— O que é que vai à escola mas não sai do lugar?

— Como é? Vai à escola mas não sai do lugar?

— Isso mesmo!

O menino pensou, pensou e respondeu:

— Essa não sei!

— Ora, é fácil, é a rua. Ela vai até a escola sem sair do lugar. É ou não é? Peguei você também!...

Observe os sinais de pontuação usados no texto.

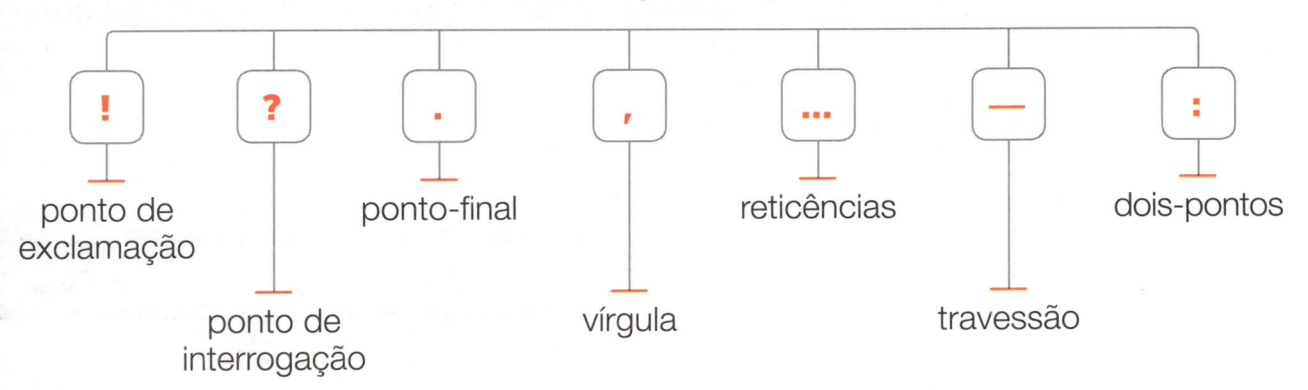

Sinais de pontuação

- **!** — ponto de exclamação
- **?** — ponto de interrogação
- **.** — ponto-final
- **,** — vírgula
- **...** — reticências
- **—** — travessão
- **:** — dois-pontos

> Os **sinais de pontuação** são usados na escrita para orientar a leitura e ajudar a esclarecer o significado de uma frase ou de um texto.

No capítulo anterior, nós estudamos o **ponto-final**, o **ponto de exclamação** e o **ponto de interrogação**. Neste capítulo, vamos ver os outros sinais.

Dois-pontos e travessão

Leia a anedota e observe o uso dos **dois-pontos** e do **travessão**.

Bete pergunta a Mariana**:**
— Você quer ir à minha festa de nove anos?
— Nove anos? Eu vou, mas só posso ficar duas horas.

> Os **dois-pontos** (**:**) são usados no diálogo para indicar que alguém vai falar. O **travessão** (—) é usado no diálogo antes da fala de alguém.

Diálogo: conversa entre duas ou mais pessoas.

Atividade

- Coloque o **travessão**, os **dois-pontos** e o **ponto de interrogação** nos quadrinhos certos.

Na aula de educação física, o professor pergunta aos alunos ☐

☐ Quem sabe nadar ☐

Um aluno responde ☐

☐ Eu sei, professor.

☐ Onde você aprendeu ☐

☐ Na água.

Dois-pontos e vírgula

Leia.

Marcelo e seu pai foram à papelaria. Eles compraram várias coisas**:** caderno**,** lápis**,** caneta**,** borracha.

> Os **dois-pontos** (**:**) são também usados para indicar uma enumeração. Nesse caso, a **vírgula** (**,**) é usada para separar os itens da **enumeração**.

Atividades

1. Leia as frases e coloque os dois-pontos e as vírgulas que estão faltando.

a) Na exposição, havia flores de vários tipos rosas orquídeas cravos.

b) Há diferentes tipos de livros na biblioteca livros de aventura de poesia de contos de fadas de folclore etc.

Leia esta frase.

Na festa da escola, havia muitas pessoas: alunos, pais de alunos, professores, funcionários e convidados.

penúltimo elemento

último elemento

> Quando colocamos **e** antes do último elemento de uma enumeração, não usamos a vírgula após o penúltimo elemento.

2. Coloque as vírgulas que estão faltando nas frases.

a) Guarde na mochila as canetas os lápis de cor a borracha e a régua.

b) A professora tirou do armário os livros os mapas e o material de desenho.

c) No vestiário dos jogadores, havia bancos toalhas chuteiras e uniformes.

A vírgula também é usada na escrita das datas.

Brasília, 10 de agosto de 2020.
— nome da cidade — data

Palácio do Planalto, Brasília, DF, 2018.

> A **vírgula** é usada nas **datas** para separar o nome da cidade. Depois da indicação do ano, usamos ponto-final.

3. Com base no exemplo acima, escreva as frases de acordo com o calendário.

a) Santos — SETEMBRO 2021 — 26

b)

Recife — OUTUBRO 2023

D	S	T	Q	Q	S	S
1	2	3	4	5	6	7
8	9	10	11	12	13	14
(15)	16	17	18	19	20	21
22	23	24	25	26	27	28
29	30	31				

c)

São Paulo — NOVEMBRO 2022

D	S	T	Q	Q	S	S
		1	2	3	4	5
6	7	8	9	10	11	12
13	14	15	16	17	18	19
20	21	22	23	24	25	26
27	28	29	(30)			

ILUSTRAÇÕES: EDNEI MARX

4. Escreva agora o nome da sua cidade e a data de hoje.

Usamos a vírgula na escrita dos endereços.

Gabriel mora na Rua das Flores, 560.

nome da rua — número da casa

> A **vírgula** é usada nos **endereços** para separar o nome da rua do número da casa.

Atenção: se houver mais alguma informação, devemos fazer a separação usando outra vírgula. Veja.

Moro na Avenida Liberdade, 240, 2º andar.

5. Leia as frases e coloque as vírgulas que estão faltando.

a) Meu avô mora na Rua dos Ipês 500 casa 12.

b) André mora na Rua Brasil 280 5º andar apartamento 520.

6. Escreva agora o endereço da sua escola.

Reticências

Leia.

MAGALI — Mauricio de Sousa

(Quadrinho 1) — PRECISAMOS MUDAR SUA ALIMENTAÇÃO, MAGALI!

(Quadrinho 2) — DE AGORA EM DIANTE, SÓ FRUTAS NO LANCHE DA TARDE! / TÁ BOM!

(Quadrinho 3) — AGORA, SOBRE A QUANTIDADE... FIM

© MAURICIO DE SOUSA EDITORA LTDA.

Observe que, no último quadrinho, foram usadas as **reticências** (...), que indicam que a mãe da menina ainda ia continuar falando.

> As **reticências** (...) são usadas para deixar o sentido da frase em aberto. Nesse caso, o leitor é que imagina como seria a continuação da frase.

- O que você acha que a mulher ia falar para a filha?

Atividades

1. Leia as frases e preencha os quadrinhos com ponto de interrogação ou reticências.

a) Ah, se alguém descobrir o que você fez ☐

b) Quem pode me ajudar nesse trabalho ☐

129

2. Leia esta historinha do Chico Bento e seus amigos.

Turma da Mônica. *Almanaque historinhas de uma página*, n. 4, maio 2009. p. 13.

- Agora, escreva essa historinha no seu caderno. Atenção com a construção dos diálogos e o uso dos sinais de pontuação. No fim, dê um título à sua história.

Aprendendo com o dicionário

Leia o verbete.

> **tirar** ti.**rar**
> v. **1.** Despir. **2.** Descalçar. **3.** Fazer sair de um lugar. **4.** Fazer foto.
> **5.** Conseguir, obter. **6.** Desviar.

1. Indique o sentido do verbo **tirar** nas frases.

a) As fotos que tiramos da festa ficaram bonitas. ☐

b) O motorista não deve tirar os olhos da estrada. ☐

c) Tirei dez na prova de ontem. ☐

d) Ele entrou em casa e tirou o uniforme da escola. ☐

e) Ela tirou a sandália e pôs um chinelo. ☐

f) Mamãe tirou o carro da garagem. ☐

2. Observe na tira abaixo o uso do verbo **tirar**.

LAVINHA — Jean Galvão

— LAVINHA, VAMOS TIRAR FOTOS?
— SUA MÃE NÃO VAI XINGAR?
— DEPOIS A GENTE PÕE DE VOLTA!

- Lendo o primeiro quadrinho, em que sentido pensamos que o menino usou o verbo **tirar**? ☐

  Mas depois temos uma surpresa engraçada. Em que sentido ele estava usando o verbo **tirar**? ☐

Reforço ortográfico

- **L, U**

[Pica-pau]

Toc, toc, é o barulho
Sempre forte e sempre igual
Que esta ave faz nos troncos
Da floresta tropical.
Ele é um mestre carpinteiro
E se chama PICA-PAU

Fábio Sombra. *Arara, tucano, bordados no pano.* São Paulo: Moderna, 2013.

O pica-pau golpeia com o bico duro as cascas das árvores para comer os bichinhos que ali se alojam. Ele é muito rápido: consegue dar muitos golpes com o bico em um único segundo e pode bicar centenas de vezes por dia! Há diferentes tipos de pica-pau, com cores e tamanhos variados.

tropica**l**   igua**l**

l com som de **u**

Em muitas palavras, a letra **l** é pronunciada com o som de **u**. Por isso, atenção na hora de escrever!

Veja outros exemplos: a**l**to, a**l**guém, especia**l**, sa**l**tar.

Atividades

1. Troque as letras dos quadros por aquelas que vêm antes no alfabeto e forme palavras.

   tpmubs → _____

   nbmusbubs → _____

   jnpsubm → _____

   tfotbdjpobm → _____

Reforço ortográfico

- Escreva as palavras que você formou conforme as indicações.

    a) Que não morre ⟶ _____

    b) Excelente, maravilhoso ⟶ _____

    c) Libertar ⟶ _____

    d) Tratar mal ⟶ _____

2. Complete a cruzadinha.

1. Que tem muito sal.
2. Que não se casou.
3. Usamos nos pés.
4. Que é bom para a saúde.
5. Que não é baixo.
6. Que demonstra maldade.

3. Vamos brincar de formar palavras!

a) **CALMA** – troque o **M** pelo **Ç** → _____

b) **PALCO** – troque o **P** pelo **T** → _____

c) **MAL** – troque o **M** pelo **S** → _____

d) **ALVO** – troque o **V** pelo **T** → _____

e) **BOLSA** – troque o **O** pelo **A** → _____

f) **CASAL** – troque o **S** pelo **N** → _____

g) **SINAL** – troque o **S** pelo **F** → _____

h) **SALVAR** – troque o **V** pelo **T** → _____

4. A primeira sílaba de cada palavra está certa, mas as outras letras estão embaralhadas. Ordene-as e forme palavras.

f e s + l t i a v → _____

p r i n + c l a p i → _____

e s + i l a p c a → _____

c a + i t l p a → _____

n a + r u l t a → _____

i n + i v u a l d i d → _____

11

▶ Substantivos

Brincando com os nomes

Cada aluno estava escrevendo seu nome no caderno. De repente, Marcelo falou:

— Professora, descobri uma coisa!

— O quê?

— Dentro do meu nome tem a palavra **mar**.

— Pois eu achei um **rei**, disse Reinaldo.

Todo mundo deu risada.

— Quem mais achou? — perguntou a professora.

— Eu achei dois nomes dentro do meu nome! — disse Mariana.

— Vejam só: **Maria** e **Ana**.

A turma se divertia com a brincadeira, menos Raul.

Ele não conseguia achar nada no seu nome. Até que seus olhos brilharam e ele disse:

— Achei uma palavra muito bonita no meu nome: **luar**.

— Como? — perguntaram todos.

— Ora, é só ler as letras do meu nome ao contrário...

| Raul | Reinaldo | nome | luar | rei | mar | letras | caderno |

substantivos

> **Substantivo** é a palavra que dá nome a tudo o que existe: coisas, pessoas, animais, sentimentos, lugares etc.

Substantivo comum e próprio

Cachorros.

A palavra **cachorro** indica qualquer animal dessa espécie. Por isso, dizemos que **cachorro** é um **substantivo comum**.

Rex e Bingo.

Os nomes **Rex** e **Bingo** indicam alguns animais particulares dessa espécie, diferenciando-os dos demais. Por isso, dizemos que esses nomes são **substantivos próprios**.

O **substantivo comum** indica coisas e seres em geral. É escrito com letra minúscula. Só quando inicia uma frase é que deve ser escrito com letra inicial maiúscula.

O **substantivo próprio** indica coisas e seres determinados, diferenciando-os dos demais, como nomes de pessoas, animais, cidades, países, escolas etc. É escrito sempre com letra inicial maiúscula.

menino — substantivo comum

Roberto — substantivo próprio

cidade — substantivo comum

Recife — substantivo próprio

Atividades

1. Complete cada frase com apenas uma palavra.

a) Na festa, os _____ e as _____ estavam uma delícia!

b) Pegue a _____ e os _____ que estão no vestiário.

c) Muitas _____ gostam de passear nesse _____.

d) Será que a minha _____ está dentro desse _____?

- Você completou todas as frases com:

  ☐ substantivos próprios.   ☐ substantivos comuns.

2. Complete as frases usando substantivos próprios.

a) Conheci _____ quando entrei nessa escola.

b) _____ é a goleira do nosso time de futebol.

c) Gostaria de visitar _____, uma bonita cidade brasileira.

d) _____ é o título do livro que acabei de ler.

3. Se tivesse de escolher um nome para cada um destes filhotes, que nomes você daria a eles?

_____   _____

- Os nomes que você escolheu são:

  ☐ substantivos próprios.   ☐ substantivos comuns.

4. Forme substantivos comuns completando os espaços com as letras dos quadros.

l m i h c	__ o __ __ __ __ a
p r e o e	__ s __ __ t __
e c p a e a	c __ __ __ __ t __
o m o t c l a	__ t __ __ i c __ e __

139

5. Você sabia que dentro de um substantivo comum podemos descobrir outro substantivo comum? Veja só este exemplo:

jacaré ⟶ jaca

- Agora é sua vez! Descubra substantivos comuns que estão escondidos dentro destes.

universo ⟶ _____   chamada ⟶ _____

garrafa ⟶ _____   regador ⟶ _____

serpente ⟶ _____   selvagem ⟶ _____

velocidade ⟶ _____   americano ⟶ _____

almofada ⟶ _____   brincadeira ⟶ _____

Substantivo coletivo

Um lindo espetáculo: um bando de andorinhas ao amanhecer.

bando ⟶ substantivo que indica um grupo de seres.
|
substantivo coletivo

Quando um substantivo comum no singular indica um conjunto de pessoas, animais ou coisas, ele recebe o nome de **substantivo coletivo**.

Um coletivo pode referir-se a diferentes tipos de seres. É o caso de **bando**. Você viu que bando pode indicar um **grupo de pássaros**. Mas pode indicar também um **grupo de pessoas**.

Outro coletivo que pode referir-se a diferentes tipos de seres é **manada**. Observe.

Manada de cavalos.

Manada de zebras.

Conheça alguns substantivos coletivos.

álbum: de selos, de fotografias, de figurinhas
alcateia: de lobos
armada ou **esquadra**: de navios de guerra
arquipélago: de ilhas
banda: de músicos
bando: de animais, de crianças, de pessoas
batalhão: de soldados
biblioteca: de livros
boiada: de bois
cacho: de uvas, de bananas, de cabelos
cardume: de peixes da mesma espécie
constelação: de estrelas
elenco: de artistas de um espetáculo, de jogadores de um time
enxame: de abelhas, de insetos
fauna: de animais de certa região
flora: de plantas de certa região

frota: de navios, de veículos da mesma empresa
manada: de bois, de elefantes, de cavalos, de búfalos
matilha: de cães de caça
molho (lê-se "mólho"): de chaves
multidão: de muitas pessoas
ninhada: de filhotes
nuvem: de mosquitos, de gafanhotos
orquestra: de músicos
penca: de bananas
pomar: de árvores frutíferas
quadrilha: de bandidos
ramalhete: de flores
rebanho: de gado em geral (ovelhas, bois, cabras etc.)
revoada: de pássaros em voo
tropa: de burros de carga, de soldados
turma: de pessoas
vara: de porcos

Atividades

1. Consulte a lista de coletivos e indique os que se referem às imagens seguintes.

2. Complete as frases usando os substantivos coletivos do quadro.

elenco   constelação   fauna   flora   cacho
álbum   penca   multidão   rebanho   banda

a) Observando o céu estrelado, os astrônomos descobriram mais uma _____.

b) Alguns alunos da minha classe estão no _____ da peça de teatro que vai ser apresentada na festa de amanhã.

c) Sobre a mesa, havia uma _____ de bananas e um _____ de uvas.

d) Uma _____ de pessoas foi às ruas para ver o desfile da _____ da nossa escola.

e) A planta aquática vitória-régia é uma das belezas da _____ amazônica.

f) Naquela fazenda, vimos um _____ de ovelhas.

g) O jacaré é um dos animais que fazem parte da _____ do Pantanal.

h) Com as fotos da viagem, fizemos um belo _____ de recordação das nossas férias.

Aprendendo com o dicionário

1. Leia.

   PROTEGER A NATUREZA
   ESSE É O PONTO PRINCIPAL DA NOSSA TAREFA
   JUNTE-SE A NÓS!

   - Leia o verbete abaixo e indique em qual sentido a palavra **ponto** foi usada nesse cartaz. _____

   > **ponto** pon.to
   > **subst. masc. 1.** Pequena marca redonda. **2.** Parada de ônibus. **3.** Cada vantagem conseguida no placar de uma competição ou jogo. **4.** Sinal de pontuação. **5.** Local. **6.** Cada uma das partes de um assunto.

2. Indique agora os sentidos da palavra **ponto** nas frases abaixo.

   a) Ele pôs um ponto no fim da frase. ☐

   b) Esse ponto de matemática não é difícil. ☐

   c) Costumo pegar meu ônibus nesse ponto. ☐

   d) Vamos combinar o ponto de encontro da nossa turma. ☐

   e) Em poucos minutos, nosso time de vôlei fez cinco pontos. ☐

   f) Que ponto da explicação do professor você não entendeu? ☐

   g) Uma nova espécie de pássaro foi descoberta num ponto dessa floresta. ☐

   h) Nesse mapa, os pontos vermelhos indicam as principais cidades do Brasil. ☐

Reforço ortográfico

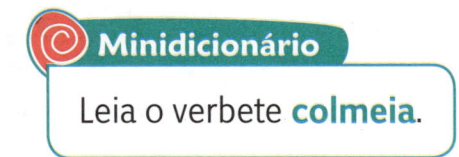

LH, LI

Abelha na orelha da Amélia

— Cuidado, Amélia!
Uma abelha na sua orelha!
— Socorro, Júlia!
Ela vai picar minha orelha!
— Sai, abelhinha!
Vai pra colmeia,
Vai ficar com sua família,
Deixa em paz a orelha da Amélia!

MICHEL RAMALHO

Minidicionário

Leia o verbete **colmeia**.

Amé**li**a   Jú**li**a   abe**lh**a   ore**lh**a
    li   lh

Em muitas palavras, o **lh** é confundido com o **li**. Por isso, atenção na hora de escrever!

Atividades

> A letra **vermelha** é a segunda letra da palavra.

1. Ordene as letras e forme palavras com o dígrafo **lh**.

DHEALMA → ☐☐☐☐☐☐

SCHLANEROBA → ☐☐☐☐☐☐☐☐☐☐

TALAMBOHAC → ☐☐☐☐☐☐☐☐☐

PESLOHNATA → ☐☐☐☐☐☐☐☐☐☐

- Agora, complete as frases com as palavras que você formou.

   a) A _____ do palhaço era engraçada.

   b) Júlio sabe dar _____ muito bem.

   c) O _____ se desmanchou com a chuva.

   d) Em julho, Aurélia ganhou uma _____.

- Leia em voz alta as frases formadas.

2. Vamos brincar de formar palavras. Tire o **h** das palavras abaixo e descubra novas palavras.

VELHINHA → _____   BOLHINHA → _____

FILHINHA → _____   GALHINHO → _____

MALHA → _____   TELHA → _____

3. Separe as sílabas das palavras.

folhinha → ☐ ☐ ☐

toalhinha → ☐ ☐ ☐ ☐

147

12

Substantivo simples e composto

O arco-íris

Quando o Sol brilha atrás de nós e está chovendo à nossa frente, podemos ver um arco colorido formar-se no céu. É o arco-íris. A luz do Sol, uma mistura de cores, brilha nesse arco através de milhões de gotas de chuva. O arco-íris forma um círculo completo, mas geralmente só se vê parte dele porque a Terra fica no caminho. É um lindo espetáculo! Você já viu um arco-íris?

O arco-íris tem sete cores, que se apresentam nesta ordem: vermelho, laranja, amarelo, verde, azul, anil e violeta.

arco
substantivo simples

arco-íris
substantivo composto

O **substantivo simples** é formado por uma só palavra.
O **substantivo composto** é formado por mais de uma palavra.

148

Atividades

1. Junte as palavras de mesma cor e forme substantivos compostos que identificam cada figura.

postal   espinho   céu   porco   correio   guarda

pombo   chuva   arranha   cartão

149

2. Encontre no quadro de letras as palavras que completam os substantivos compostos. Já encontramos uma para você.

cachorro-quente _____   couve-_____

criado-_____   joão-de-_____

cartão-_____   tico-_____

V	M	U	D	I	O	P	A	O	E	O	P
D	C	B	A	R	R	O	E	T	A	F	A
F	O	C	B	O	R	S	S	H	A	L	M
L	D	T	I	C	A	T	E	T	L	O	L
S	M	U	D	O	L	A	O	I	I	R	U
O	L	D	O	N	A	L	R	C	O	E	O
L	Q	U	E	N	T	E	O	O	A	T	S

3. Leia.

Pássaros

Há, no Brasil, uma quantidade enorme e maravilhosa de pássaros, como o beija-flor, o joão-de-barro, o sabiá-laranjeira e tantos outros. Mas o bem-te-vi, com seu peito amarelo e canto forte, é, sem dúvida, um dos mais bonitos. Você sabe por que ele tem esse nome?

a) Circule os substantivos compostos presentes no texto.

b) Que substantivo coletivo usamos para indicar um grupo de pássaros?

_____

Substantivo primitivo e derivado

A pequena florista

Compre uma flor,
moça,
para enfeitar sua casa.

Compre uma flor,
garoto,
para a sua namorada.

Compre uma flor,
senhora,
para o vaso da sala.

Compre uma flor
e leve de graça
um sorriso de amor...

Célia Siqueira.
Texto escrito especialmente para esta obra.

flor
substantivo primitivo

florista
substantivo derivado

Do substantivo **flor** formamos o substantivo **florista**, que indica a pessoa que vende flores. Por isso, dizemos que **flor** é **substantivo primitivo**, e **florista**, um **substantivo derivado**.

> **Substantivo primitivo** é aquele que não se origina de outra palavra.
> **Substantivo derivado** é aquele se formou de outra palavra da língua portuguesa.

Veja outros exemplos:

cabeleira → veio da palavra **cabelo**.
derivado — primitivo

ventania → veio da palavra **vento**.
derivado — primitivo

Atividades

1. Escreva o substantivo primitivo de cada substantivo derivado.

Substantivos derivados	Substantivos primitivos
cavalaria	
pedrada	
ferradura	
chuvarada	
livraria	
porteiro	
vidraça	
temporal	

2. Siga as indicações e forme um substantivo que significa "pessoa que cozinha".

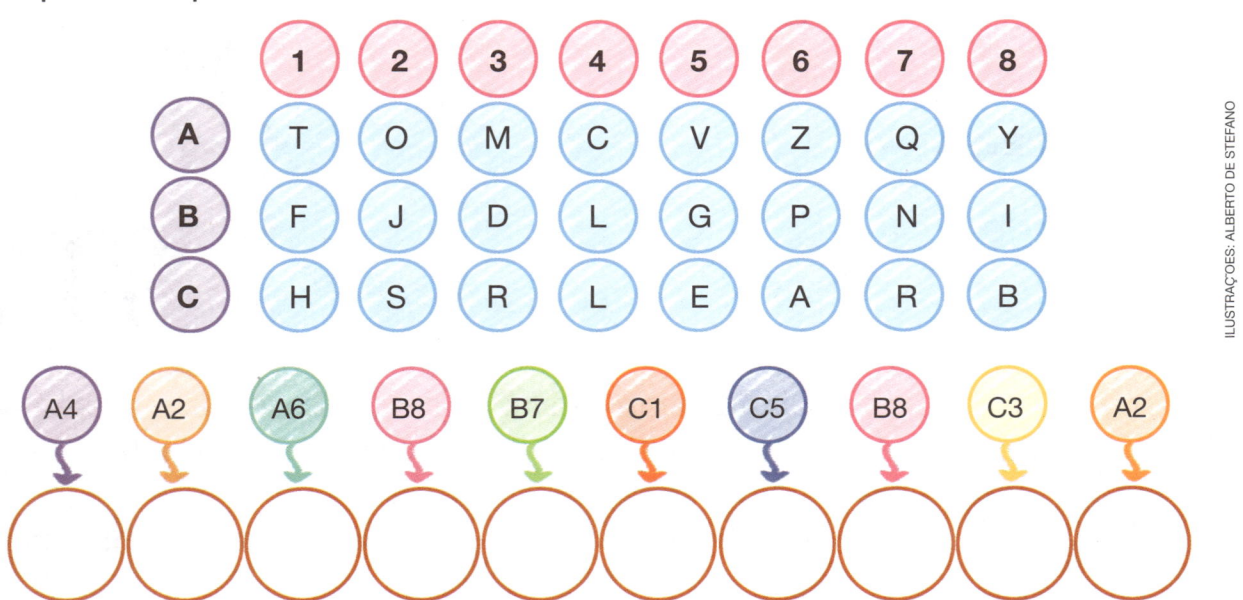

	1	2	3	4	5	6	7	8
A	T	O	M	C	V	Z	Q	Y
B	F	J	D	L	G	P	N	I
C	H	S	R	L	E	A	R	B

A4 — A2 — A6 — B8 — B7 — C1 — C5 — B8 — C3 — A2

○ ○ ○ ○ ○ ○ ○ ○ ○ ○

a) Que substantivo você formou? _____

b) Esse substantivo é primitivo ou derivado? Por quê?

_____

_____

3. Troque as letras por aquelas que vêm antes no alfabeto e forme quatro substantivos derivados.

NBSJOIFJSP ⟶ _____

EFOUBEVSB ⟶ _____

BSUJTUB ⟶ _____

MBQJTFJSB ⟶ _____

- Agora, copie os substantivos derivados no quadro abaixo e escreva, ao lado de cada um, o substantivo primitivo correspondente.

Substantivos derivados	Substantivos primitivos

4. Leia a tirinha.

GARFIELD — Jim Davis

ONDE ESTÁ MINHA CALÇA?

EU NEM QUERO SABER ONDE ESTÁ MINHA CAMISETA

ENTÃO, NÃO OLHE PARA TRÁS

- Escreva o substantivo derivado que aparece na tirinha e o substantivo primitivo correspondente.

_____

154

Aprendendo com o dicionário

1. Leia este verbete.

> **abrir** a.**brir**
> v. 1. Separar o que está junto ou fechado. 2. Iniciar, começar. 3. Montar, instalar. 4. Desabrochar. 5. Cavar. 6. Funcionar.

- Indique o sentido do verbo **abrir** nas frases a seguir.

   a) Nossa escola abriu o desfile de ontem. ☐

   b) As crianças abriram vários buracos na areia da praia. ☐

   c) Ele entrou em casa e abriu as janelas. ☐

   d) Meu tio abriu uma loja de brinquedos. ☐

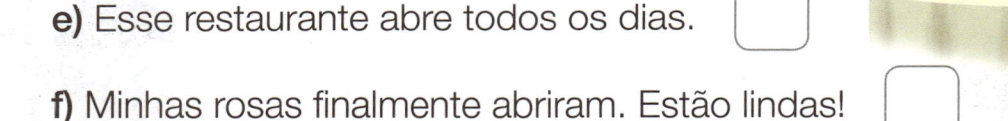

   e) Esse restaurante abre todos os dias. ☐

   f) Minhas rosas finalmente abriram. Estão lindas! ☐

   g) Esse jogo da seleção abriu o campeonato mundial. ☐

   h) O cão abriu um buraco na terra e escondeu o osso. ☐

2. Leia.

> Marisa abre a porta do jardim e exclama, abrindo os braços de alegria:
> — Veja, vovó, que coisa linda! Todas as flores abriram e o jardim está uma maravilha!

- Indique o número dos sentidos do verbo **abrir** nas três vezes em que ele aparece no texto.

   abre → sentido _____   **abrindo** → sentido _____   **abriram** → sentido _____

Reforço ortográfico

Usos do hífen

Hora de brincar

Quando tocou o sinal para o re-
creio, a criançada correu para o
pátio: hora de brincar!

Hora de brincar de esconde-
-esconde, queimada, futebol, cabra-
-cega, barra-manteiga, pega-pega,
passa-anel. Só se via criança brincando, feliz da vida.

E você? Qual é a sua brincadeira
favorita?

esconde-esconde cabra-cega pega-pega

hifens

O **hífen** (-) é um sinal usado:
- na escrita de muitas palavras compostas.
- para indicar a separação das sílabas de uma palavra no fim de uma linha, como você pôde perceber no texto acima.

Atividades

1. Forme três substantivos compostos usando o hífen.

bate → bola _____

bate → boca _____

bate → papo _____

2. Use o hífen para separar as palavras e formar substantivos compostos. Veja o exemplo.

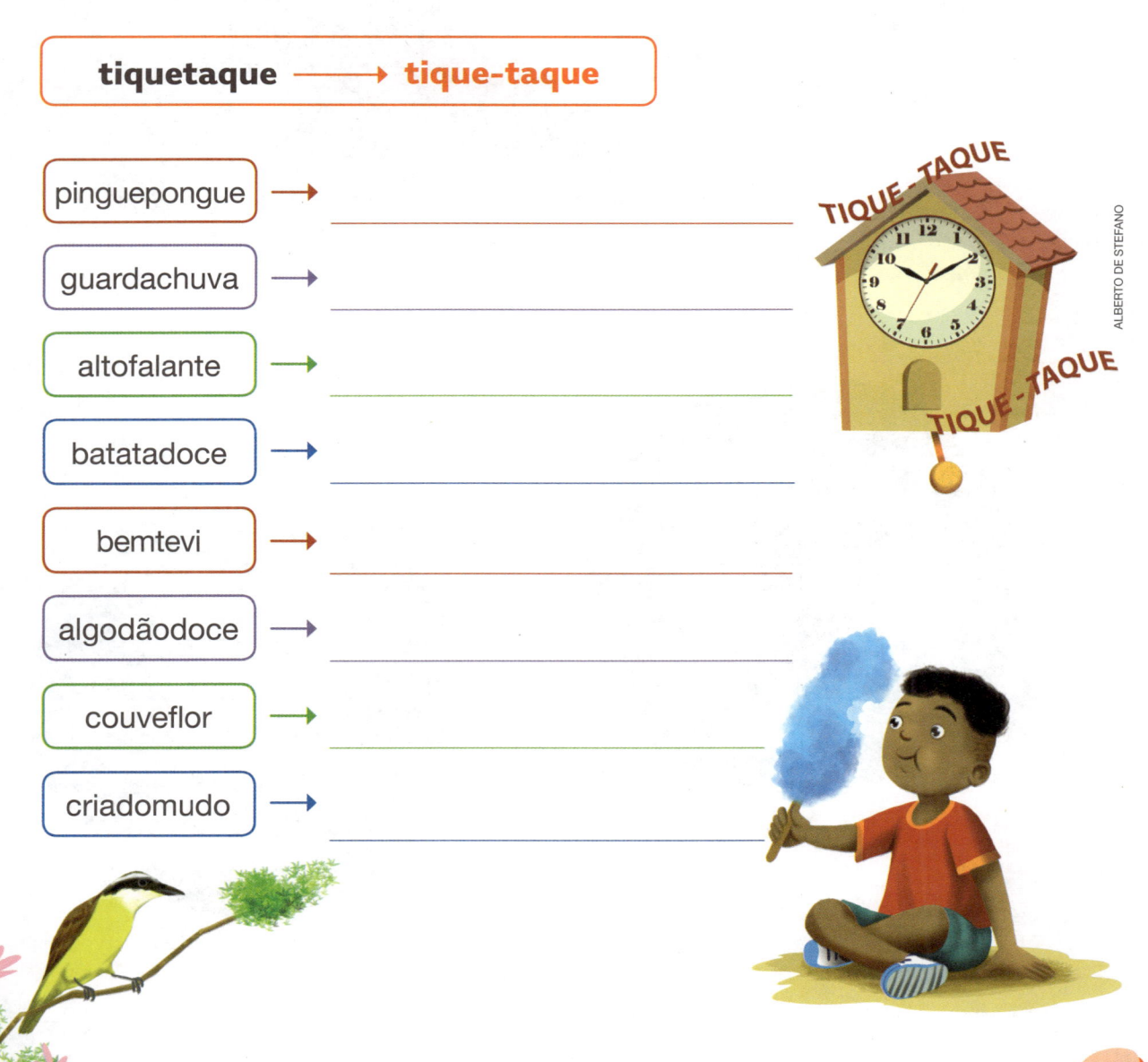

tiquetaque → **tique-taque**

pinguepongue → _____

guardachuva → _____

altofalante → _____

batatadoce → _____

bemtevi → _____

algodãodoce → _____

couveflor → _____

criadomudo → _____

Reforço ortográfico

3. Escreva o substantivo composto que identifica cada figura.

vaga-lume   tico-tico   cavalo-marinho   tamanduá-bandeira

_____   _____

_____   _____

4. O hífen também é usado quando precisamos separar uma palavra no fim de uma linha. Observe como a palavra **cinema** foi separada de duas formas diferentes.

> Marcelo, Marina e Luciana foram ao ci-
> nema ontem à tarde.
> Marcelo, Marina e Luciana foram ao cine-
> ma ontem à tarde.

Para separar uma palavra no fim da linha, devemos seguir a divisão silábica. Veja que, conforme o espaço, a palavra **cinema** pode ser separada de duas formas.

É claro que, se a palavra tiver só uma sílaba, ela não pode ser separada no fim da linha.

- Agora é sua vez! De quantas formas podemos separar as palavras do quadro se elas não couberem na mesma linha?

caderno   professora   borracha

_____

_____

_____

Veja como separamos a palavra **guarda-chuva** no fim da linha.

> Está chovendo. Vou pegar o guarda-
> -chuva.

Você observou que, se a separação coincidir com o hífen, devemos repetir o hífen na outra linha.

13

Substantivo: singular e plural

GATURRO Nik

Verdade, há... alguma palavra mais linda?

amigos

amigo
—
substantivo singular

amigo**s**
—
substantivo plural

> O **substantivo** varia em número, isto é, pode estar no **singular** ou no **plural**.

A maioria dos substantivos faz o plural com o acréscimo de **s** no final da palavra. Veja alguns exemplos.

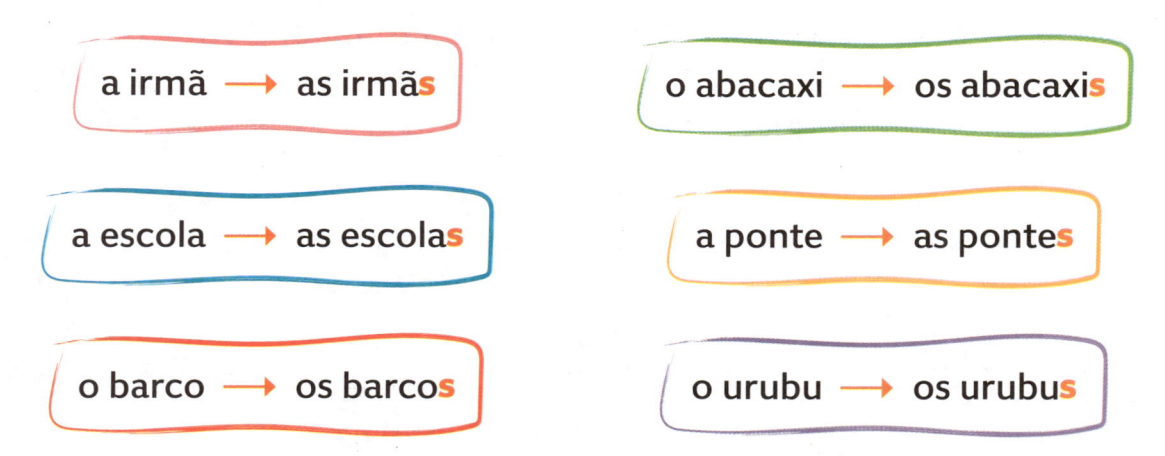

a irmã ⟶ as irmã**s**

o abacaxi ⟶ os abacaxi**s**

a escola ⟶ as escola**s**

a ponte ⟶ as ponte**s**

o barco ⟶ os barco**s**

o urubu ⟶ os urubu**s**

Mas há outras formas de fazer o plural, como veremos neste capítulo.

Formação do plural – 1

- Os substantivos terminados em **r**, **s**, **z** fazem o plural com o acréscimo de **es**.

    o ma**r** ⟶ os mar**es**   o paí**s** ⟶ os país**es**   a lu**z** ⟶ as luz**es**

- Os substantivos terminados em **al**, **ol**, **ul** fazem o plural em **ais**, **óis**, **uis**.

    o jorn**al** ⟶ os jorn**ais**   o far**ol** ⟶ os far**óis**   o az**ul** ⟶ os az**uis**

    > **Atenção!** O plural **óis** (pronúncia aberta) é sempre acentuado.

- Os substantivos terminados em **el** fazem o plural em **éis**, **eis**.

    o pap**el** ⟶ os pap**éis**   o tún**el** ⟶ os tún**eis**

Usamos **éis** (pronúncia aberta) quando o substantivo é **oxítono**.
pap**el** ⟶ pap**éis**
Usamos **eis** (pronúncia fechada) quando o substantivo é **paroxítono**.
tún**el** ⟶ tún**eis**

Atividades

1. Complete a tabela com as formas que estão faltando.

Singular	Plural
o carro	os
a	as pipas
o varal	os
o	os pedais
o anzol	os
o	os tonéis
o local	os
a voz	as
o	os painéis

2. Use o código e descubra as palavras.

☁ = O   🍎 = A   👟 = S   ✏ = H   😊 = E   📘 = L   🐢 = T   🍎 = C

✏ ☁ 🐢 😊 📘   🍎 🍎 👟 🍎 📘

- Escreva aqui as duas palavras que você formou.

_____

- Agora, passe essas palavras para o plural e complete com elas a frase abaixo.

Muitos _____ passam os feriados nesses

_____ à beira-mar.

3. Ordene as letras e forme palavras terminadas em **l**. A letra azul é a primeira letra de cada palavra.

I L **P** C N E	→ _____
A R A **C** L O C	→ _____
L U E **A** G L U	→ _____
O C L **C** A H E C	→ _____
I **H** S L A P O T	→ _____
L E S R R **C** O A	→ _____

- Escreva no plural e em ordem alfabética as seis palavras que você formou.

1. _____   4. _____

2. _____   5. _____

3. _____   6. _____

163

Formação do plural – 2

- Os substantivos terminados em **m** e **n** fazem o plural em **ns**.

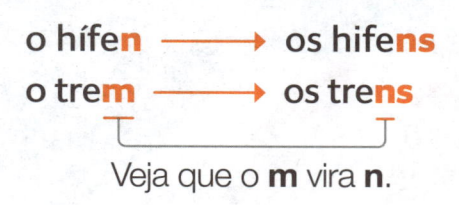

  o hífe**n** ⟶ os hife**ns**
  o tre**m** ⟶ os tre**ns**

  Veja que o **m** vira **n**.

- Os substantivos terminados em **ão** fazem o plural em **ãos**, **ães**, **ões**.

  a m**ão** ⟶ as m**ãos**
  o p**ão** ⟶ os p**ães**
  o bot**ão** ⟶ os bot**ões**

- Os substantivos terminados em **il** fazem o plural em **is**, **eis**.

  o fun**il** ⟶ os fun**is**
  o répt**il** ⟶ os répte**is**

  > Usamos **is** quando o substantivo é **oxítono**.
  >
  > fun**il** ⟶ fun**is**
  >
  > Usamos **eis** quando o substantivo é **paroxítono**.
  >
  > répt**il** ⟶ répt**eis**

- Os substantivos paroxítonos e proparoxítonos terminados em **s** têm a mesma forma no singular e no plural.

  o tên**is** ⟶ os tên**is**
  o ônib**us** ⟶ os ônib**us**

Atividades

1. Nas frases abaixo, há vários substantivos destacados. Leia com atenção e sublinhe de **azul** aqueles que estão no singular e de **vermelho** os que estão no plural.

    a) Tenho todos os **álbuns** de **canções** desse **cantor**.

    b) Os alunos fizeram **cartazes** de várias **cores** sobre os **animais** brasileiros.

    c) Na **festa**, as **crianças** se divertiram com os **balões** coloridos.

    d) Você quer uma **porção** ou duas **porções** de **batatas** fritas?

2. Ordene as letras e forme quatro palavras terminadas em **ão**.

    1 ã r t o p o ⟶ _____

    2 ã r t o p a ⟶ _____

    3 ã m c h i o n a ⟶ _____

    4 ã r ç a o p e o ⟶ _____

    - Escreva em ordem alfabética o plural das palavras que você formou.

        1 _____   3 _____

        2 _____   4 _____

3. Todas as palavras abaixo têm a mesma forma no singular e no plural, menos duas. Circule-as.

    pires   lápis   mês   ônibus   atlas   freguês

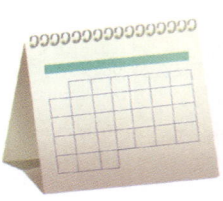

4. Complete as indicações.

a) O plural de **homem** é ⟶ _____

b) O singular de **pães** é ⟶ _____

c) O plural de **país** é ⟶ _____

d) O plural de **raiz** é ⟶ _____

e) O singular de **balões** é ⟶ _____

f) O plural de **armazém** é ⟶ _____

> No dicionário, os substantivos são apresentados no singular. Portanto, se quiser achar o substantivo **capitães**, você deve procurar **capitão**.

5. Escreva a forma como estes substantivos aparecem no dicionário.

a) cidadãos ⟶ _____

b) leões ⟶ _____

c) quartéis ⟶ _____

d) vozes ⟶ _____

e) atrizes ⟶ _____

f) alemães ⟶ _____

g) imagens ⟶ _____

h) amendoins ⟶ _____

Aprendendo com o dicionário

1. Leia este verbete.

> **marcar** mar.**car**
> v. **1.** Pôr uma marca ou um sinal. **2.** Combinar. **3.** Indicar.
> **4.** Fazer ponto em uma competição esportiva.

- Com base no verbete, indique os sentidos que o verbo **marcar** tem nas frases abaixo.

    a) Esse time marcou um gol logo no começo do jogo. ☐

    b) Nossa turma marcou um encontro na quadra da escola. ☐

    c) O relógio marca as horas e os minutos. ☐

    d) Essa fileira de pedras marca o caminho até a fazenda. ☐

    e) Marquei a página do livro que devo ler. ☐

    f) O professor marcou no chão onde as crianças deviam pisar. ☐

    g) O termômetro está marcando 40 graus, está muito calor! ☐

2. Leia o título deste livro.

Izomar Camargo Guilherme
A lagartixa que virou jacaré

- Agora, leia este verbete.

> **virar** vi.**rar**
> **v. 1.** Mudar de posição. **2.** Mudar de direção.
> **3.** Transformar-se em outra coisa, tornar-se.

a) Em qual desses sentidos o verbo **virar** foi usado no título do livro?

⓵ ⓶ ⓷

b) Com base no verbete, indique o sentido do verbo **virar** nestas frases.

Para chegar à escola, vá até a esquina e depois vire à direita. ☐

Ele virou para trás para conversar comigo. ☐

Reforço ortográfico

Sons do X

Uma letra brincalhona

Cuidado com a letra X,
Ela é uma letra especial!
Tem som de Z em *exigente*,
E som de S em *explicar*,
Mas outro som em *durex*
E mais um outro em *caixão*...
Isso atrapalha a gente
E sempre dá confusão.

Mas agora ouça bem
As dicas do professor
Sobre os sons da letra X
E nunca mais essa questão
Vai causar preocupação!

caixão   exigente   durex   explicar

sons diferentes da letra **x**

169

Reforço ortográfico

Dependendo da palavra, a letra **x** deve ser pronunciada de diferentes formas. Nas atividades a seguir, vamos recordar os vários sons que a letra **x** pode representar na língua portuguesa.

> A letra **x** pode ter vários sons, mas no começo das palavras ela sempre tem o som de **ch**. Por exemplo: **xereta**, **xale**.

Atividades

1. Leia em voz alta.

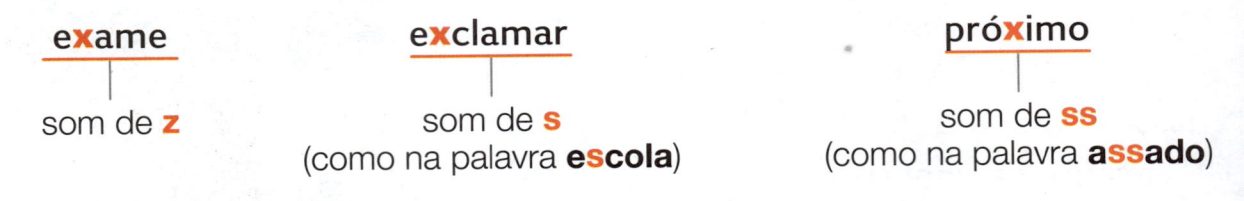

e**x**ame	e**x**clamar	pró**x**imo
som de **z**	som de **s** (como na palavra e**s**cola)	som de **ss** (como na palavra a**ss**ado)

• Marque a resposta correta quanto à pronúncia do **x**.

a) exato → ☐ som de **z**   ☐ som de **s**

b) experimentar → ☐ som de **z**   ☐ som de **s**

c) explosão → ☐ som de **z**   ☐ som de **s**

2. Para você não errar na hora de escrever, observe a palavra **primitiva**.

e**x**ercício — palavra primitiva com **x**

e**x**ercitar — palavra derivada com **x**

• Observe as palavras primitivas e complete as derivadas.

exame → e____aminar

exemplo → e____emplificar

exibir → e____ibição

existir → e____istência

• Leia em voz alta as palavras que você completou.

170

3. Observe a crítica social apresentada neste cartum.

Arionauro

> DEVEMOS MANTER A CIDADE LIMPA. JOGAR LIXO NA RUA ENTOPE BOCAS DE LOBO, PODE CAUSAR ALAGAMENTOS E ATRAIR RATOS E INSETOS!

JOGUE O LIXO NO LIXO

Você reparou que na palavra **lixo** o **x** tem o som de **ch**? Cuidado para não errar na hora de escrever!

- Observe agora a palavra primitiva e complete as derivadas. Atenção com o uso de **ch** e **x**.

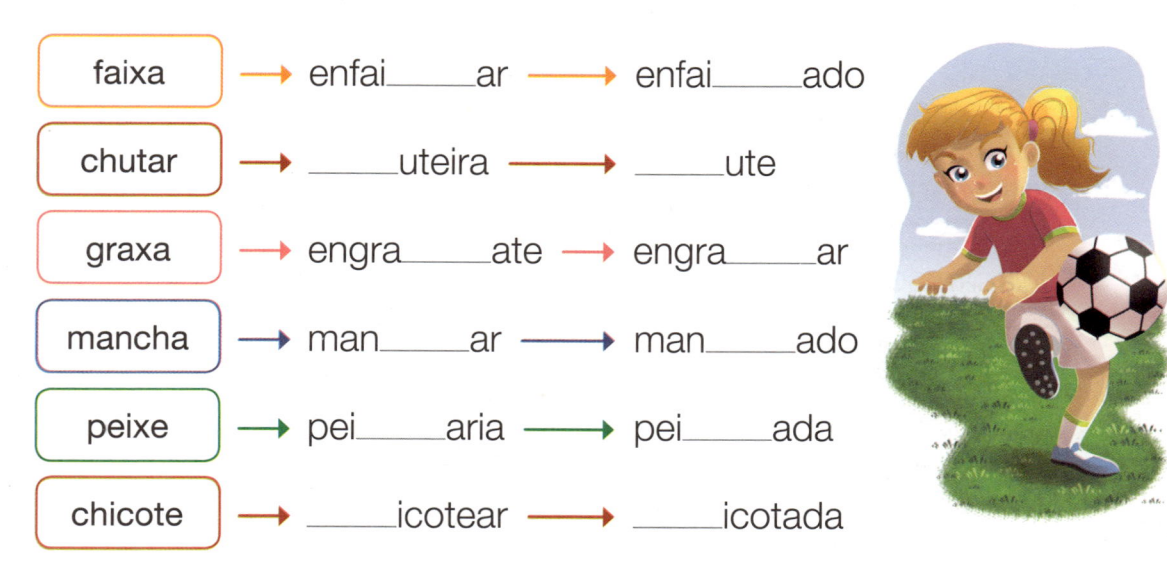

faixa	→ enfai____ar → enfai____ado
chutar	→ ____uteira → ____ute
graxa	→ engra____ate → engra____ar
mancha	→ man____ar → man____ado
peixe	→ pei____aria → pei____ada
chicote	→ ____icotear → ____icotada

171

Reforço ortográfico

4. Leia a mensagem que a Beatriz mandou ao seu avô.

> OI, VOVÔ!
> A FESTA NA ESCOLA FOI ANIMADA, COM MÚSICA, DANÇA E COISAS GOSTOSAS PRA GENTE COMER. EU ME DIVERTI MUITO COM MEUS AMIGOS. ESTOU ANEXANDO UMAS FOTOS PRA VOCÊ VER.
> BEIJOS.

DANILLO SOUZA

No texto, temos uma palavra que mostra mais um som da letra **x**. Veja.

ane**x**ando ⟶ **x** com som de **cs**

Veja outros exemplos.

tá**x**i • **x**ero**x** (ou **x**éro**x**) • sede**x** • fi**x**o • ane**x**o • bo**x**e

> **Alexandre** e **Alex**
> Veja uma coisa interessante: no nome Alexandre, o **x** tem som de **ch**, mas quando abreviamos o nome para Alex, o **x** passa a ter o som de **cs**.

- Forme frases ligando as colunas.

No nosso trabalho	vou tirar xerox dessa poesia.
O professor	nós colamos as fotos com durex.
Depois da aula	tem acento circunflexo.
A palavra vovô	chegou de táxi porque o carro dele enguiçou.

- Leia em voz alta as frases que você formou.

5. Leia em voz alta estas palavras.

EXPOSIÇÃO   XAROPE   REFLEXO   PEIXE   EXPLICAR

EXAME   TÁXI   XAMPU   EXIBIR   ENXAME

a) Cinco dessas palavras estão escondidas no quadro de letras. Circule-as.

X	A	M	P	O	L	R	T	O	E
P	E	I	E	M	X	A	M	P	N
X	U	D	I	X	A	M	P	E	X
A	X	I	C	A	R	E	X	I	A
N	A	P	T	S	O	O	I	X	N
P	M	B	A	R	P	S	H	E	L
U	P	A	X	L	E	X	A	M	E
P	U	S	F	L	O	C	N	P	U
R	A	R	E	N	X	A	M	E	O
E	X	I	B	R	P	U	O	H	L

b) Quais palavras você circulou?

_____

c) Colocando essas palavras em ordem alfabética, qual é a primeira? E a última?

_____

173

14

▸ Substantivo: masculino e feminino

Quadrinho 1:
— MINHA MÃE USA ROUPAS DE MARCA!
— EU TAMBÉM! TENHO VÁRIAS!
— ESSA AQUI TEM MARCA DE CAQUI, DA SEMANA PASSADA!

Alexandre Beck. *Armandinho cinco*. São Paulo: Matrix, 2015. p. 52.

Quadrinho 2:
— MAS TODO MUNDO GOSTA DE CARINHO!
— MEU PAI NÃO!
— PRINCIPALMENTE QUANDO VAI NO MERCADO...
— ...ELE SEMPRE PROCURA O MAIS BARATINHO!

Alexandre Beck. *Armandinho dois*. São Paulo: Matrix, 2014. p. 86.

pai
substantivo masculino

mãe
substantivo feminino

Os substantivos apresentam dois gêneros: o **masculino** e o **feminino**.

Se podemos usar **o** antes de um substantivo, ele é classificado como **masculino**. Exemplos:

o pai — **o** computador — **o** tigre

o homem — **o** pássaro — **o** sapato

o professor — **o** gato — **o** caderno

Se podemos usar **a** antes de um substantivo, ele é classificado como **feminino**. Exemplos:

a mãe — **a** professora — **a** rainha

a mulher — **a** casa — **a** onça

a borboleta — **a** panela — **a** girafa

ILUSTRAÇÕES: DAYANE RAVEN

Formação do feminino

Formamos a maioria dos substantivos femininos trocando o **o** da forma masculina por **a**. Observe.

o prim**o** → a prim**a**

o alun**o** → a alun**a**

o gat**o** → a gat**a**

o pat**o** → a pat**a**

Neste capítulo, vamos ver também outras maneiras de formar o feminino.

Atividades

1. Complete a tabela com as formas do masculino e do feminino que estão faltando. O primeiro já está feito como exemplo.

Masculino		Feminino	
o amigo	os amigos	a amiga	as amigas
o médico	os	a	as
o	os garotos	a garota	as
o neto	os	a neta	as

Formamos o feminino de substantivos terminados em **r** ou **s** acrescentando **a** à forma do masculino. Veja.

o cantor ⟶ a cantor**a**

o escritor ⟶ a escritor**a**

o chinês ⟶ a chines**a**

o inglês ⟶ a ingles**a**

Atenção com o plural: na formação do feminino plural, trocamos o **e** do masculino por **a**. Observe.

os cantor**es** ⟶ as cantor**as**

os escritor**es** ⟶ as escritor**as**

os chines**es** ⟶ as chines**as**

os ingles**es** ⟶ as ingles**as**

ILUSTRAÇÕES: DAYANE RAVEN

2. Passe as palavras destacadas para o feminino e complete as frases.

a) **O cantor** abraçou **o apresentador** do programa.

_____ abraçou _____ do programa.

b) **Os jogadores** conversaram com **os torcedores**.

_____ conversaram com _____.

c) **O vendedor** atendeu **o freguês**.

_____ atendeu _____.

d) **O nadador** seguiu as instruções **do treinador**.

_____ seguiu as instruções _____.

3. Muitos nomes de pessoas também fazem o feminino trocando o **o** do final do masculino por **a**. Complete a tabela com as formas que estão faltando.

Masculino	Feminino	Masculino	Feminino
Renato		Fabiano	
	Paula		Cláudia
Roberto		Marcelo	

4. Alguns substantivos apresentam formas bem diferentes no masculino e no feminino. Veja.

o rei ⟶ a rainha

o cavalo ⟶ a égua

- Escreva o feminino destes substantivos.

o padrinho _____

o pai _____

o boi _____

o cão _____

o compadre _____

o príncipe _____

5. Leia os substantivos masculinos abaixo.

carneiro   bode   ator   galo   japonês   juiz   autor   filho

a) Agora descubra no quadro de letras o feminino de cinco deles.

V	M	U	D	I	O	P	A	T	R	I	Z	I
D	C	A	B	R	A	M	E	B	A	J	A	N
F	O	U	B	O	R	S	S	H	A	F	M	J
L	D	T	I	C	A	T	F	P	E	I	A	T
S	M	O	D	W	L	D	O	E	I	L	U	J
O	L	R	O	N	A	L	R	D	O	H	O	V
L	O	A	P	O	S	T	U	F	A	A	S	I
K	B	A	R	E	Z	I	R	C	A	O	E	I
H	O	V	E	L	H	A	T	S	H	L	A	Z

b) Escreva o feminino dos substantivos que não estão no quadro de letras.

_____

6. Use o código e forme quatro substantivos.

e f n t d u o r s a l p c m

- Escreva agora o feminino desses substantivos.

_____

_____

7. Fazemos o feminino dos substantivos terminados em **ão** mudando **ão** por **ã**, **ona** ou **oa**. Observe.

o campeão → a campeã   **o amigão → a amigona**   **o leão → a leoa**

- Agora é sua vez! Escreva o feminino destes substantivos.

o capitão _____   o patrão _____

o valentão _____   o anão _____

o leitão _____   o chorão _____

Aprendendo com o dicionário

Leia o verbete.

> **contar** con.**tar**
> v. **1.** Verificar o número ou a quantidade. **2.** Dizer os números. **3.** Esperar. **4.** Narrar, relatar. **5.** Confiar, ter como certa a ajuda de alguém.

1. Com base no verbete, indique os sentidos que o verbo **contar** tem nas frases.

   a) Esse garoto já sabe contar de 1 a 50. ☐

   b) Quem contou essa anedota para você? ☐

   c) Não contava encontrar você aqui nesta festa. ☐

   d) Vamos contar quantos alunos há nesta classe. ☐

   e) Conto com vocês na preparação da exposição de artes. ☐

2. Leia esta tira do Menino Maluquinho, em que há uma brincadeira com o verbo **contar**.

Ziraldo. As melhores tiradas do Menino Maluquinho. São Paulo: Melhoramentos, 2010.

   a) Em que sentido o verbo **contar** foi usado pelo menino? ☐

   b) Mas, pela resposta dos colegas, eles entenderam o verbo **contar** em outro sentido. Qual? ☐

Reforço ortográfico

H inicial

MENINO MALUQUINHO — Ziraldo

Se é bom na hora, mas, depois que passa, você se arrepende... foi mau!

© ZIRALDO

hora
|
h inicial

Quando não está acompanhada de **c** (**ch**), de **l** (**lh**) ou de **n** (**nh**), a letra **h** não tem som. Ela aparece no início de muitas palavras. Por isso, atenção na hora de escrever.

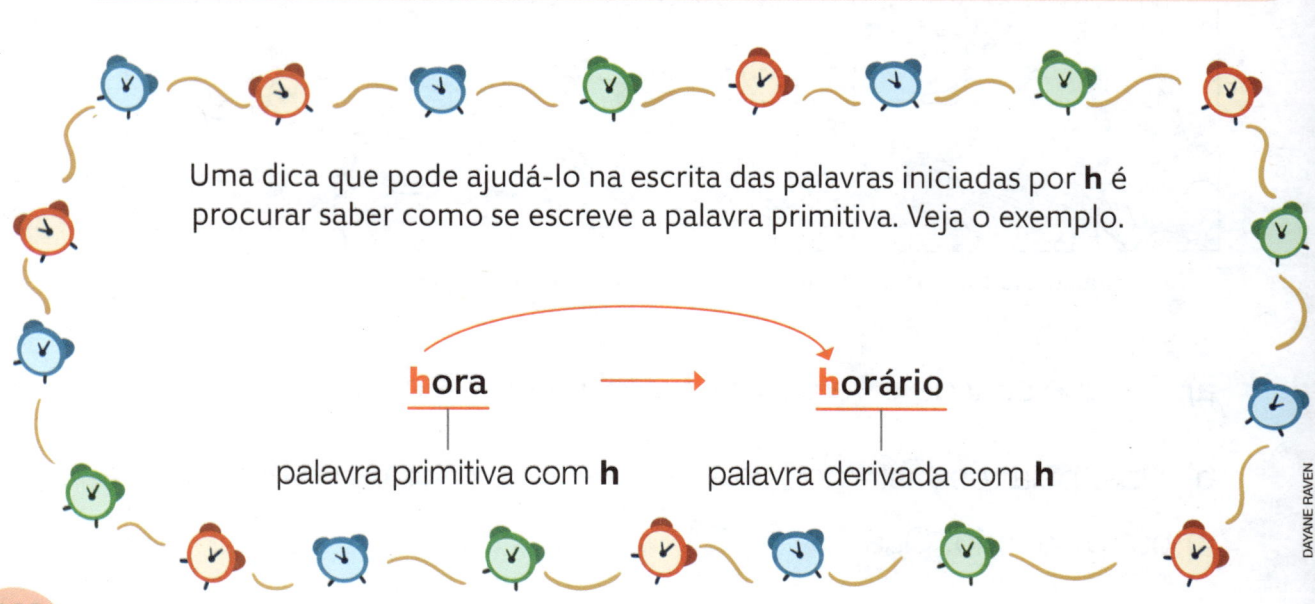

Uma dica que pode ajudá-lo na escrita das palavras iniciadas por **h** é procurar saber como se escreve a palavra primitiva. Veja o exemplo.

hora → **h**orário

palavra primitiva com **h**   palavra derivada com **h**

DAYANE RAVEN

Atividades

1. Ordene as letras e forme palavras com **h** inicial. Atenção! A letra **vermelha** é a penúltima de cada palavra.

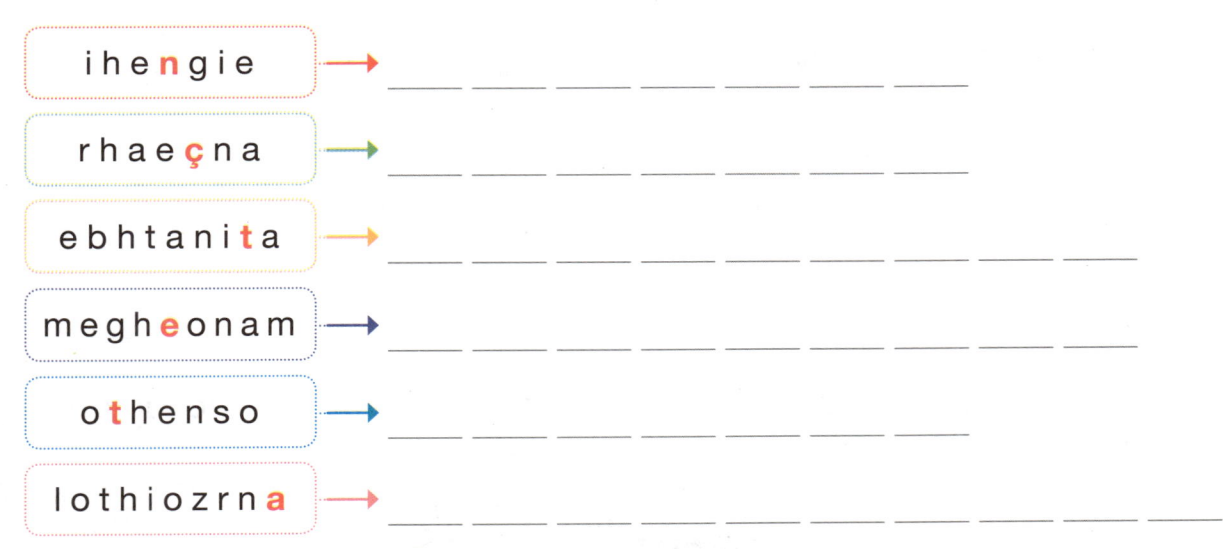

- i h e **n** g i e → _____
- r h a e **ç** n a → _____
- e b h **t** a n i t a → _____
- m e g h **e** o n a m → _____
- o **t** h e n s o → _____
- l o t h i o z r n **a** → _____

• Copie as palavras que você formou em ordem alfabética.

1. _____   2. _____

3. _____   4. _____

5. _____   6. _____

2. Observe a escrita da palavra primitiva e escreva a sílaba que falta em cada palavra derivada. Veja o exemplo.

habitar → **ha**bitação

a) humilde → _____mildade

b) história → _____tórico

c) herói → _____roísmo

d) humilhar → _____milhante

e) honesto → _____nestidade

f) humor → _____morista

183

Reforço ortográfico

3. Agora faça o contrário. Escreva as palavras primitivas que se referem a estas palavras derivadas. Veja o exemplo.

> **Horroroso** deriva de **horror**.

a) **Hospitalizar** deriva de _____.

b) **Heroísmo** deriva de _____.

c) **Habitual** deriva de _____.

d) **Homenzarrão** deriva de _____.

Observe a cena e procure perceber a diferença de significado entre as palavras **houve** e **ouve**.

O que **houve**?

Ele não **ouve** bem.

houve
verbo **haver**

ouve
verbo **ouvir**

Na dúvida, lembre-se:
- se puder substituir por **aconteceu**, use **houve**;
- se puder substituir por **escuta**, use **ouve**.

184

4. Complete as frases com **houve** ou **ouve**.

a) Não sei o que _____ com ele. Está tão quieto!

b) Ele não _____ bem, por isso usa aparelho auditivo.

c) O que _____? Você parece tão preocupado.

d) Daqui do fundo da sala, não se _____ bem o que a professora está dizendo.

e) Quando _____ o som da chuva forte, ele se lembra do alagamento que _____ na semana passada.

5. No quadro abaixo, corte as últimas cinco letras do alfabeto e descubra o nome de um instrumento musical.

a) Antes de começar, escreva as últimas cinco letras do alfabeto.

_____

Y X H W A Z Y R W M X Z O N V W I X C Y A

b) Escreva a palavra que você descobriu acentuando-a.

_____

c) Essa palavra é:

☐ oxítona. ☐ paroxítona. ☐ proparoxítona.

d) Para acentuá-la, você usou:

☐ acento agudo. ☐ acento circunflexo.

Revisão

1. Leia o texto e ponha os sinais de pontuação que estão faltando.

Essa não!

O médico receitou um remédio ao homem doente e pediu a ele que voltasse dali a uma semana ☐ Quando o doente voltou, o médico lhe perguntou ☐

☐ E então ☐ Está se sentindo melhor ☐

☐ Não, doutor ☐

☐ Mas como ☐ Não tomou o remédio que eu mandei comprar ☐

☐ Tentei, mas não consegui ☐

☐ Não conseguiu por quê ☐

☐ Porque no vidro está escrito em letras bem grandes ☐ "Mantenha este vidro sempre fechado".

2. Leia os substantivos derivados abaixo e escreva o substantivo primitivo de cada um deles.

Derivados	Primitivos	Derivados	Primitivos
goleiro		perfumaria	
cafeteira		pulseira	
dentista		lancheira	
fofoqueiro		poeira	

186

3. Leia.

O passeio

A turma de alunos da professora Denise fez um passeio ao jardim botânico da cidade de Jundiaí. Lá, os estudantes conheceram os nomes de muitas plantas e puderam fotografar flores belíssimas. Viram até bandos de pássaros nos arvoredos e, no laguinho, cardumes de peixinhos coloridos.

Marcelo, como sempre, não parava quieto, sempre correndo de um lado para o outro. Uma hora, ele acabou escorregando na beira do laguinho e quase caiu na água, assustando uma pata que lá estava com sua ninhada. Se não fosse a ajuda rápida da professora, Marcelo ia voltar ensopado para a escola!

Revisão

a) No texto, há vários substantivos coletivos. Escreva-os.

_____

_____

b) Quais são os substantivos próprios presentes no texto?

_____

c) Separe as sílabas de:

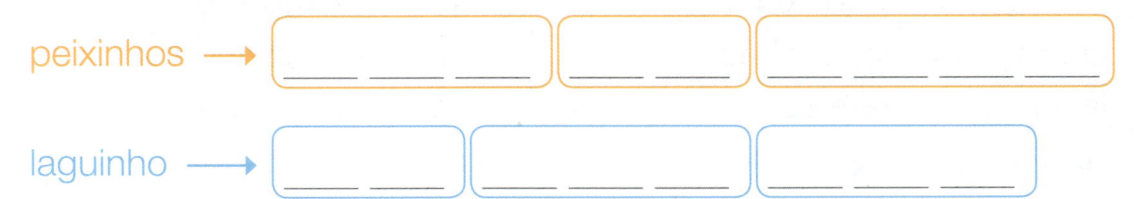

peixinhos → ☐☐☐ ☐☐ ☐☐☐

laguinho → ☐☐ ☐☐☐ ☐☐☐

4. Usando **in**, **im** ou **des**, forme os antônimos das palavras abaixo.

certeza	☐
empatar	☐
satisfeito	☐
interessante	☐
entupir	☐
possibilidade	☐
necessário	☐
discreto	☐

5. Complete as frases com o plural das palavras entre parênteses.

a) Os torcedores saíram do estádio por aqueles _____. `portão`

b) Gosto muito das _____ dessa cantora. `canção`

c) Os alunos desenharam vários _____ coloridos. `coração`

d) Pegue os _____ de arroz que caíram no chão. `grão`

e) Acertei todas as _____ da prova. `questão`

6. Escreva nos quadrinhos a letra indicada do nome de cada figura e descubra uma palavra.

1ª ☐ (chapéu) 2ª ☐ (casa) 1ª ☐ (rosa)

5ª ☐ (tapete) 5ª ☐ (canoa) 1ª ☐ (zebra)

a) Que palavra você formou?

_____

b) Faça o plural dessa palavra.

_____

189

Revisão

7. Preencha a cruzadinha escrevendo o feminino.

1. irmão
2. tio
3. padrinho
4. pai
5. príncipe
6. anão
7. cão
8. carneiro
9. boi

- Escreva as palavras que você usou na cruzadinha, conforme as indicações.

a) Palavras paroxítonas com seis letras.

_____

b) Palavras dissílabas oxítonas. _____

c) Palavra com hiato. _____

d) Palavra com encontro consonantal e dígrafo.

_____

8. Você aprendeu que todas as palavras proparoxítonas devem ser acentuadas. Agora descubra as proparoxítonas do texto abaixo e acentue-as.

> **Lembrete!**
>
> **Proparoxítona**: palavra em que a antepenúltima sílaba é tônica, isto é, pronunciada mais fortemente do que as outras. Ex.: re**lâm**pago.

Um bicho grande e perigoso

Você sabia que o hipopotamo é o mamifero terrestre mais pesado que existe depois do elefante? E é também um dos animais mais perigosos da Africa. Quando abre sua imensa boca, os dois dentes caninos do macho são de meter medo: cada um pode chegar a medir de 30 a 40 centimetros!

a) Escreva aqui as palavras que você acentuou, separando-as em sílabas.

___

___

b) Circule a sílaba tônica de cada uma dessas palavras.

Hora da história

HORÁCIO   Mauricio de Sousa

— DECIDIDAMENTE, HORÁCIO, SER BONZINHO E GENEROSO NÃO PAGA A PENA!
— VOCÊ PASSA POR BOBO! APROVEITAM-SE DE VOCÊ!

— VOCÊ DEIXA DE VIVER A SUA VIDA E PASSA A VIVER A VIDA DOS OUT... AII!

— OBRIGADO, HORÁCIO! SE VOCÊ NÃO ME SEGURA...

— O EXERCÍCIO ME ABRIU O APETITE!
— NÓS NÃO ESTAMOS PERTO DAQUELA SUA PLANTAÇÃOZINHA DE ALFACES?

192

HUMM! DELÍCIA!
MAS COMO EU ESTAVA FALANDO, SE VOCÊ CO- MEÇA A PREOCUPAR-SE SÓ COM OS OUTROS...
FIQUE QUIETO!
POR QUE FICAR QUIETO?
E O QUE VOCÊ VAI FAZER COM ESSA PEDRA?
ELA JÁ ESTAVA QUASE DANDO O BOTE EM VOCÊ!
MAS, O QUE VOCÊ DIZIA, MESMO?
EU DIZIA QUE VOCÊ TEM QUE PARAR DE SE PREOCUPAR COM OS OUTROS!
SEI NÃO!
MAURICIO
VOCÊ NÃO ACHA QUE AS ESPÉCIES QUE NÃO PRATICAM A SOLIDARIEDADE... SE EXTINGUEM?
BOBAGEM!
FIM

Hora da história

Atividades

1. A história apresenta duas personagens: Horácio e o amigo do Horácio. Identifique-as, escrevendo quem é quem embaixo das figuras certas.

2. Ao longo da história, o amigo do Horácio fica dizendo a ele que:

   a) é importante ajudar os amigos.

   b) faz bem ser bonzinho e generoso com os outros.

   c) não vale a pena se preocupar com os outros.

   d) às vezes, é bom se preocupar com os outros.

3. Enquanto os dois estão caminhando, eles passam por três situações. Observe as cenas e explique oralmente o que aconteceu em cada uma delas.

194

4. Essas situações que você explicou na questão anterior mostram que:

   a) Horácio aceitou os conselhos dados pelo amigo.

   b) o amigo entendeu que Horácio tinha razão em ajudar os outros.

   c) Horácio não seguiu os conselhos dados pelo amigo.

5. Você concorda com a afirmação do Horácio de que a solidariedade é muito importante? Por quê? Como seria a vida se ninguém ajudasse ninguém?

> **solidariedade** = sentimento que faz as pessoas se ajudarem.
> **extinguem** = desaparecem, morrem.

6. Converse com os colegas para responder.

- Você acha que há pessoas que se comportam como o amigo do Horácio? Como são essas pessoas?

7. Que título você daria a essa história?

___

Vamos ler mais?

A solidariedade e a bondade tornam nossa vida cheia de amigos e momentos de alegria. Sem elas, ficamos sozinhos e desamparados, como o amiguinho do Horácio estaria sem ele... Numa outra história, um leão encontra um filhote de passarinho machucado e decide cuidar dele. A partir daquele gesto de bondade e cuidado, surge uma inesperada amizade. Quer saber o que acontece quando o passarinho já está pronto para voar?
Leia *O leão e o pássaro*, de Marianne Dubuc.

15

Artigo definido e indefinido

Um sonho

Deitado, olhando o céu,
o menino tem um sonho...
Queria ser um astronauta
para poder viajar
lá no espaço sem fim,
poder montar nos cometas,
visitar muitas estrelas,
e passear nos planetas!

o menino   **um** sonho
artigos

> As palavras **o** e **um** são chamadas de **artigos** quando estão antes de um substantivo.
>
> Os artigos **o**, **um**, **os**, **uns** são masculinos: **o** rei, **um** rei, **os** reis, **uns** reis.
>
> Os artigos **a**, **uma**, **as**, **umas** são femininos: **a** rainha, **uma** rainha, **as** rainhas, **umas** rainhas.

Agora, observe:

Achei um estojo!
artigo — substantivo

É o estojo da Bia.
artigo — substantivo

> O artigo **um** dá sentido indefinido ou indeterminado ao substantivo.

> O artigo **o** dá sentido definido ou determinado ao substantivo.

O artigo é chamado de **indefinido** quando dá sentido indeterminado ao substantivo. São artigos indefinidos: **um**, **uma**, **uns**, **umas**.

O artigo é chamado de **definido** quando dá sentido determinado ao substantivo. São artigos definidos: **o**, **a**, **os**, **as**.

Artigo	Masculino singular	Masculino plural	Feminino singular	Feminino plural
definido	o	os	a	as
indefinido	um	uns	uma	umas

Atividades

1. No texto a seguir foram destacados vários substantivos.

O camaleão: um bicho incrível

O **camaleão**, de fato, é um **animal** surpreendente. Ele é capaz de mudar rapidamente a **cor** de sua pele, de acordo com a **luz** e a **temperatura** do ambiente. A **mudança** de cor pode ser também uma **forma** de comunicação com outros camaleões. E ainda tem um **detalhe** espantoso: os **olhos** dele podem rodar separadamente e focar dois objetos diferentes ao mesmo tempo!

• Sublinhe de azul os artigos definidos que acompanham esses substantivos e de vermelho os artigos indefinidos.

O artigo sempre concorda com o substantivo a que se refere. Observe os exemplos.

O professor entrou.

artigo definido masculino singular — substantivo masculino singular

A professora saiu.

artigo definido feminino singular — substantivo feminino singular

2. Complete as frases usando artigos definidos.

a) Todas _____ crianças fizeram _____ tarefa.

b) _____ alunos praticam ginástica todos _____ dias.

c) Guardei _____ livros, _____ pastas e _____ cadernos nesse armário.

3. Passe as palavras destacadas para o plural, conforme o exemplo.

Vi **uma menina** no pátio. ⟶ Vi **umas meninas** no pátio.

a) Comprei **um caderno** de desenho.

Comprei _____ de desenho.

b) Mamãe comprou **uma fruta** na feira.

Mamãe comprou _____ na feira.

c) O diretor conversou com **um homem** e **uma mulher**.

O diretor conversou com _____ e _____.

4. Sublinhe os artigos nas frases e depois relacione as colunas.

a) Chegaram os pais desse aluno.

b) Vou pegar a mochila.

c) Li umas histórias engraçadas.

d) Vi uns gatos muito bonitos.

e) Precisamos adotar um cachorro.

( ) artigo indefinido masculino plural

( ) artigo indefinido feminino plural

( ) artigo indefinido masculino singular

( ) artigo definido masculino plural

( ) artigo definido feminino singular

5. As palavras dos títulos destes filmes estão fora de ordem. Escreva-os corretamente.

de   as   super-herói   aventuras   um

_____

_____

espaço   de   no   perigos   os   viagem   uma

_____

_____

venceram   crianças   as   monstros   que   os

_____

_____

Aprendendo com o dicionário

1. Leia a manchete.

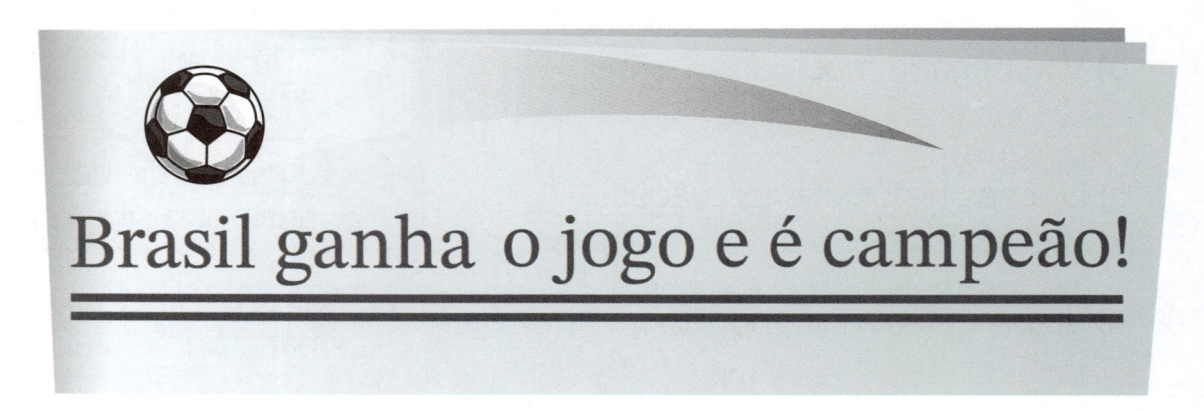

Brasil ganha o jogo e é campeão!

- Agora, leia o verbete em destaque.

> **ganhar** ga.**nhar**
> v. **1.** Receber de presente. **2.** Vencer. **3.** Receber pagamento por algum trabalho. **4.** Conquistar.

- Em qual dos sentidos apresentados no verbete o verbo **ganhar** foi usado na manchete destacada acima?

_____

2. Indique o sentido que o verbo **ganhar** tem nas frases a seguir.

   a) Esse funcionário ganha um bom salário. ☐

   b) Pedro ganhou um livro de seu pai. ☐

   c) O aluno simpático ganhou a amizade de todos. ☐

   d) Paulo ganha bem nesse emprego. ☐

   e) Marina ganhou a corrida de sacos na gincana. ☐

   f) A professora ganhou flores dos alunos. ☐

Reforço ortográfico

- **NS**

Instante de amor

O menino estava passando e viu. Parou e foi se aproximando.

Encostado num cantinho do muro, o cãozinho parecia estar com medo e frio.

Os dois se olharam. Naquele instante, alguma coisa aconteceu entre eles. Os olhos do cãozinho pareciam dizer: "Me leve com você... preciso tanto de carinho e proteção...".

O menino abaixou-se, abriu os braços. O cãozinho entendeu. Levantou-se, foi até ele devagar e aninhou-se em seu colo. Ele sentiu que agora tinha um amigo na vida.

Começava ali uma linda história de amor entre um menino e seu cãozinho.

Célia Siqueira.
Texto escrito especialmente para esta obra.

Minidicionário
Leia o verbete **aninhar**.

instante ⟶ **ins** - tan - te
              |
            vogal

Em muitas palavras, o grupo **ns** se liga à vogal que vem antes formando uma única sílaba.

Veja outros exemplos.

instrutivo ⟶ **ins** - tru - ti - vo   consciente ⟶ **cons** - ci - en - te

201

Reforço ortográfico

Atividades

1. Complete os espaços com vogais e forme palavras com **ns**.

__NSP__T__R _____

__NSTR__M__NT__ _____

C__NSTR____R _____

TR__NSP__RT__ _____

D__M__NSTR__R _____

M__NSTR____S__ _____

Veja como separamos as sílabas de palavras com o grupo **ns**.

instalação ⟶ **ins** | ta | la | ção

2. Separe as sílabas destas palavras.

inscrição ⟶ _____

transportadora ⟶ _____

construção ⟶ _____

Observe a diferença na divisão silábica destas palavras.

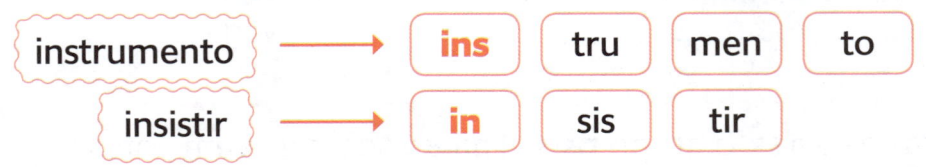

instrumento ⟶ **ins** | tru | men | to

insistir ⟶ **in** | sis | tir

> Quando o **n** e o **s** são pronunciados junto com a vogal que vem antes, eles ficam na mesma sílaba.
>
> Quando o **n** e o **s** são pronunciados separadamente, eles ficam em sílabas diferentes.

3. Separe as sílabas destas palavras.

inspiração ⟶ _____

inseguro ⟶ _____

4. Siga as indicações e forme uma frase.

	1	2	3	4	5
A	O	V	J	N	D
B	F	A	C	Ô	M
C	G	Z	R	L	Y
D	B	H	Ã	T	Ç
E	U	E	W	Q	S

A1   B2 E5 D4 C3 B4 A4 A1 B5 A1

_____ _____

A1 D1 E5 E2 C3 A2 B2   E1 B5 B2

_____ _____

B3 A1 A4 E5 D4 E2 C4 B2 D5 D3 A1

_____

a) Que palavra da frase é um substantivo coletivo? O que ela significa?

_____

b) Separe as sílabas desse substantivo. _____

203

Aumentativo e diminutivo

O sino do gato

Cansados de fugir de um gatão que vivia correndo atrás deles, os ratinhos se reuniram para decidir o que podia ser feito para resolver o problema.

Discutiram por muito tempo, mas ninguém teve uma ideia boa. Até que um dos ratinhos pediu a palavra e disse:

— Nós sabemos que o problema é que o gato se aproxima bem de mansinho, sem fazer barulho. Se a gente pudesse perceber quando ele está chegando, seria mais fácil fugir...

— Eu tenho uma ideia! — falou um outro ratinho. Acho que a solução é amarrar um sininho no pescoço do gato. Assim, quando ele se aproximar, nós ouviremos o barulhinho e poderemos fugir.

Todos gostaram da sugestão e gritaram, entusiasmados:

— Ótima ideia!

Mas um velho rato, mais experiente que os outros, que ouvia tudo, perguntou:

— Sim, a ideia é boa, mas quem vai pôr o sininho no gato?

Todos se olharam, baixaram a cabeça e foram saindo...

Falar é fácil, fazer é que são elas!

Célia Siqueira. Texto escrito especialmente para esta obra, adaptado de uma fábula de Esopo.

Minidicionário
Leia o verbete **fábula**.

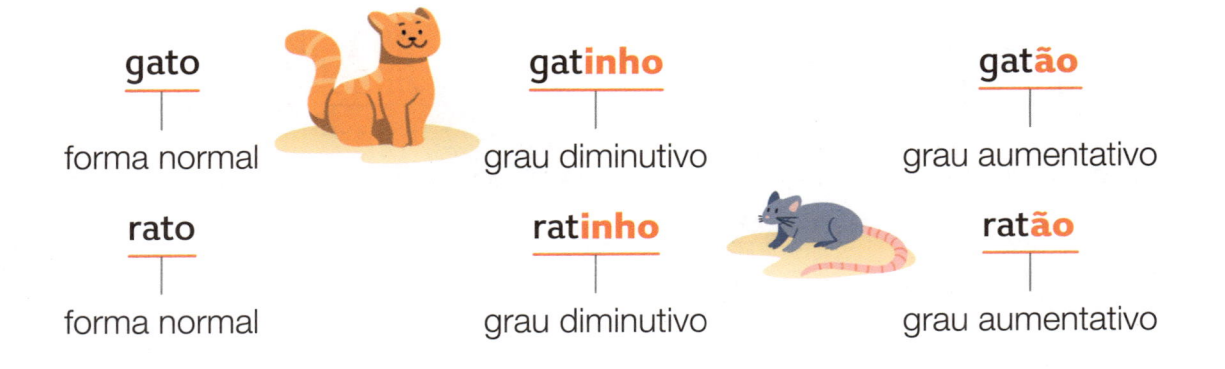

gato — forma normal
gat**inho** — grau diminutivo
gat**ão** — grau aumentativo

rato — forma normal
rat**inho** — grau diminutivo
rat**ão** — grau aumentativo

> Para indicar o aumento ou a diminuição de tamanho, o substantivo pode mudar de forma e ser usado no grau **aumentativo** ou **diminutivo**.

Na fábula, vimos um diminutivo – **ratinho** – e um aumentativo – **gatão**. Veja outros exemplos.

Forma normal	Diminutivo	Aumentativo
livro	livr**inho**	livr**ão**
carro	carr**inho**	carr**ão**
menino	menin**inho**	menin**ão**

Formação do diminutivo

Para formar o diminutivo, geralmente usamos estas terminações.

inho, inha: ovo → ov**inho** bola → bol**inha**
zinho, zinha: pé → pe**zinho** pia → pia**zinha**

Mas há outras terminações que usamos para formar o diminutivo.

acho: rio → ri**acho**   **isco:** pedra → pedr**isco**
eta: vara → var**eta**   **icho:** rabo → rab**icho**
ico: burro → burr**ico**   **ejo:** lugar → lugar**ejo**
ota: ilha → ilh**ota**   **ela:** via → vi**ela**

Usamos o diminutivo não só para indicar tamanho pequeno, mas também para indicar **pouca intensidade**. Veja.

dorzinha — dor fraca
chuvisco — chuva fraca

205

Atividades

1. Forme o diminutivo das palavras, usando **inho**, **inha**, **zinho** ou **zinha**.

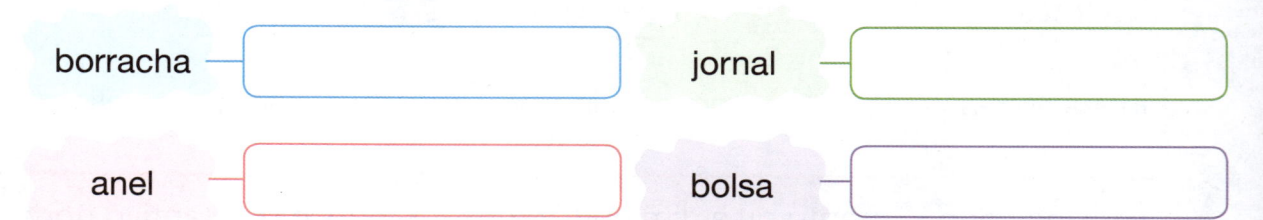

| borracha | | jornal | |
| anel | | bolsa | |

2. Observe a formação do diminutivo destas palavras.

| fo**g**o | fo**gu**inho | maca**c**o | maca**qu**inho |
| normal | diminutivo | normal | diminutivo |

> No diminutivo, a letra **g** muda para **gu**, e a letra **c** muda para **qu**.

- Escreva o diminutivo das palavras.

| lago | | coco | |
| faca | | briga | |

3. Forme diminutivos. Veja o exemplo.

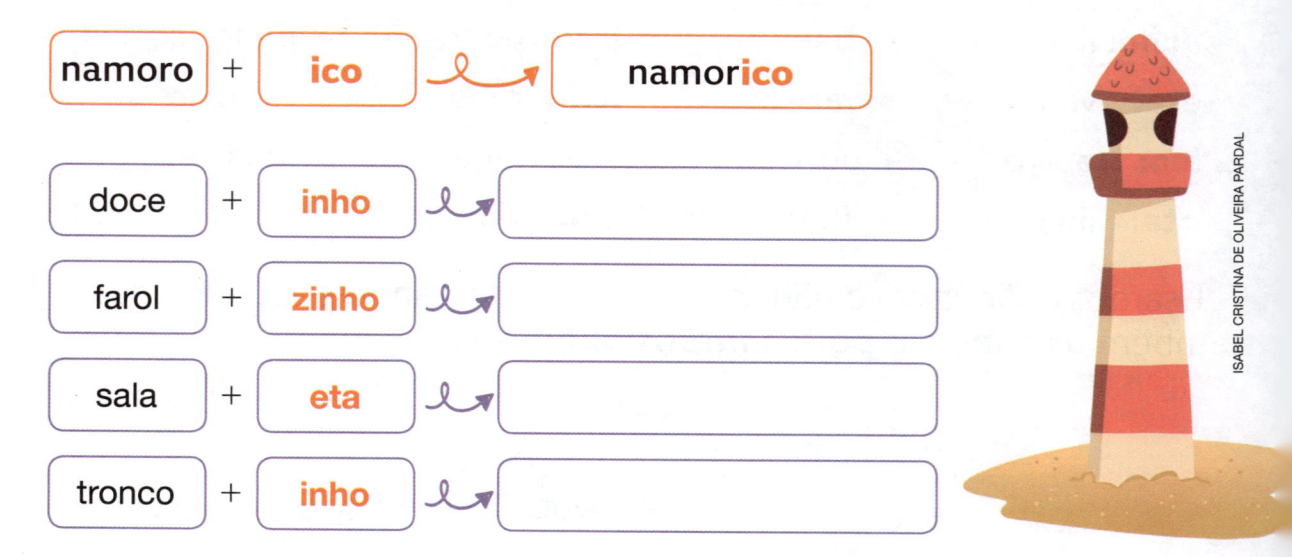

namoro + **ico** → namor**ico**

doce + **inho** →

farol + **zinho** →

sala + **eta** →

tronco + **inho** →

4. Leia estes diminutivos.

> dorzinha   florzinha   joguinho   galhinho   foquinha

a) Encontre no quadro de letras a forma normal de cada um deles.

J	F	O	C	C	A	S	G	G	A	L
U	J	D	O	F	O	C	A	E	N	S
G	O	G	A	L	I	O	L	L	V	E
O	G	A	D	O	R	R	H	H	G	T
J	O	F	L	R	O	D	O	I	A	U
O	F	L	U	R	F	O	F	O	C	A

Atenção!
Uma das formas normais está escrita duas vezes.

b) Qual é a forma normal que está escrita duas vezes? _____

c) Escreva em ordem alfabética as palavras que você encontrou.

_____

5. Veja como fazemos o diminutivo destes substantivos.

botão ⟶ botãozinho   rã ⟶ rãzinha
chapéu ⟶ chapeuzinho   sofá ⟶ sofazinho
bebê ⟶ bebezinho   vovô ⟶ vovozinho

> No diminutivo, o **acento agudo** e o **acento circunflexo** desaparecem. Mas o **til** permanece.

• Escreva o diminutivo destas palavras.

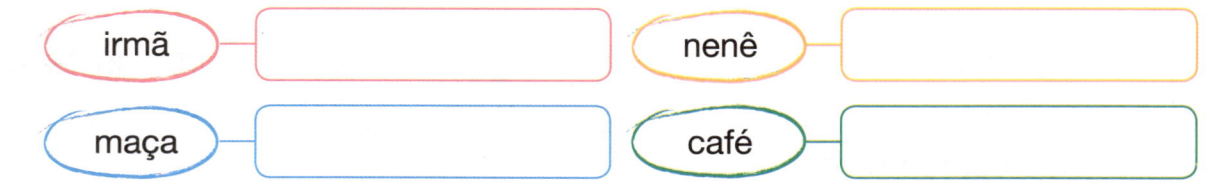

irmã ─ _____   nenê ─ _____
maçã ─ _____   café ─ _____

207

6. Reescreva as frases passando as palavras destacadas para o diminutivo.

   a) O **cão** está deitado no **colchão**.

   O _____ está deitado no _____.

   b) A **criança** ganhou um **troféu** na gincana da escola.

   A _____ ganhou um _____ na gincana da escola.

   c) Na **festa**, meu **irmão** encontrou seus **amigos**.

   Na _____, meu _____ encontrou seus _____.

7. Nem todas as palavras terminadas em **inho** ou **inha** são formas de diminutivo, só aquelas que indicam tamanho pequeno. Veja.

   O meu **vizinho** tem um **gatinho** branco.

   não é diminutivo   é diminutivo

- Agora, é com você! Nas frases a seguir, há várias palavras destacadas. Sublinhe de **azul** as que estão no diminutivo e de **vermelho** as que não estão no diminutivo.

a) A **garrafinha** de suco está na **cozinha**.

b) Vovó fez muitos **bolinhos** e **bolachinhas**.

c) Marina cuida com **carinho** de sua **irmãzinha**.

d) Esse **bichinho** tem **focinho** branco e **patinhas** pretas.

8. Classifique as palavras de acordo com o código.

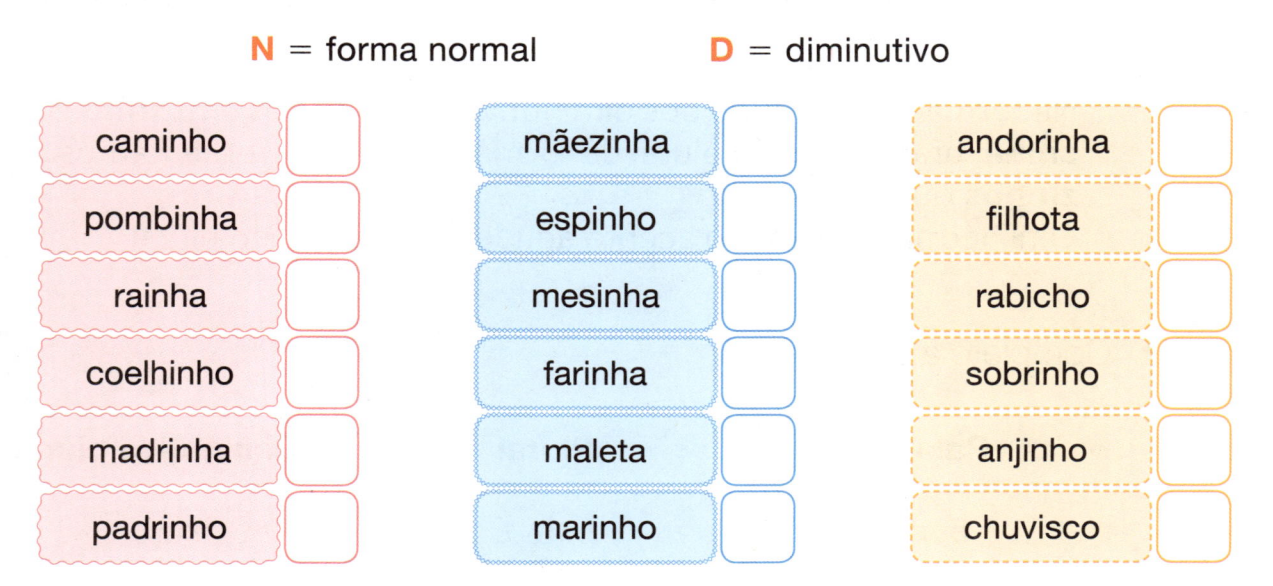

N = forma normal   **D** = diminutivo

caminho	mãezinha	andorinha
pombinha	espinho	filhota
rainha	mesinha	rabicho
coelhinho	farinha	sobrinho
madrinha	maleta	anjinho
padrinho	marinho	chuvisco

9. Troque os símbolos pelas letras e forme duas palavras.

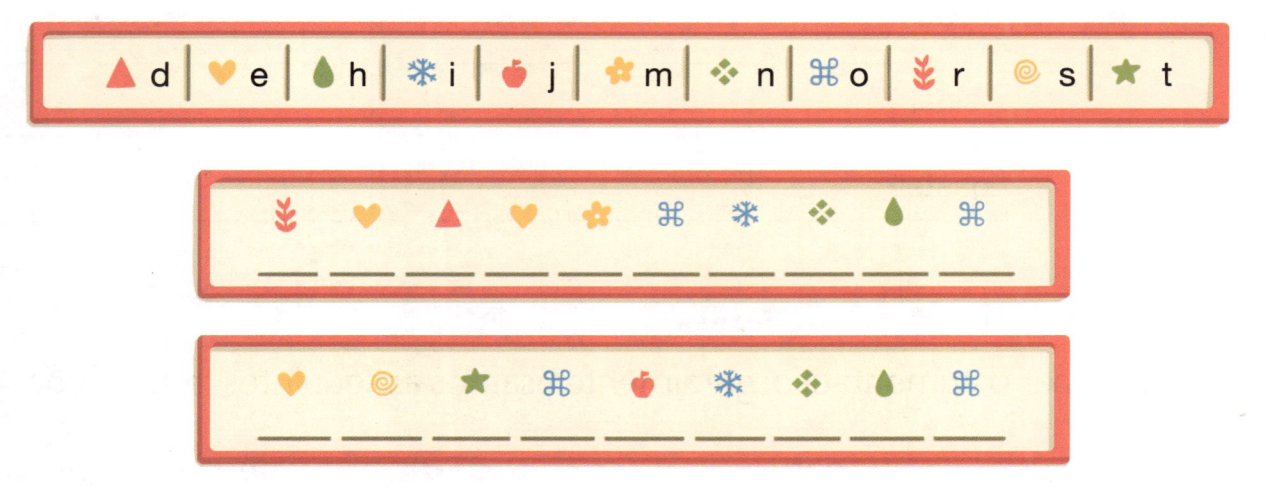

▲ d | ♥ e | 🌱 h | ❄ i | 🍎 j | 🌼 m | ❖ n | ⌘ o | 🌿 r | ◉ s | ★ t

a) Escreva as palavras que você formou e sublinhe a que é diminutivo.

_____

b) Separe as sílabas da palavra que é diminutivo. _____

10. Veja como formamos o **plural** dos diminutivos terminados em **zinho** ou **zinha**.

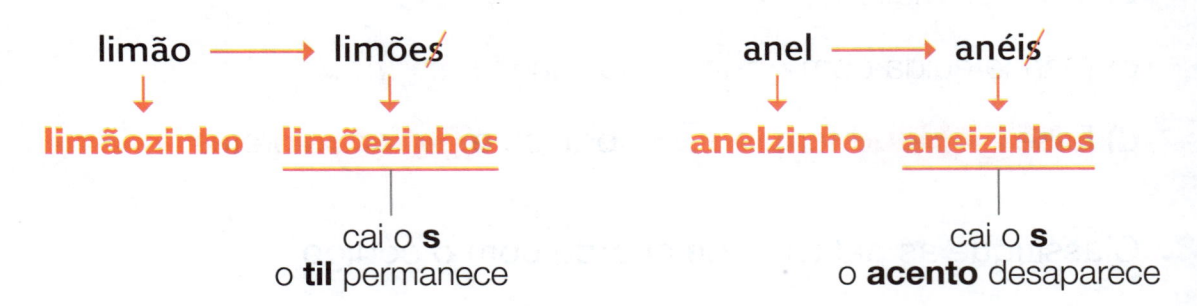

limão ⟶ limões
limãozinho   limõezinhos
cai o **s**
o **til** permanece

anel ⟶ anéis
anelzinho   aneizinhos
cai o **s**
o **acento** desaparece

> Na formação do plural dos diminutivos terminados em **zinho** ou **zinha**, tiramos o **s** do plural da forma normal e acrescentamos **zinhos** ou **zinhas**.
> O til permanece, mas o acento agudo desaparece no plural.

• Complete a tabela.

Palavra	Plural	Diminutivo plural
botão	botões	botõezinhos
balão		
pão		
sinal		
pastel		

Formação do aumentativo

Para formar o aumentativo, geralmente usamos as seguintes terminações.

ão ⟶ gato ⟶ gat**ão**   **zão** ⟶ pé ⟶ pe**zão**

ona ⟶ gata ⟶ gat**ona**

Há outras terminações para formar o aumentativo, mas elas são menos comuns.

Veja os exemplos.

aça →	barco →	barc**aça**
alha →	muro →	mur**alha**
aréu →	fogo →	fog**aréu**
arra →	boca →	boc**arra**
ázio →	copo →	cop**ázio**
eirão →	voz →	voz**eirão**
gão →	nariz →	nari**gão**
zarrão →	homem →	homen**zarrão**

Atenção!

Podemos usar o aumentativo não só para indicar tamanho grande, mas também para sugerir forte intensidade. É o caso, por exemplo, de **vozeirão**.

Atividades

1. Nas frases abaixo, há várias palavras destacadas. Sublinhe de **vermelho** aquelas que estão no aumentativo e de **azul** aquelas que estão no diminutivo.

   a) Vimos um **cachorrão** perto do **riacho** que há no fundo da chácara.

   b) Os homens não conseguiram escalar a **muralha** do castelo.

   c) O **livrão** que estava na prateleira caiu e fez um **barulhão**.

   d) O **fogaréu** atingiu o **casebre**, mas felizmente ninguém se feriu.

   e) Embora seja apenas uma **menininha**, tem um **vozeirão**: canta muitíssimo bem!

   f) Afinal, o **patinho** feio não era nem pato; era, sim, um lindo cisne!

211

2. Nem todas as palavras terminadas em **ão** são aumentativos, só aquelas que indicam tamanho grande ou forte intensidade. Veja.

No **porão** da casa, vimos um **gatão**.

não é aumentativo   é aumentativo

- Nas frases abaixo, há várias palavras destacadas. Sublinhe de **vermelho** as palavras que são aumentativo e de **azul** as que não são aumentativo.

    a) Meu **irmão** guardou os patinetes no **galpão**.

    b) O **capitão** usava um **chapelão** muito engraçado.

    c) Ele pegou um **pedação** de queijo e fez um **sanduichão**.

    d) Pegue esse **sabão** e lave as **mãos** muito bem.

    e) Na **refeição**, comi um delicioso **pastelão** de carne.

3. Marque com X se as palavras estão na forma normal, no aumentativo ou no diminutivo.

Palavras	Forma normal	Aumentativo	Diminutivo
sono			
canzarrão			
soneca			
gavião			
casarão			
soldado			
abelhão			
passarinho			

Uso especial do aumentativo e do diminutivo

O aumentativo e o diminutivo também podem ser usados para expressar um sentimento de carinho ou amizade.

Meu **paizinho** querido!   Você é meu **amigão**!

Nesses exemplos, as palavras **paizinho** e **amigão** não expressam ideia de tamanho, e sim de afeto. É o que acontece nesta tira.

GARFIELD　　　　　　　　　　　　　　　　　　　　　　　　Jim Davis

OI, BONITÃO!

ELE GOSTA DE OUVIR UM ELOGIO DE VEZ EM QUANDO.

Até nomes de pessoas podem ser usados no aumentativo e no diminutivo para expressar carinho ou amizade.

Renatinha é um amor de menina.   **Rodrigão** é meu melhor amigo.

Usamos também o aumentativo e o diminutivo para expressar um sentimento contrário, isto é, de desprezo ou forte crítica.

Esse **sujeitinho** é muito mentiroso!   Ele é um **espertalhão**.

4. Nas frases abaixo, há várias palavras destacadas. Sublinhe de azul as que indicam carinho e de vermelho as que indicam crítica.

   a) Essa mulher é uma **mãezona**, todo mundo gosta dela.

   b) Minha **vovozinha** fez uns bolos deliciosos...

   c) Esse **bebezinho** é uma **coisinha** linda!

   d) Não confie nesse homem, ele é um **malandrão**.

   e) Gosto de passear com meu **paizão**.

   f) Que **tipinho** esse vizinho novo! Muito arrogante!

213

Aprendendo com o dicionário

1. Leia esta frase.

> **O pastor guarda as ovelhas contra o ataque do lobo.**

- Leia o verbete abaixo e sublinhe em que sentido foi usado o verbo **guardar** nessa frase.

> **guardar** guar.**dar**
> v. **1.** Pôr em certo lugar para não perder. **2.** Não revelar.
> **3.** Proteger, defender. **4.** Conservar na memória, não esquecer.
> **5.** Reservar ou separar para usar mais tarde.

2. Indique os sentidos que o verbo **guardar** tem nas frases abaixo.

a) Ela prometeu que vai guardar esse segredo. ☐

b) Guardei esse bombom para comer depois do almoço. ☐

c) Guarde bem o conselho de sua mãe. ☐

d) Meu pai guarda a chave da casa nessa gaveta. ☐

e) Esses cães guardam a entrada da chácara. ☐

f) Você precisa guardar a explicação do professor. ☐

- Escolha um dos sentidos do verbo **guardar** e forme uma frase.

_____

_____

_____

Reforço ortográfico

(S)INHO, ZINHO

Receita de jardim colorido

Num cantinho ensolarado
pegue uma terra fofinha
e misture com cuidado
com areia bem fininha.

Escolha sementes de flores
das mais diferentes cores,
pra semear com carinho,
deixe o sol esquentando,
como se fosse um forninho.

E depois de um tempinho,
vai então ali nascer
um bonito jardinzinho,
com coloridas florzinhas —
como cravos e jasmins,
e umas lindas rosinhas.

Célia Siqueira.
Texto escrito especialmente para esta obra.

Minidicionário

Leia o verbete **semear**.

rosa ⟶ ro-s~~a~~ + inha ⟶ rosinha   flor + zinha ⟶ florzinha

Se a palavra já tem **s** na sílaba final, usamos **inho** ou **inha** para formar o diminutivo.

Se a palavra **não** tem **s** na sílaba final, usamos **zinho** ou **zinha** para formar o diminutivo.

215

Reforço ortográfico

Atividades

1. Indique o diminutivo. Veja o exemplo.

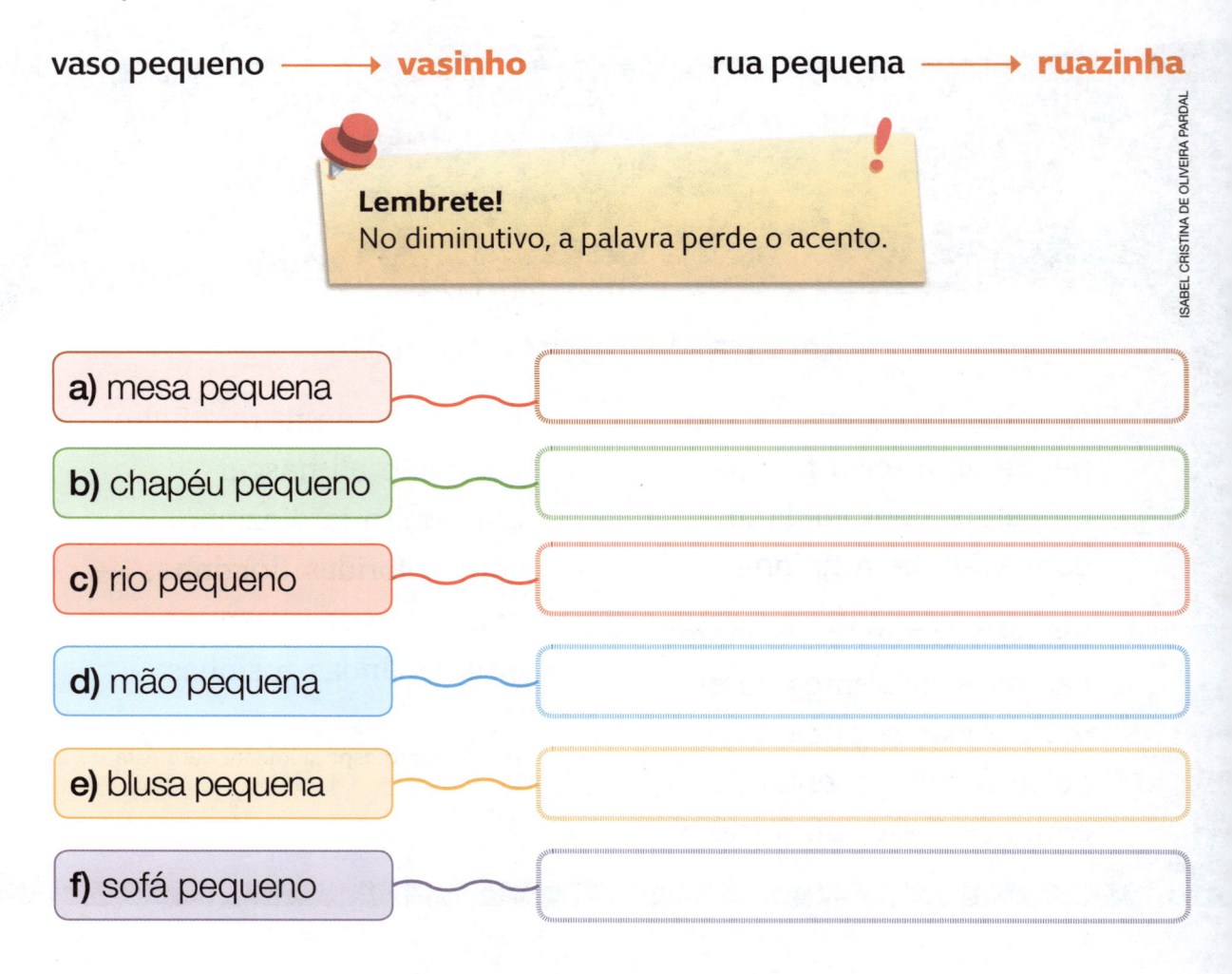

vaso pequeno → **vasinho**   rua pequena → **ruazinha**

Lembrete!
No diminutivo, a palavra perde o acento.

ISABEL CRISTINA DE OLIVEIRA PARDAL

a) mesa pequena
b) chapéu pequeno
c) rio pequeno
d) mão pequena
e) blusa pequena
f) sofá pequeno

2. Desafio! Você consegue ler em voz alta, depressa e sem errar?

A vozinha da avezinha da avozinha do vizinho é nervosinha.

Eva Furnari. *Travadinhas*. São Paulo: Moderna, 2004.

- Reescreva a frase passando para a forma normal as palavras que estão no diminutivo.

_____

_____

3. Escreva as letras nos lugares indicados e forme duas palavras no diminutivo.

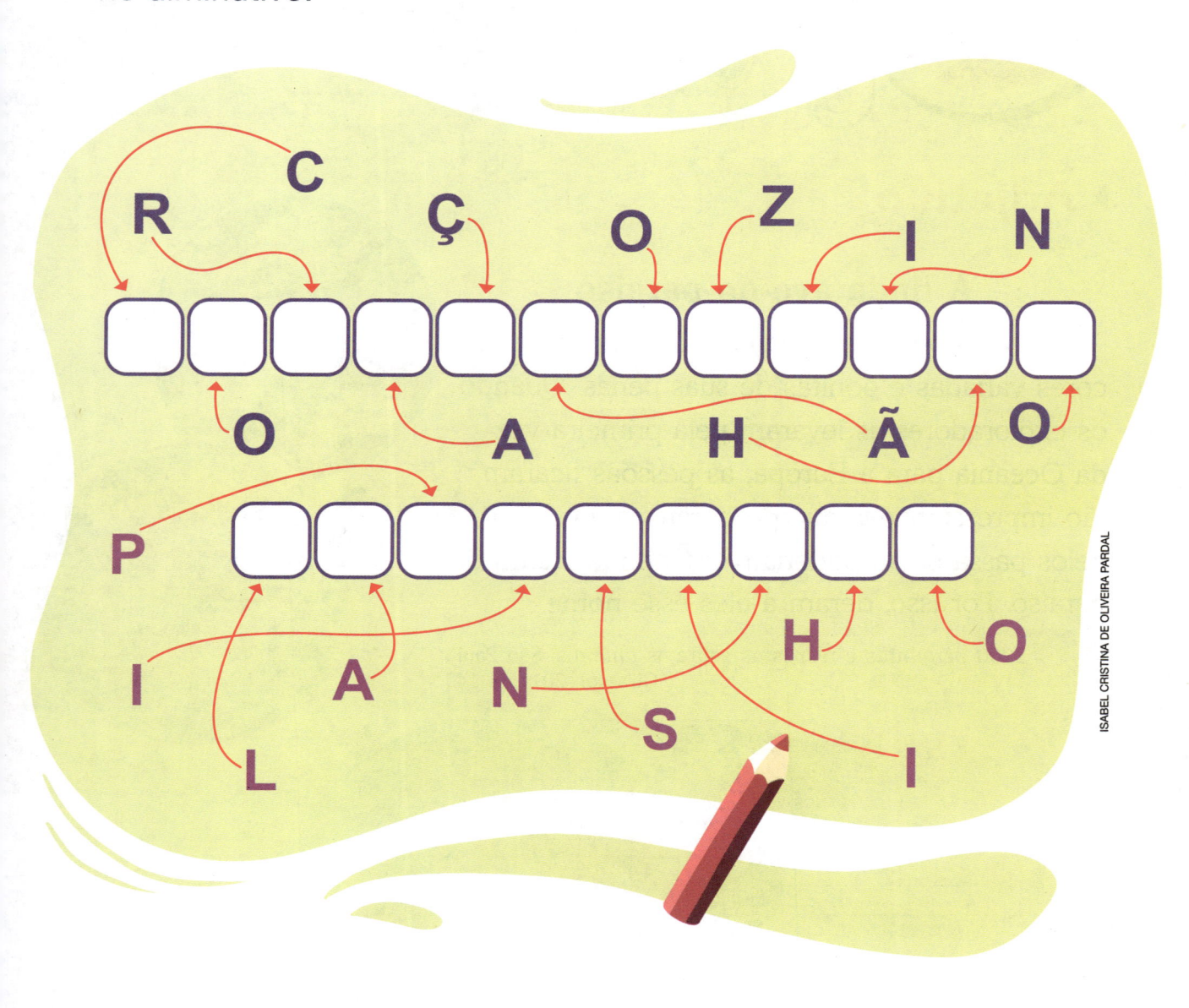

a) Escreva os diminutivos que você formou.

_____

_____

b) Escreva a forma normal de cada diminutivo.

_____

17

▸ Adjetivo

A linda ave-do-paraíso

As aves-do-paraíso chamam a atenção pelas cores variadas e bonitas de suas penas. Quando os exploradores as levaram pela primeira vez da Oceania para a Europa, as pessoas ficaram tão impressionadas que pensaram que esses belos pássaros só poderiam ter vindo mesmo do paraíso. Por isso, deram a eles esse nome.

1000 perguntas e respostas sobre os animais. São Paulo: Girassol, 2011. p. 143.

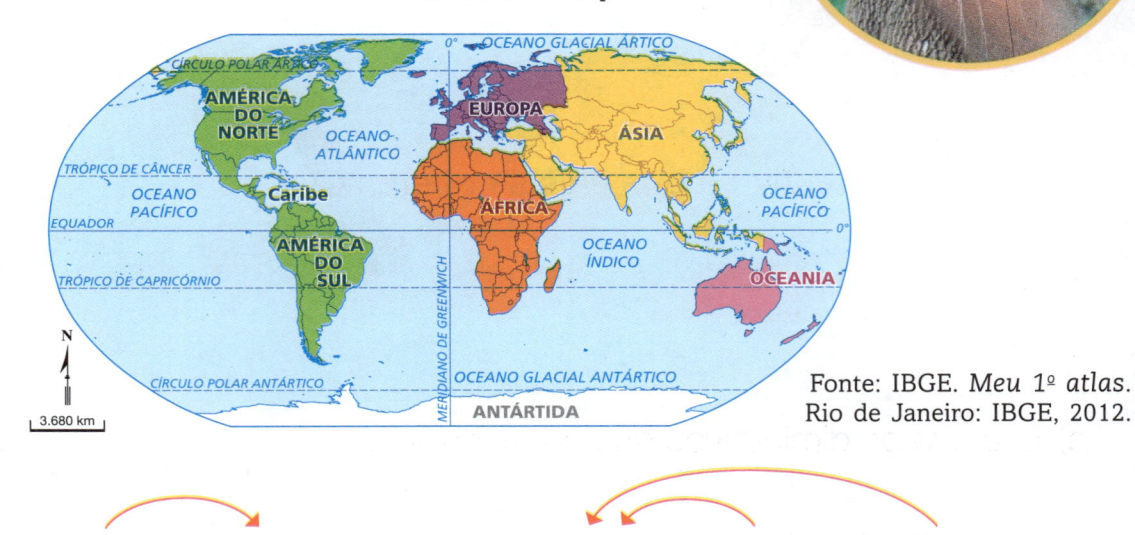

Fonte: IBGE. *Meu 1º atlas.* Rio de Janeiro: IBGE, 2012.

belos pássaros
adjetivo substantivo

cores **variadas** e **bonitas**
substantivo adjetivo adjetivo

O **adjetivo** indica características do substantivo. Ele explica como é ou está uma pessoa, um animal ou uma coisa.

O adjetivo pode vir antes ou depois do substantivo.

Que **linda** paisagem!
adjetivo substantivo

Que pássaros **bonitos**!
substantivo adjetivo

Que menino **alegre**!
substantivo adjetivo

Como você já viu, pode haver mais de um adjetivo se referindo a um único substantivo.

Esse jardim é **pequeno** e **bonito**.
substantivo adjetivo adjetivo

Atividades

1. Nas frases abaixo, sublinhe com um traço os adjetivos e com dois traços o substantivo a que eles se referem. Veja o exemplo.

   Hoje, o dia está frio e chuvoso.

   a) Ele trabalha num escritório grande e moderno.

   b) A professora e os alunos montaram uma bela exposição.

   c) Ganhei um bonito livro colorido.

   d) Nossa sala está enfeitada para a festa.

   e) Essa gatinha teve lindos filhotes.

   f) Nos desertos, faz um forte calor de dia e um frio terrível à noite.

2. Escreva o adjetivo que você acha que combina com as carinhas. Pode haver mais de uma escolha para cada imagem.

> apaixonado ❖ chocado ❖ triste ❖ surpreso ❖ cansado ❖ bravo ❖ apavorado
> contente ❖ preocupado ❖ tranquilo ❖ culpado ❖ envergonhado

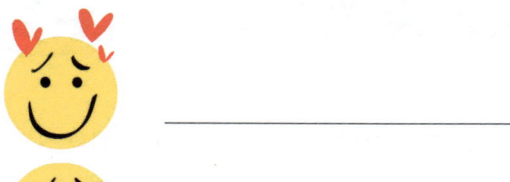

3. Desafio! Desenhe as caras que podem expressar as ideias destas frases.

Que comida gostosa!

Estou superfeliz!

Adjetivos pátrios

Há adjetivos que indicam o lugar de origem de uma pessoa, de um animal ou de alguma coisa. Esses adjetivos são chamados de **adjetivos pátrios**.

pássaro **amazonense**
Que é natural do Amazonas.

homem **paulista**
Que nasceu no estado de São Paulo.

menino **baiano**
Que nasceu na Bahia.

time **mineiro**
Que é de Minas Gerais.

Adjetivos pátrios referentes aos estados brasileiros	
Estados	Adjetivos pátrios
Acre	acriano
Alagoas	alagoano ou alagoense
Amapá	amapaense
Amazonas	amazonense
Bahia	baiano
Ceará	cearense
Espírito Santo	espírito-santense ou capixaba
Goiás	goiano
Maranhão	maranhense
Mato Grosso	mato-grossense
Mato Grosso do Sul	mato-grossense-do-sul ou sul-mato-grossense
Minas Gerais	mineiro
Pará	paraense
Paraíba	paraibano
Paraná	paranaense
Pernambuco	pernambucano
Piauí	piauiense
Rio de Janeiro	fluminense
Rio Grande do Norte	rio-grandense-do-norte ou norte-rio-grandense ou potiguar
Rio Grande do Sul	rio-grandense-do-sul ou sul-rio-grandense ou gaúcho
Rondônia	rondoniano ou rondoniense
Roraima	roraimense
Santa Catarina	santa-catarinense ou catarinense ou barriga-verde
São Paulo	paulista
Sergipe	sergipano ou sergipense
Tocantins	tocantinense

ILUSTRAÇÕES: FABIANA SALOMÃO

> **Atenção para estes adjetivos pátrios!**
>
> **Fluminense** → é quem nasce no estado do Rio de Janeiro.
> **Carioca** → é quem nasce na cidade do Rio de Janeiro.
> **Paulista** → é quem nasce no estado de São Paulo.
> **Paulistano** → é quem nasce na cidade de São Paulo.
> **Brasileiro** → é quem nasce no Brasil.
> **Brasiliense** → é quem nasce na cidade de Brasília.

Atividades

1. Relacione as colunas ligando os adjetivos aos estados correspondentes.

paranaense	Rio Grande do Sul
paulista	Minas Gerais
gaúcho	Paraná
fluminense	São Paulo
mineiro	Rio de Janeiro

2. Complete com o adjetivo pátrio correspondente. Veja o exemplo.

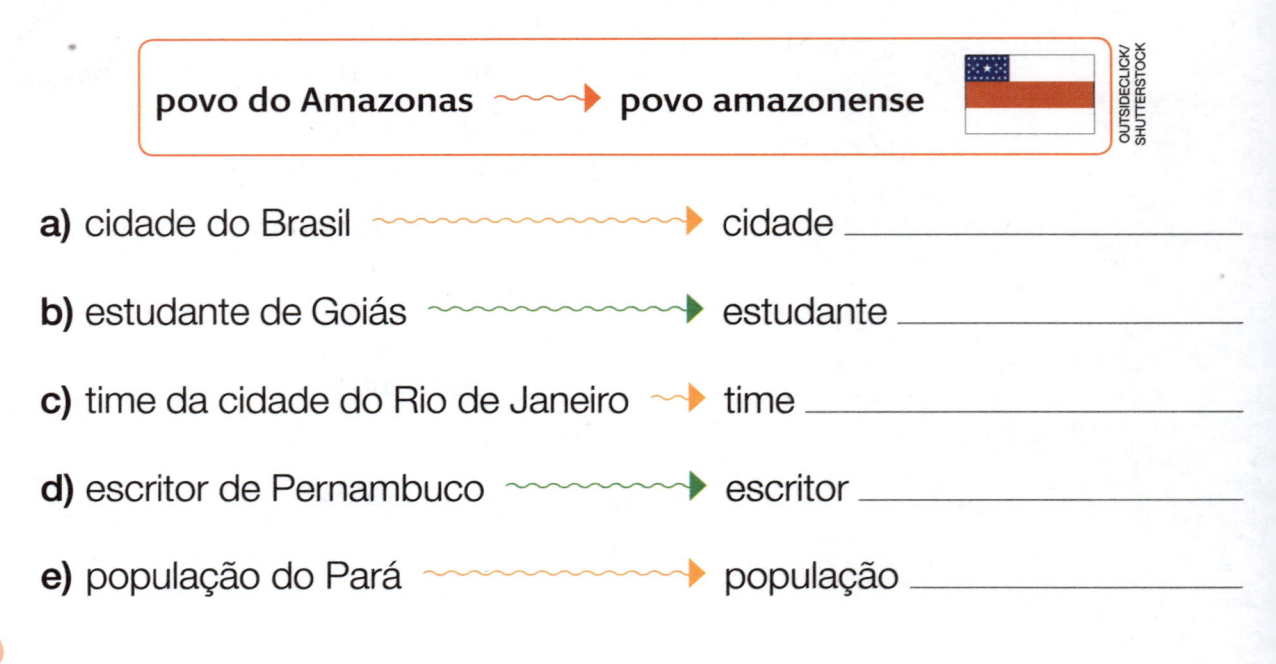

povo do Amazonas ↝→ povo amazonense

a) cidade do Brasil ↝→ cidade _____

b) estudante de Goiás ↝→ estudante _____

c) time da cidade do Rio de Janeiro ↝→ time _____

d) escritor de Pernambuco ↝→ escritor _____

e) população do Pará ↝→ população _____

3. Faça a cruzadinha escrevendo o antônimo dos adjetivos indicados. Algumas letras já estão no lugar!

> fraco ❖ alegre ❖ feio ❖ moderno ❖ curto ❖ bondoso ❖ alto ❖ veloz

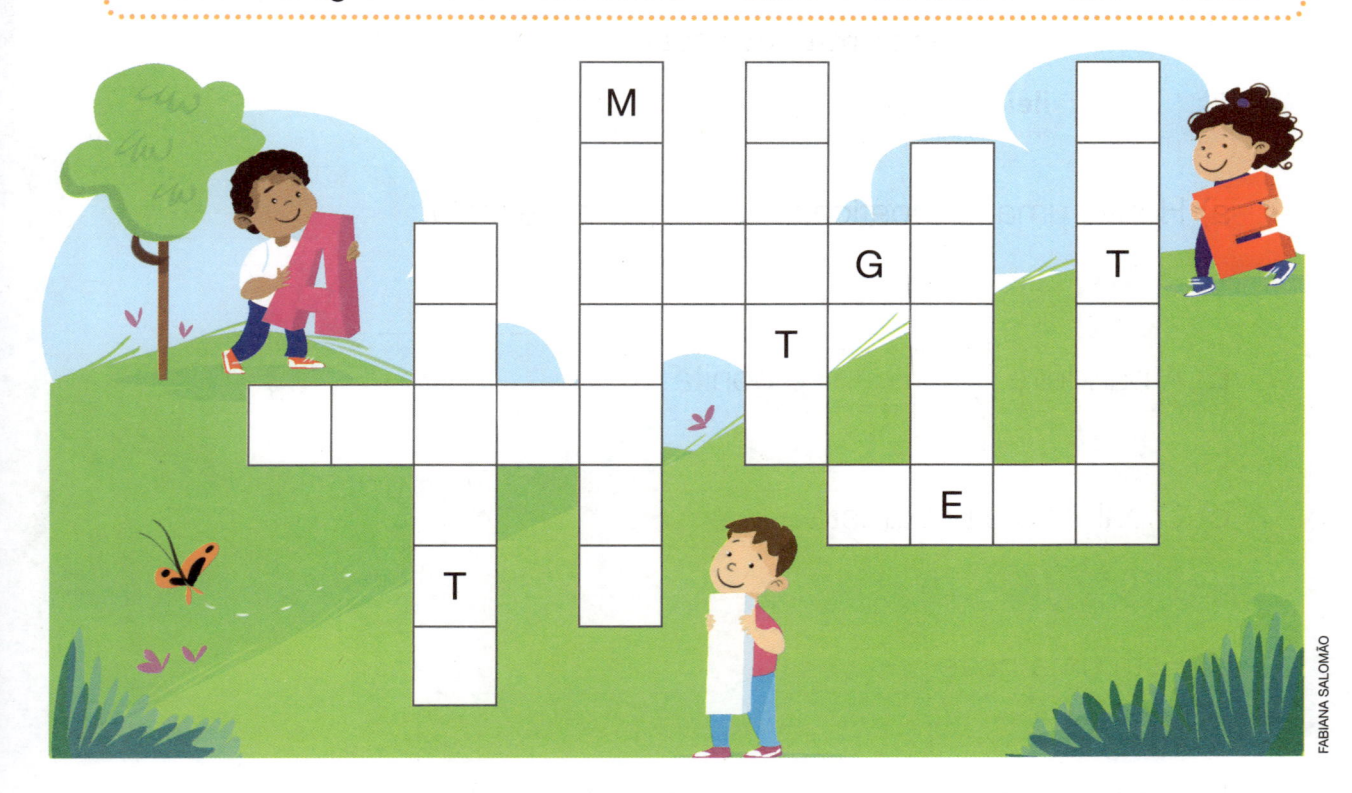

4. Em cada frase abaixo há um adjetivo pátrio. Sublinhe-o e circule o substantivo a que ele se refere. Depois, indique o lugar correspondente ao adjetivo. Veja o exemplo.

> Meu tio comprou um (vinho) italiano ⟶ Itália

a) O hipopótamo é um animal africano. ⟶ _____

b) O Japão é um país asiático. ⟶ _____

c) A França fica no continente europeu. ⟶ _____

d) Minha família é de origem espanhola. ⟶ _____

e) Essa moça chinesa é casada com meu filho. ⟶ _____

f) Esse famoso cantor inglês visitou nosso país. ⟶ _____

5. Explique o significado dos adjetivos destacados.
Veja o exemplo.

Vimos uma peça teatral. **de teatro**

a) Houve uma competição esportiva na escola. _____

b) A bandeira brasileira é bonita. _____

c) O palhaço é um artista circense. _____

d) Está uma noite chuvosa. _____

6. Muitos substantivos são derivados de adjetivos.
Veja o exemplo.

belo → beleza
adjetivo   substantivo

Vemos que o substantivo **beleza** deriva do adjetivo **belo**.

- Agora, é sua vez! Complete a tabela com os adjetivos que deram origem a estes substantivos.

Substantivo	Adjetivo	Substantivo	Adjetivo
loucura		lentidão	
rapidez		felicidade	
velocidade		tristeza	

Concordância do adjetivo

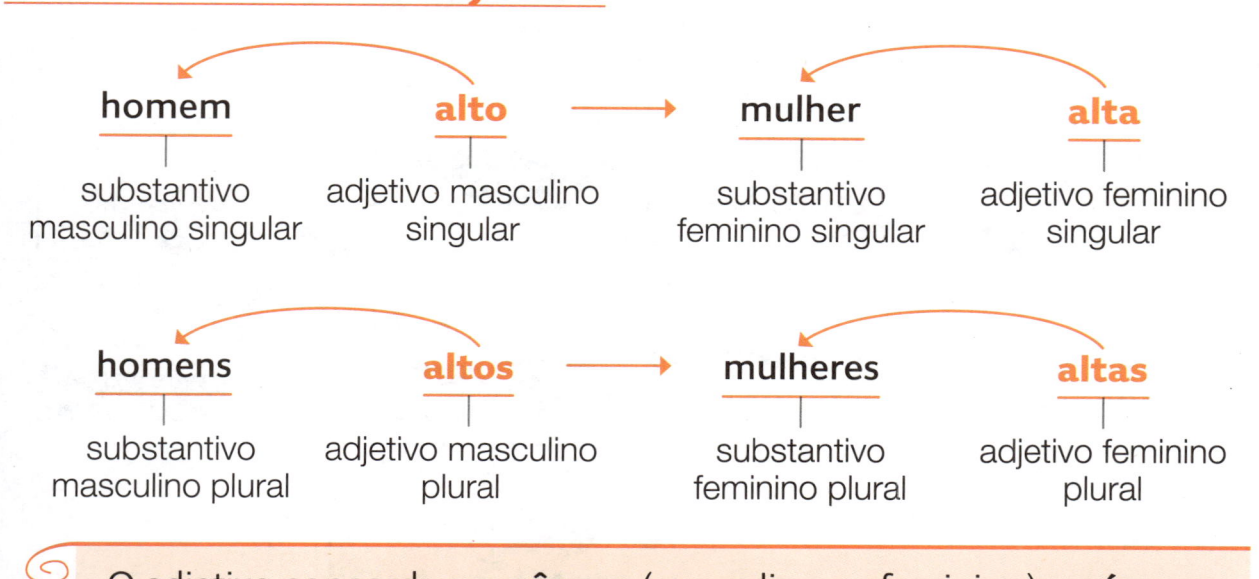

homem → alto → mulher → alta
- homem: substantivo masculino singular
- alto: adjetivo masculino singular
- mulher: substantivo feminino singular
- alta: adjetivo feminino singular

homens → altos → mulheres → altas
- homens: substantivo masculino plural
- altos: adjetivo masculino plural
- mulheres: substantivo feminino plural
- altas: adjetivo feminino plural

> O adjetivo concorda em **gênero** (masculino ou feminino) e **número** (singular ou plural) com o substantivo a que se refere.

Mas alguns adjetivos têm a **mesma forma** no masculino e no feminino. Observe os exemplos.

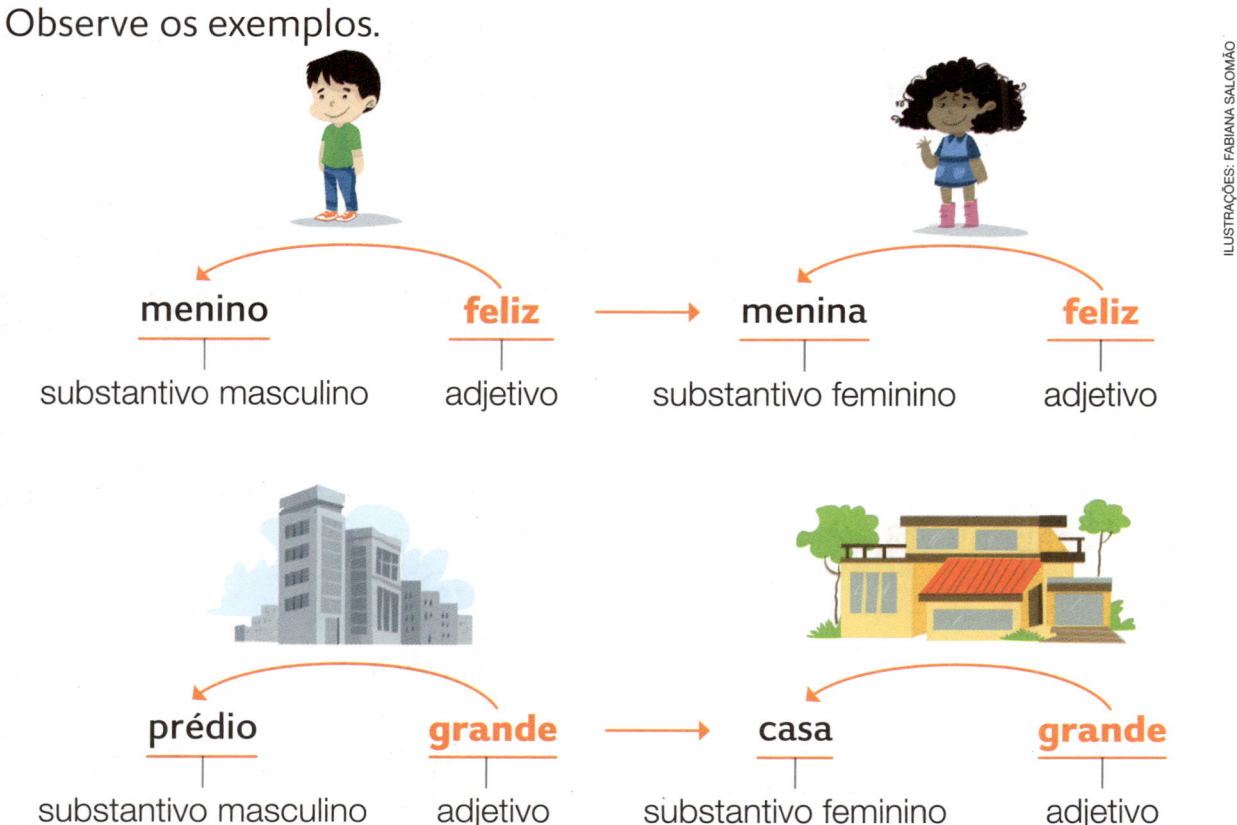

menino (substantivo masculino) — feliz (adjetivo) → menina (substantivo feminino) — feliz (adjetivo)

prédio (substantivo masculino) — grande (adjetivo) → casa (substantivo feminino) — grande (adjetivo)

Observe que os adjetivos **feliz** e **grande** não mudam de forma no masculino e no feminino.

225

A palavra OBRIGADO!

Leia esta tira.

MAGALI   Mauricio de Sousa

> OBRIGADA POR PEGAR MINHAS MAÇÃS, CEBOLINHA!

Observe que Magali fala "**obrigada**", no feminino, porque ela é **mulher**. Mas um **homem** deve dizer "**obrigado**", no masculino. Portanto, não se esqueça!

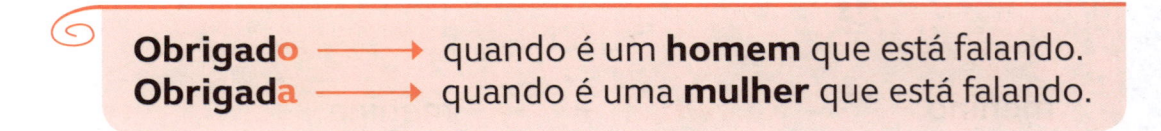

Obrigado → quando é um **homem** que está falando.
Obrigada → quando é uma **mulher** que está falando.

O plural dos adjetivos

A formação do plural dos adjetivos segue as regras dos substantivos que vimos no capítulo 13. Veja alguns exemplos.

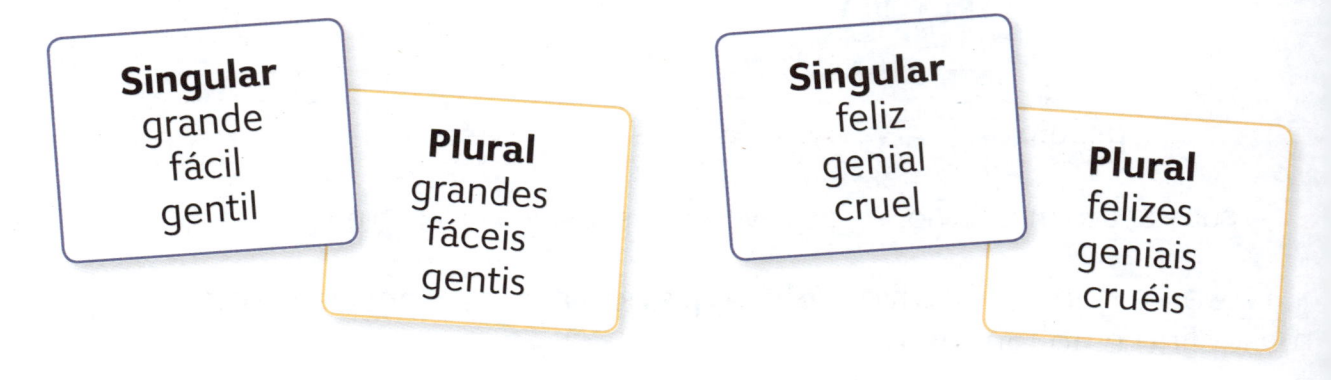

Singular
grande
fácil
gentil

Plural
grandes
fáceis
gentis

Singular
feliz
genial
cruel

Plural
felizes
geniais
cruéis

Atividades

1. Em cada item abaixo, há um substantivo e um adjetivo. Sublinhe de **azul** o substantivo e de **vermelho** o adjetivo.

   a) difícil problema

   b) animal feroz

   c) blusão azul

   d) automóvel veloz

   • Agora, passe esses itens para o plural.

   a) _____

   b) _____

   c) _____

   d) _____

2. Leia com atenção o texto e sublinhe os adjetivos usados para dizer como são os cães.

   ### Os cães

   Os cães são criaturas muito especiais. Cada um tem seu jeito de ser. Podem ser tranquilos e bagunceiros, brincalhões e preguiçosos, mas são sempre fiéis aos seus donos.

   • Os adjetivos que você marcou estão todos no plural. Escreva o singular de cada um deles.

   _____

   _____

227

3. Amplie as frases usando os adjetivos dos quadrinhos. Atenção com a concordância. Veja o exemplo.

A gata subiu no muro. alto / pequeno

A **pequena** gata subiu no muro **alto**.

> Os adjetivos podem vir antes ou depois dos substantivos a que se referem.

a) A chuva inundou as ruas do bairro. forte / estreito

_____

_____

b) O homem socorreu a ave. bondoso / ferido

_____

_____

c) Vi uma cachorrinha no parque. peludo / brincalhão

_____

_____

4. Ligue o **substantivo** ao **adjetivo** que o caracteriza.

cobra	confortável
sorvetes	cacheados
cama	deliciosos
crianças	espaçoso
cabelos	venenosa
quarto	inteligentes

228

Aprendendo com o dicionário

1. Leia o texto.

Quebra-cabeça

Muita gente gosta de montar um quebra-cabeça, uma atividade que, além de divertida, ajuda a desenvolver nossa capacidade de observação e concentração. Algumas pessoas conseguem montar um quebra-cabeça de milhares de peças. Já pensou?

Você também gosta dessa brincadeira?

- Leia o verbete e indique o sentido que a palavra **peça** tem no texto acima.

> **peça** pe.ça
> **subst. fem. 1.** Cada elemento que compõe um jogo de tabuleiro, como damas, xadrez etc. **2.** Cada uma das partes que formam um conjunto. **3.** Espetáculo de teatro. **4.** Obra de arte musical.

___

2. Indique o sentido que a palavra **peça** tem nas frases abaixo.

a) A peça que vimos no teatro da escola era uma comédia. ☐

b) O computador é composto de muitas peças. ☐

c) Pegue as peças e o tabuleiro, vamos jogar xadrez. ☐

d) Gustavo tocou uma bonita peça ao piano. ☐

e) O motor do carro é formado de várias peças. ☐

f) Meu grupo está ensaiando a peça que vamos apresentar amanhã. ☐

229

Reforço ortográfico

ÊS/ESA, ENSE

menino japonês
menina japonesa

Os adjetivos pátrios terminados em **ês** e **esa** são escritos com **s**.
Só a forma **ês**, do masculino singular, leva acento circunflexo: japon**ês**.
No feminino e no plural, esses adjetivos não levam acento.

Veja.

japon**esa**	japon**eses**	japon**esas**
feminino singular	masculino plural	feminino plural

menino cearense
menina cearense

Os adjetivos pátrios terminados em **ense** são escritos com **s** e têm a mesma forma no masculino e no feminino.

230

Atividades

1. Complete as frases com os adjetivos pátrios adequados.

   a) Menino que nasce em Portugal é _____.

   b) Meninas que nascem na China são _____.

   c) Meninos que nascem na Inglaterra são _____.

   d) Menina que nasce na França é _____.

   e) Meninas que nascem em Portugal são _____.

   f) Menino que nasce na Inglaterra é _____.

2. Corte as quatro últimas letras do alfabeto e descubra um adjetivo pátrio.

   X P W Y A R Z W A Y N X A W E N X Y S Z W E

   - Agora, complete a frase.

     O adjetivo é _____. Ele se refere à pessoa que nasce no estado do _____.

3. Complete as frases.

   Eu nasci na cidade de _____,

   portanto, sou _____.

   Minha cidade fica no estado _____,

   portanto, sou _____.

18

Adjetivo: comparativo e superlativo

Grau comparativo

TURMA DA MÔNICA — Mauricio de Sousa

Existe alguém **mais bela do que** eu?

adjetivo **bela** usado no grau comparativo

> Quando usamos o adjetivo para fazer uma comparação, dizemos que ele está no **grau comparativo**.

Há três tipos de grau comparativo:

- **de superioridade** – formado pelas expressões **mais... do que** ou **mais... que**.

    Caio é **mais alto que (do que)** Gabriel.

- **de inferioridade** – formado pelas expressões **menos... do que** ou **menos... que**.

    Caio é **menos alto que (do que)** André.

- **de igualdade** – formado pelas expressões **tão... como** ou **tão... quanto**.

    André é **tão alto como (quanto)** Ricardo.

Atividades

1. Complete as frases, comparando os três homens e usando o adjetivo **forte**.

Júlio   Alfredo   Luís

a) Júlio é _____ forte _____ Luís.

b) Luís é _____ forte _____ Júlio.

c) Júlio é _____ forte _____ Alfredo.

d) Alfredo é _____ forte _____ Júlio.

2. Observe os animais e complete as comparações entre eles.

a) O elefante é _____ pesado _____ o leão.

b) O leão é _____ alto _____ a girafa.

c) O cavalo é _____ pesado _____ o elefante.

d) O macaco é _____ forte _____ o tigre.

Formas especiais de adjetivos

Veja a forma do comparativo destes adjetivos.

Adjetivos	Grau comparativo de superioridade
grande →	~~mais grande~~ → maior
pequeno →	~~mais pequeno~~ → menor
bom →	~~mais bom~~ → melhor
mau →	~~mais mau~~ → pior
ruim →	~~mais ruim~~ → pior

234

3. Observe as figuras e complete as frases com os comparativos de superioridade **maior** e **menor**.

a) A casa azul é _____ que a casa amarela.

b) A casa amarela é _____ que a casa verde.

c) A casa verde é _____ que a casa azul.

d) A casa amarela é _____ que a casa azul.

e) A casa azul é _____ que a casa verde.

4. Forme uma frase conforme as indicações e diga o grau em que está o adjetivo.

	1	2	3	4	5
A	I	Q	É	A	S
B	E	M	U	D	R
C	O	G	P	L	T

A4   B5 A4 C3 C1 A5 A4   A3

_____

B2 A4 A1 C1 B5   B4 C1

_____

A2 B3 B1   C1   C2 A4 C5 C1 .

_____

_____

235

5. Complete as frases com o comparativo de superioridade dos adjetivos destacados. Veja o exemplo.

Este livro é **bom**, mas aquele é **melhor**.
comparativo de superioridade

a) Esse carro é bom, mas aquele é _____.

b) A notícia de hoje é ruim, mas a de ontem é _____.

c) Minha redação é boa, mas a sua é _____.

d) Esse homem é mau, mas o outro é ainda _____.

6. Complete as frases com o grau dos adjetivos indicado em cada quadrinho.

a) Marina é _____ estudiosa _____ seu irmão.
comparativo de igualdade

b) Vanessa é _____ esportista _____ Valéria.
comparativo de superioridade

c) O leão é _____ veloz _____ o guepardo.
comparativo de inferioridade

d) O vento hoje está _____ forte _____ ontem.
comparativo de superioridade

e) A bola de vôlei é _____ pesada _____ a bola de basquete.
comparativo de inferioridade

236

Grau superlativo

Essa não!

— Uma vez, vi uma mulher fortíssima! Ela conseguia fazer tricô com a linha do trem...

— Pois eu conheci um sujeito rapidíssimo! Ele era capaz de fechar a gaveta com a chave e jogar a chave dentro dela...

fortíssimo / **muito forte** **rapidíssimo** / **muito rápido**

grau superlativo

Quando usamos o adjetivo para indicar um grau muito elevado, sem fazer comparação, dizemos que ele está no **grau superlativo**.

muito forte — com duas palavras

fortíssimo — com uma só palavra

- Podemos usar a palavra **muito** com o adjetivo.
- Podemos tirar a vogal final do adjetivo e acrescentar **íssimo**.

forte~~e~~ – fort**íssimo**

cansad~~o~~ – cansad**íssimo**

Atenção com a concordância!

Lembre-se de que o adjetivo sempre concorda em **gênero** e **número** com a palavra a que se refere, mesmo no superlativo. Veja os exemplos.

homem muito rápid**o** ⟶ mulher muito rápid**a**
homens muito rápid**os** ⟶ mulheres muito rápid**as**

homem **fortíssimo** ⟶ mulher **fortíssima**
homens **fortíssimos** ⟶ mulheres **fortíssimas**

O superlativo no dicionário

Os dicionários geralmente apresentam o superlativo dos adjetivos. Veja este exemplo do **Minidicionário**.

delicioso de.li.ci.o.so
adj. Gostoso, saboroso: *O sorvete está delicioso.* ▪ **Superl.**: deliciosíssimo.

Atividades

1. Escreva o superlativo em uma só palavra. Depois, consulte o **Minidicionário** e confira as respostas.

O elefante é muito **pesado**. ⟶ pesadíssimo

a) Essa menina é muito **elegante**. ⟶ _____

b) Comprei uma roupa muito **barata**. ⟶ _____

c) Essas fotos são muito **lindas**. ⟶ _____

d) Esses meninos são **muito educados**. ⟶ _____

e) Esse animal é muito **perigoso**. ⟶ _____

ILUSTRAÇÕES: ALBERTO DE STEFANO

Leia.

> A chuva molha a terra seca e faz a vida nascer de novo.

Na frase foi usado o adjetivo **seca**. Passando esse adjetivo para o superlativo, temos:

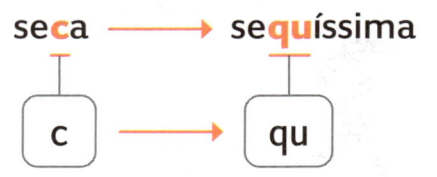

seca ⟶ se**qu**íssima
c ⟶ **qu**

Vemos que o **c** se transforma em **qu**.

2. Seguindo esse exemplo, faça o superlativo destes adjetivos.

maluco ⟶ _____   fresco ⟶ _____

louca ⟶ _____   rouco ⟶ _____

3. Amplie as frases com as palavras dos quadrinhos. Veja o exemplo.

a) Li uma história.   **belíssima / nesse livro**

Li uma história belíssima nesse livro.

b) Vou conhecer essa cidade.   **famosíssima / nas férias**

_____

_____

c) Há um trem.   **moderníssimo / nesse filme**

_____

d) Muitos peixes vivem nas águas desse rio.   **coloridos / limpíssimas**

_____

_____

Aprendendo com o dicionário

1. Leia esta frase.

   O tempo mudou de repente e, na saída da escola, **apanhamos** muita chuva.

   • Agora leia o verbete e indique em qual destes sentidos o verbo **apanhar** está sendo usado na frase acima.

   > **apanhar** a.pa.**nhar**
   > v. **1.** Recolher, pegar com a mão. **2.** Prender, agarrar. **3.** Levar pancadas. **4.** Surpreender, pegar alguém de surpresa. **5.** Sofrer derrota numa competição. **6.** Pegar (doença). **7.** Tomar uma condução. **8.** Pegar (temporal, sereno, sol etc.).

   _____

2. Indique os sentidos que o verbo **apanhar** tem nas frases abaixo.

   a) Nosso time apanhou de 4 a 0. ☐

   b) No pomar, apanhamos algumas frutas das árvores. ☐

   c) A mãe apanhou o filho pegando doce na geladeira. ☐

   d) Ele saiu na chuva e apanhou um resfriado. ☐

   e) O policial correu e apanhou o ladrão. ☐

   f) Ele quis brigar e acabou apanhando. ☐

   g) Ele apanhou muito sol na praia e ficou doente. ☐

   h) Vou apanhar o ônibus das oito horas. ☐

Reforço ortográfico

OSO, OSA

Passeando com a mamãe

Todo mundo sabe que o crocodilo é um animal muito feroz e perigoso. Mas o que quase ninguém sabe é que a fêmea é carinhosa com os filhotes e cuida muito bem deles. Para levar os filhotinhos até o rio, ela os coloca dentro da boca, sem machucá-los. E lá vão eles de gostosinho com a mamãe!

Crocodilo-do-nilo.

perig**oso** → oso

carinh**osa** → osa

O adjetivo **perigoso** deriva do substantivo **perigo**.
O adjetivo **carinhosa** deriva do substantivo **carinho**.

Os adjetivos derivados terminados em **oso** ou **osa** são escritos com **s**.

Atenção para a pronúncia correta!

perigoso (ô)   perigosos (ó)
perigosa (ó)   perigosas (ó)

Reforço ortográfico

Atividades

1. Complete as frases com adjetivos terminados em **oso**, derivados dos substantivos destacados.

a) Quem tem **fama** é _____.

b) Aquilo que tem **veneno** é _____.

c) Quem tem **inveja** é _____.

d) Quem tem **preguiça** é _____.

e) Quem tem **vaidade** é _____.

f) Quem tem **coragem** é _____.

2. Troque as letras por aquelas que vêm **antes** no alfabeto e forme dois adjetivos.

b n p s p t p ⟶ ___ ___ ___ ___ ___ ___ ___

w b h b s p t p ⟶ ___ ___ ___ ___ ___ ___ ___ ___

3. Complete as frases com os adjetivos do quadro.

> talentoso   populoso   gorduroso
> montanhoso   chuvoso

Atenção! Faça a concordância correta com os substantivos.

a) São Paulo tem uma grande população, é uma cidade _____.

b) Esses alimentos têm muita gordura, são produtos _____.

c) Chove muito nessa cidade, o tempo ali é sempre _____.

d) Essas atrizes têm muito talento, elas são _____.

e) Esse lugar tem muitas montanhas, é uma região _____.

EZA

O tigre desfila sua beleza na floresta.

bel**eza**
eza

O substantivo **beleza** deriva do adjetivo **belo**.

> Os substantivos derivados terminados em **eza** são escritos com **z**.

Atividades

1. Forme substantivos terminados em **eza** derivados destes adjetivos.

esperto ⟶ _____   firme ⟶ _____

gentil ⟶ _____   magro ⟶ _____

delicado ⟶ _____   certo ⟶ _____

2. Complete a cruzadinha com o antônimo das palavras do quadro.

1 sujeira
2 alegria
3 pobreza
4 pureza
5 feiura

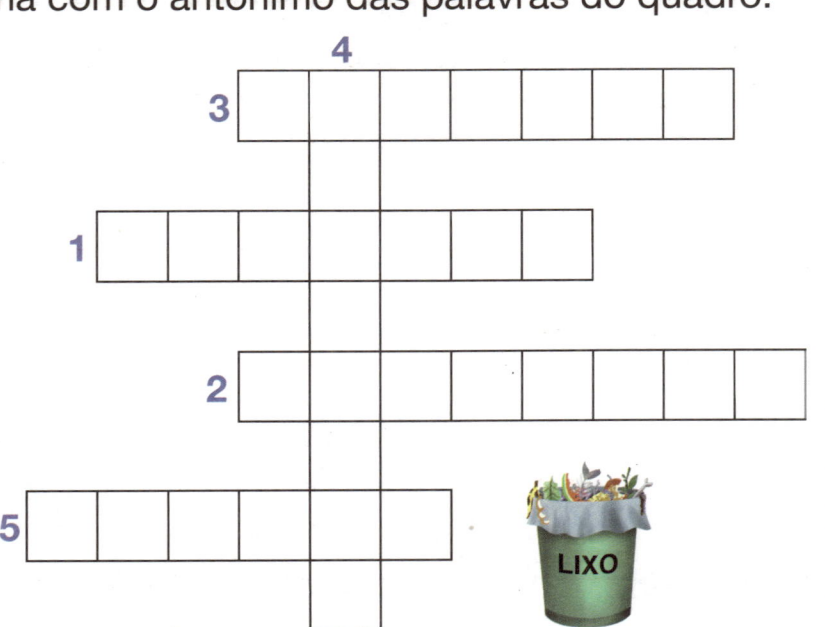

243

19

▸ Verbo: presente, passado, futuro

Todas as palavras usadas nos quadrinhos acima expressam uma ideia de **ação**. Elas são classificadas como **verbos**.

Além de dar ideia de ação, o verbo pode indicar um **fenômeno da natureza**. Veja os exemplos.

Choveu.   **Anoiteceu.**

O verbo pode ainda indicar um **estado** ou uma **qualidade**. Exemplos:

A turma **ficou** feliz.   Esse jogador **é** alto.

O **verbo** é uma palavra que indica **ação**, **fenômeno da natureza** ou **estado**.

Tempos verbais

Leia.

Férias na praia

Amanheceu. A luz do Sol entra pelas janelas. A turma acorda animada no acampamento. Hoje é dia de praia!

Daqui a pouco, todos correrão pela areia e brincarão felizes na água.

Observe a forma destes verbos.

amanheceu	**acorda**	**correrão**
tempo **passado**	tempo **presente**	tempo **futuro**
indica que o fato já aconteceu	indica que o fato acontece no momento de fala	indica que o fato vai acontecer

Veja como podemos usar o verbo **brincar** para expressar diferentes ideias.

A turma **brincou** na praia. ⟶ Indica tempo **passado**.
A turma **brinca** na praia. ⟶ Indica tempo **presente**.
A turma **brincará** na praia. ⟶ Indica tempo **futuro**.

> O verbo muda de forma para indicar o tempo em que a ação ocorre: **passado**, **presente** ou **futuro**.

A forma que dá nome ao verbo é chamada de **infinitivo**.

brinca **brincou** **brincará** **brincamos**

formas do verbo **brincar**

infinitivo

Conjugações

Os verbos com a mesma terminação são agrupados em conjuntos chamados **conjugações**. São três as conjugações.

- **1ª conjugação** – formada pelos verbos terminados em **ar**.
  Exemplos: acord**ar**, levant**ar**, desenh**ar**, pint**ar**.

- **2ª conjugação** – formada pelos verbos terminados em **er**.
  Exemplos: com**er**, vend**er**, corr**er**, perd**er**.

- **3ª conjugação** – formada pelos verbos terminados em **ir**.
  Exemplos: part**ir**, sorr**ir**, ped**ir**, sa**ir**.

Atividades

1. Leia as frases e marque o tempo indicado pelos verbos de cada uma.

| 1 | presente | 2 | passado | 3 | futuro |

- ☐ O professor saiu.
- ☐ Leio o livro de português.
- ☐ O jogo acabou.
- ☐ Comerei o lanche mais tarde.
- ☐ A turma joga na quadra.
- ☐ O filme começará daqui a pouco.

2. Escreva o **infinitivo** dos verbos destacados e sua conjugação.

a) A mãe **abraçou** forte o filho. _____ ☐ conjugação

b) Lia **venceu** a gincana da escola. _____ ☐ conjugação

c) A menina **caiu** da bicicleta. _____ ☐ conjugação

d) O gato do vizinho **mia** muito à noite. _____ ☐ conjugação

e) O bebê não **dormiu** bem hoje. _____ ☐ conjugação

f) Ele **devolverá** meu livro amanhã. _____ ☐ conjugação

3. Ordene as letras e forme o infinitivo de verbos das três conjugações. Todos eles começam com a letra vermelha. A última letra de cada um você já sabe qual é.

a) i r **d** g i r i ⟶ _____

b) c n **a** ç a r l a ⟶ _____

c) a o n **s** r h ⟶ _____

d) e b c e **r** e r ⟶ _____

e) s o d **e** c n r e ⟶ _____

f) p a e **r** t r i r ⟶ _____

4. Complete as frases com o verbo e o tempo indicados nos quadrinhos.

a) As ovelhas _____ as margaridas.
   comer - presente

b) Nós _____ tranquilos esta noite.
   dormir - futuro

c) Eu _____ meu irmão mais novo com o dever de casa.
   ajudar - presente

d) O vento _____ as folhas dessas árvores.
   arrancar - passado

e) Você já _____ o pijama?
   vestir - passado

f) Os pais _____ o coral da escola.
   ouvir - futuro

Modelo de verbo da 1ª conjugação – ANDAR

Presente

eu ando
tu andas
ele / ela / você anda
nós andamos
eles / elas / vocês andam

Passado (ou Pretérito)

eu andei
tu andaste
ele / ela / você andou
nós andamos
eles / elas / vocês andaram

Futuro

eu andarei
tu andarás
ele / ela / você andará
nós andaremos
eles / elas / vocês andarão

Atividades

1. Complete as frases usando os verbos indicados no **presente**.

a) Lucas _____ com seus colegas.
   conversar

b) Os alunos _____ os livros no armário.
   guardar

c) O cachorro _____ e _____ a bolinha.
   saltar   pegar

d) Caio _____ em casa e _____ no sofá.
   entrar   sentar

2. Reescreva as frases da atividade 1 usando os verbos no **passado**.

a) _____

b) _____

c) _____

d) _____

3. Complete estas frases usando os verbos no **futuro**.

a) O goleiro _____ e _____ a bola.
                      pular   segurar

b) Nós _____ aqui e _____ naquela escola.
             morar   estudar

c) Os alunos _____ a sala e _____ a festa.
               enfeitar   preparar

4. Reescreva as frases abaixo usando verbos no futuro.

a) **Vou jantar** daqui a pouco. ⟶ _____ daqui a pouco.

b) Você **vai viajar** amanhã? ⟶ Você _____ amanhã?

c) Eles **vão limpar** a sala. ⟶ Eles _____ a sala.

5. Complete as frases com as expressões **todos os dias** e **no próximo mês**.

a) _____ **farei** aniversário e **darei** uma festa.

b) O avô **acompanha** os dois netos à escola _____.

• Agora, escreva nos quadrinhos em que tempo do verbo estão as frases.

249

Modelo de verbo da 2ª conjugação – VENDER

Presente

eu vendo
tu vendes
ele / ela / você vende
nós vendemos
eles / elas / vocês vendem

Passado (ou Pretérito)

eu vendi
tu vendeste
ele / ela / você vendeu
nós vendemos
eles / elas / vocês venderam

Futuro

eu venderei
tu venderás
ele / ela / você venderá
nós venderemos
eles / elas / vocês venderão

Atividades

1. Complete as respostas usando o verbo destacado no **passado** e no **futuro**.

   a) — Você vai **varrer** a sala agora?

   — Não, eu _____ ontem e _____ amanhã cedo.

   b) — Ele vai **comer** o lanche agora?

   — Não, ele _____ há uma hora e _____ mais tarde.

250

2. Ligue cada verbo com seu antônimo.

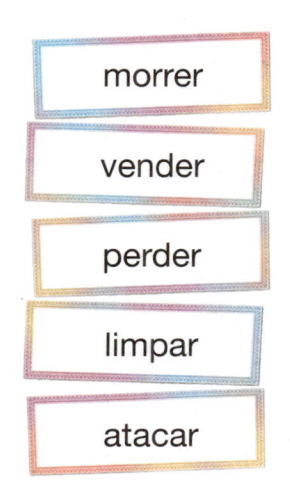

ganhar	morrer
sujar	vender
comprar	perder
defender	limpar
viver	atacar

a) Sublinhe de **vermelho** os verbos da 2ª conjugação.

b) Sublinhe de **azul** os verbos da 1ª conjugação.

Modelo de verbo da 3ª conjugação – PARTIR

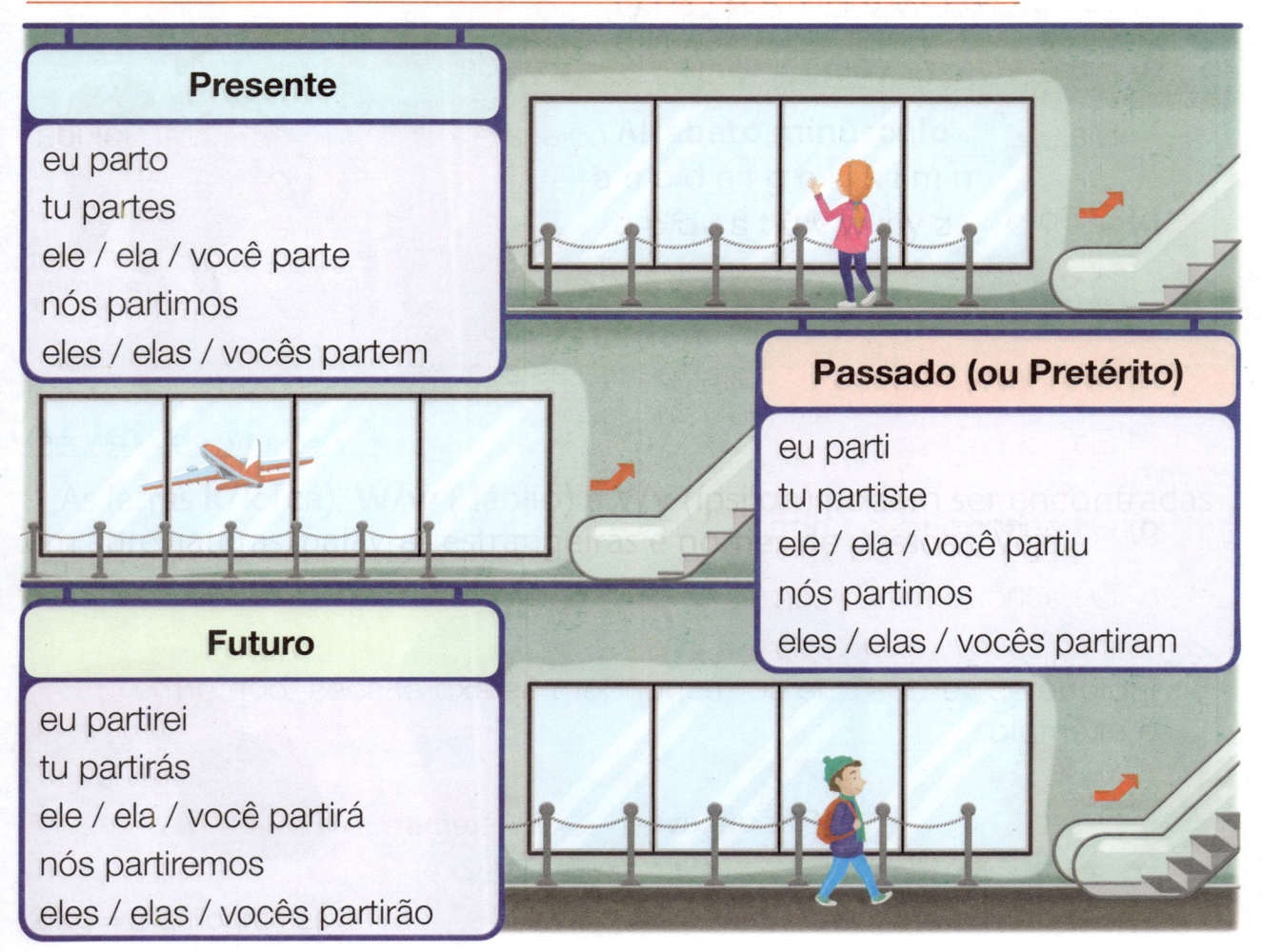

Presente

eu parto
tu partes
ele / ela / você parte
nós partimos
eles / elas / vocês partem

Passado (ou Pretérito)

eu parti
tu partiste
ele / ela / você partiu
nós partimos
eles / elas / vocês partiram

Futuro

eu partirei
tu partirás
ele / ela / você partirá
nós partiremos
eles / elas / vocês partirão

Atividades

1. Complete as frases usando os verbos indicados no **presente**.

a) Os alunos _____ o professor.
   ouvir

b) Lucas _____ o caderno e _____ o texto.
   abrir ... *escrever*

c) Os jogadores _____ o uniforme e _____ na quadra.
   vestir ... *entrar*

d) Os dois irmãos _____ nesse quarto.
   dormir

2. Passe os verbos para o **passado**.

a) Bia **conversa** com a colega e **pede** ajuda.

Bia _____ com a colega e _____ ajuda.

b) O Sol **surge** e **ilumina** a praia.

O Sol _____ e _____ a praia.

c) Ela **corta** o bolo e o **reparte** entre as crianças.

Ela _____ o bolo e o _____ entre as crianças.

d) O cachorro **vê** o portão aberto e **foge**.

O cachorro _____ o portão aberto e _____.

3. Indique os verbos que correspondem às expressões, conforme o exemplo.

> Dar um aviso ⟶ **avisar**

a) Fazer uma divisão ┄┄▶ _____

252

b) Dar um susto ·········▶ _____

c) Dar proteção ·········▶ _____

d) Dar um conselho ·········▶ _____

e) Dar um auxílio ·········▶ _____

f) Fazer uma distribuição ····▶ _____

g) Dar um aumento ·········▶ _____

h) Dar uma corrida ·········▶ _____

4. Desafio! Complete os espaços com as vogais e forme três verbos.

___mp___d___r

___pr___v___ ___t___r

d___s___p___r___c___r

Dica!
Cada verbo pertence a uma conjugação!

- Agora, copie aqui os verbos que você formou.

1ª conjugação	2ª conjugação	3ª conjugação

5. Sublinhe os verbos das frases e, depois, escreva em que **tempo** estão e a que **conjugação** pertencem.

a) Eu me lembrarei sempre da minha primeira professora.

Tempo: _____ ☐ conjugação

b) O irmãozinho dela nasceu ontem.

Tempo: _____ ☐ conjugação

c) Meu cachorro late muito.

Tempo: _____ ☐ conjugação

253

Aprendendo com o dicionário

1. Leia o verbete e indique em qual dos sentidos a palavra **faixa** foi usada na ilustração.

> **faixa   fai**.xa
> subst. fem. **1.** Pedaço longo e estreito de pano ou elástico. **2.** Trecho pintado nas ruas ou avenidas para passagem dos pedestres. **3.** Espécie de fita que vai do ombro até a cintura, usada em certas ocasiões por autoridades e vencedores de concurso ou competição. **4.** Parte de terra estreita e longa.

2. Indique os sentidos que a palavra **faixa** tem nas frases abaixo.

   a) Há uma faixa na frente da escola anunciando a festa junina.

   b) Alguns animais vivem nessa faixa da praia.

   c) Os jogadores estavam usando faixa de campeões.

   d) O vestido dessa menina tem uma faixa branca na cintura.

   e) Os trabalhadores da fazenda ocupam essa faixa do terreno.

   f) O pai e o filho atravessam a avenida na faixa.

   g) A jogadora usou uma faixa para segurar os cabelos.

   h) Esse cantor ganhou uma faixa de rei da música.

   i) Ele prendeu o braço machucado com uma faixa.

Reforço ortográfico

▶ RAM, RÃO

Passado e futuro

Prestem muita atenção:
No passado é brinca**ram**,
No futuro é brinca**rão**.
No passado é corre**ram**,
No futuro é corre**rão**.

O passado é com **M**
O futuro é com **ÃO**.
Lembrem-se desse aviso
E nunca mais... errarão!

eles brinca**ram** — ram — tempo **passado**

eles brinca**rão** — rão — tempo **futuro**

No **passado**, a forma do verbo da 3ª pessoa do plural é paroxítona e termina em **ram**.
No **futuro**, essa forma do verbo é oxítona e termina em **rão**.

jo**ga**ram — paroxítona

joga**rão** — oxítona

É preciso atenção para não confundir a leitura e a escrita dos verbos que indicam o passado ou o futuro.

Reforço ortográfico

Atividades

1. Complete as frases com os verbos indicados no passado ou no futuro.

   a) Ontem, os alunos _____ o museu. Na semana que vem, eles _____ o parque municipal. `visitar`

   b) No fim da aula, os alunos e a professora _____ tudo no armário e _____ a sala. `guardar / limpar`

   c) Este ano, esses alunos _____ o campeonato de futebol. Quais alunos _____ no ano que vem? `ganhar`

   d) No mês passado, essas bandas _____ na festa da escola. No próximo ano, outras bandas _____. `tocar`

2. Complete os diálogos, usando o verbo no futuro. Acrescente na resposta as palavras dos quadrinhos. Veja o exemplo.

   — Os alunos já **saíram**? `mais tarde`
   — Não, eles **sairão mais tarde**.

   a) — Elas já compraram os livros? `amanhã`

   _____

   b) — Eles acabaram o exercício? `daqui a pouco`

   _____

   c) — Os times já entraram na quadra? `dentro de cinco minutos`

   _____

3. Complete os espaços do texto usando os verbos dos quadrinhos no **passado** ou no **futuro**.

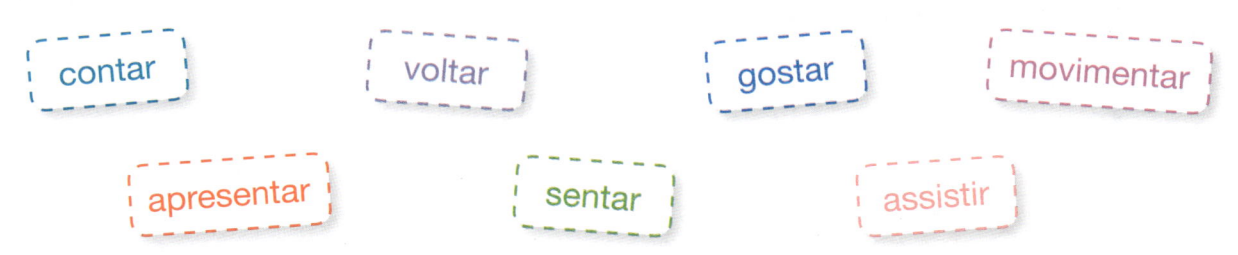

contar   voltar   gostar   movimentar

apresentar   sentar   assistir

O teatro de fantoches

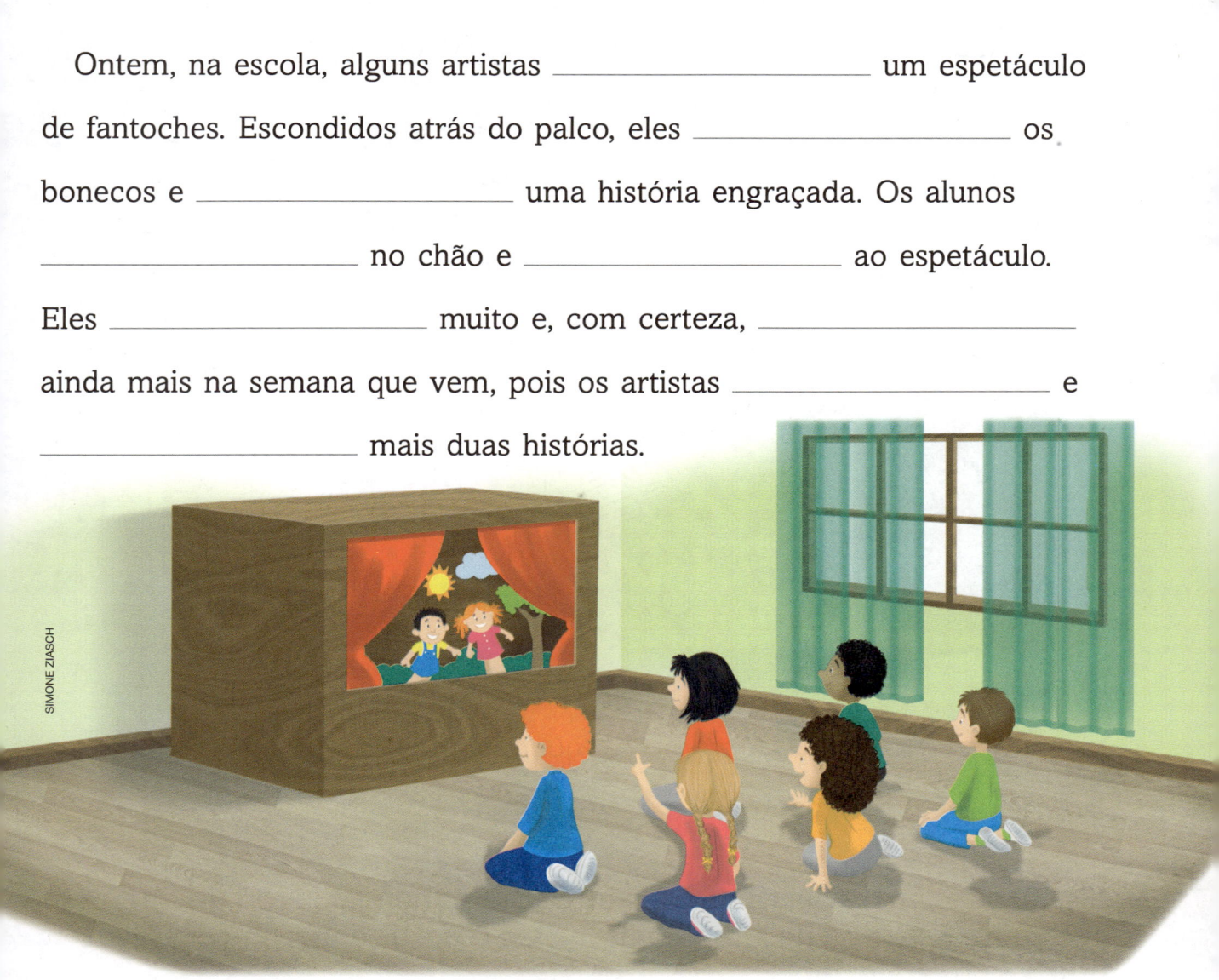

Ontem, na escola, alguns artistas _____ um espetáculo de fantoches. Escondidos atrás do palco, eles _____ os bonecos e _____ uma história engraçada. Os alunos _____ no chão e _____ ao espetáculo. Eles _____ muito e, com certeza, _____ ainda mais na semana que vem, pois os artistas _____ e _____ mais duas histórias.

a) Agora, leia o texto em voz alta.

b) Sublinhe com um traço os verbos no passado e, com dois traços, os verbos no futuro.

257

20

> **Advérbios**

Tarde de chuva

Gosto muito quando chove
E a tarde fica fria,
Pois nada melhor nesse dia
Do que ler um bom livrinho,
Sossegada e abraçada
Ao meu querido ursinho!

Gosto **muito** quando chove

verbo — advérbio

Na frase acima, a palavra **muito** está se referindo ao verbo **gostar**, indicando uma ideia de intensidade. Nesse caso, dizemos que a palavra **muito** é um **advérbio**.

Advérbio é a palavra que modifica um verbo.

Veja outros exemplos de advérbios e as ideias que eles podem indicar.

A menina **mora aqui**.
verbo — advérbio

Ela **dança bem**.
verbo — advérbio

O garoto **não está** contente.
advérbio — verbo

Ele **dança mal**.
verbo — advérbio

Os advérbios são classificados de acordo com a ideia que indicam. Os mais comuns são:

- **de afirmação** – sim, certamente.

    Certamente, todos **irão** à festa.

- **de dúvida** – talvez, provavelmente.

    Talvez eu **vá** à festa também.

- **de intensidade** – muito, pouco, bastante, demais, mais, menos, bem, tão.

    Na festa, ele **comeu muito** e **falou pouco**.

- **de lugar** – aqui, ali, cá, lá, atrás, fora, embaixo, longe, perto.

    Venha aqui, preciso falar com você.

- **de modo** – bem, mal, assim, depressa, devagar e a maioria dos advérbios terminados em **mente**, como calmamente, suavemente, alegremente, rapidamente etc.

Alegremente, eles **entraram depressa** no salão de festas.

- **de negação** – não.

Elas **não demoraram** na festa.

- **de tempo** – agora, cedo, tarde, hoje, ontem, amanhã, antes, depois, jamais, sempre, logo, nunca.

Ontem, a festa **começou cedo** e **acabou tarde**.

> Os **advérbios de intensidade** também podem modificar um adjetivo ou um outro advérbio.

Bete dança **muito bem**.
- muito — advérbio de intensidade
- bem — advérbio de modo

Esse cão é **muito peludo**.
- muito — advérbio de intensidade
- peludo — adjetivo

Atividades

1. Leia as frases e sublinhe de vermelho o advérbio e de azul o verbo a que ele se refere. Veja o exemplo.

Ela <u>estudou</u> <u>bastante</u>.

a) Todos brincaram bastante na festa.

b) Amanhã, veremos um filme na escola.

c) Ele dormiu demais e perdeu a hora da escola.

d) A criançada riu muito com o palhaço.

2. Em cada frase abaixo, há sempre dois advérbios. Sublinhe-os.

a) Meu avô sempre levanta cedo.

b) Hoje parece que vai esquentar bastante.

c) Não fale assim com seu colega, seja educado.

d) Ontem, a água da piscina estava muito fria.

- Em qual dessas frases há um advérbio de modo e um advérbio de negação? ☐

- Em duas dessas frases, há um advérbio de tempo e um advérbio de intensidade. Quais são elas? ☐ ☐

- Em qual das frases há dois advérbios de tempo? ☐

3. Transforme as palavras destacadas em advérbios de modo terminados em **mente**. Veja o exemplo.

> Ele me cumprimentou **com alegria**. ⟶ **alegremente**

a) Vi que ela falava **com tristeza**. ⟶ _____

b) Ele reagiu **com rapidez**. ⟶ _____

c) O menino agiu **com inteligência**. ⟶ _____

d) Vovô trata os netos **com carinho**. ⟶ _____

e) Ela resolveu tudo **com facilidade**. ⟶ _____

4. Leia estes advérbios.

> longe • logo • hoje • depois • fora • menos • ali • perto

a) Encontre seis dos advérbios acima no quadro de letras e circule-os.

F	L	O	G	O	G	N	E	J	W	M	A	U	J	A	L	I
C	O	X	A	I	S	T	H	B	N	U	T	K	U	E	P	H
X	N	P	T	U	D	G	O	C	K	B	F	O	R	A	U	J
H	G	L	S	I	J	T	J	P	O	M	N	I	G	T	Q	Z
Y	E	H	Q	O	R	U	E	R	U	S	G	P	E	R	T	O
K	R	T	U	A	V	D	N	H	B	D	A	E	R	T	S	W

b) Agora, complete o quadro com os advérbios que você encontrou.

Advérbios de lugar	Advérbios de tempo
_____	_____

262

5. Amplie as frases usando os advérbios dos quadrinhos.

a) Ele estava passando mal, mas está bem. hoje/ontem

_____

_____

b) Ela entrou na escola e parecia preocupada. muito/depressa

_____

_____

c) Nós lemos um livro desse escritor. famosíssimo/ontem

_____

_____

6. Leia.

Ai, que sono!

O sono é **muito importante** para a saúde, pois é o momento em que **descansamos** e recuperamos nossas forças. Parece que **não** fazemos nada enquanto **dormimos**, mas não é verdade. O coração **bate**, respiramos, fazemos a digestão e **sonhamos**. Se o sono está começando, o menor barulho pode nos acordar. Mas **depois** entramos num sono **bem profundo** e nosso corpo fica **relaxado**. É durante o sono que o corpo **mais** cresce.

- Sublinhe de azul as palavras destacadas que são advérbios.
- Sublinhe de vermelho as palavras destacadas que são adjetivos.
- Sublinhe de verde as palavras destacadas que são verbos.

Aprendendo com o dicionário

DIA DA CRIANÇA NA ESCOLA
NINGUÉM PODE PERDER ESSA FESTA!

1. Leia o verbete abaixo e indique em qual sentido o verbo **perder** está sendo usado na faixa.

> **perder** per.**der**
> v. **1.** Ficar sem alguma coisa que se possuía. **2.** Emagrecer certa quantidade de peso. **3.** Deixar de ver ou participar. **4.** Desperdiçar, não aproveitar. **5.** Sofrer derrota. **6.** Não chegar a tempo para pegar uma condução. **7.** Ficar sem saber o caminho certo.

2. Indique os sentidos do verbo **perder** nas frases abaixo.

a) Nosso grupo perdeu a oportunidade de ganhar esse prêmio. ☐

b) Ele perdeu a carteira no ônibus. ☐

c) Nosso time perdeu de goleada outra vez. ☐

d) Levantei tarde e acabei perdendo o ônibus das 8 horas. ☐

e) Em dois meses de exercícios, ele perdeu 5 quilos. ☐

f) Ele se perdeu no bosque e pediu socorro pelo celular. ☐

g) Infelizmente, perdi a apresentação do desfile da escola. ☐

Reforço ortográfico

Mau, mal

Lobo mau? Nada disso!

Coitado do lobo! Por causa da história da Chapeuzinho Vermelho, sempre falam mal do lobo, mas ele não é mau. É um animal como qualquer outro, que quer apenas sobreviver.

Os lobos não são todos iguais. A cor do pelo pode variar, conforme a região em que vivem. Alguns são mais altos que outros, mas todos são bonitos. E as lobas são sempre carinhosas com seus filhotes.

Pois então, a partir de agora, não vamos mais chamar o lobo de mau. Precisamos, isto sim, proteger o lobo contra os homens maus.

Lobo em floresta coberta de gelo.

Lobo branco.

Lobo cinzento brincando com seu filhote.

Reforço ortográfico

Falam **mal** do lobo, mas ele não é **mau**.

advérbio de modo   adjetivo

> Cuidado para não confundir **mau** com **mal**. **Mau** é um adjetivo, é o contrário de **bom**. **Mal** é um advérbio, é o contrário de **bem**.

Atividades

1. Complete as frases com **mal** ou **mau**.

   a) Ela canta bem, mas ele canta _____.

   b) Esse homem não é bom, é _____.

   c) Eu me dei bem na nova escola, mas ele, ao contrário, se deu _____.

   d) Hoje tive um _____ dia, nada deu certo.

2. Apenas duas das frases abaixo devem ser completadas com **mau**. Quais são elas?

   a) Ele me explicou _____ essa história, não entendi nada.

   b) Ele fez um _____ negócio e perdeu muito dinheiro.

   c) Nosso time jogou _____ e perdeu a partida.

   d) A poluição dos rios faz muito _____ aos peixes.

   e) Ninguém fala _____ desse menino, todos gostam dele.

   f) Agora é um _____ momento para sair, está chovendo.

   As frases que devem ser completadas com **mau** são a _____ e a _____.

Mas, mais

Falam mal do lobo, **mas** ele não é mau.
— expressa ideia contrária

Alguns lobos são **mais** altos que outros.
— expressa ideia de intensidade

> A palavra **mais** é um advérbio que expressa ideia de intensidade. É o contrário de **menos**.
>
> A palavra **mas** expressa ideia contrária e pode ser substituída por **entretanto** ou **porém**.

Atividades

1. Complete as frases com **mas** ou **mais**.

a) O pessoal chegou para a festa _____ cedo do que eu pensava; _____, felizmente, tudo já estava preparado.

b) Essa artista é a _____ bonita de todas, _____ não é a _____ simpática.

c) O brinquedo _____ caro nem sempre é o _____ divertido.

d) Hoje não está muito calor, _____ a praia está _____ movimentada do que ontem.

2. Complete as lacunas do diálogo com as palavras do quadro.

> mal • bem • mais • mas

— Você foi _____ ou _____ no teste de ontem?

— Fui _____, errei muitas questões. E você?

— Eu fui _____, _____ acho que não acertei todas.

— E eu vou estudar _____ para ir _____ no próximo teste.

267

Revisão

1. Vamos brincar de formar verbos da **primeira conjugação**.

- MONTAR – Troque o M pelo C ⟶ _____
- PULAR – Troque o L pelo X ⟶ _____
- FALAR – Troque o F pelo C ⟶ _____
- CANTAR – Troque o C pelo J ⟶ _____
- PARAR – Troque o P pelo S ⟶ _____
- FICAR – Troque o F pelo P ⟶ _____

2. A primeira sílaba de cada nome está certa, mas as outras estão com as letras fora de ordem. Escreva os nomes corretamente.

DE + ROAB _____

AN + OLGE _____

RO + NGLEASA _____

AN + ICLGEA _____

AL + ROAV _____

MO + ICNA _____

CI + OERC _____

VE + INORAC _____

RO + ULOM _____

a) Agora, acentue os nomes que você formou.

b) Todos os nomes formados são acentuados porque são palavras:

☐ oxítonas.   ☐ paroxítonas.   ☐ proparoxítonas.

268

3. Leia as frases e sublinhe o substantivo presente em cada uma delas.

a) Que gatinho bonito!

b) O pequeno príncipe sorriu.

c) Que belo cavalo negro!

d) O rei é simpático e gentil.

- Passe os substantivos que você sublinhou para o feminino, fazendo a concordância das outras palavras das frases, conforme a necessidade.

_____

_____

_____

_____

- Nas frases acima, qual é o único adjetivo que tem a mesma forma no masculino e no feminino? _____

4. Complete as frases com adjetivos terminados em **oso** derivados dos substantivos destacados.

a) Quem tem **medo** é _____.

b) Um quarto com muito **espaço** é _____.

c) Quem tem **malícia** é _____.

d) Quem tem muito **respeito** é _____.

e) Um lugar com muito **silêncio** é _____.

f) Quem tem muito **talento** é _____.

g) Um dia de muita **chuva** é _____.

269

Revisão

5. Complete a tabela com os adjetivos que deram origem a estes substantivos.

Substantivo	Adjetivo	Substantivo	Adjetivo
dureza		firmeza	
infelicidade		honestidade	
velhice		brancura	

6. Observe os desenhos e complete as frases comparativas usando **maior** ou **menor**.

a) A bola azul é _____ que a bola amarela.

b) A bola vermelha é _____ que a bola amarela.

c) A bola amarela é _____ que a bola vermelha.

d) A bola amarela é _____ que a bola azul.

7. Passe as frases para o plural.

a) Esse cão é feroz.

_____

b) Essa viagem foi incrível.

_____

c) Esse pão está delicioso.

_____

d) Essa mulher é gentil e amável.

_____

- Leia em voz alta as frases no plural.

8. Leia o texto.

Esculturas de gelo

Você já ouviu falar das esculturas de gelo? Ainda não? Pois saiba que vários países onde neva bastante no inverno costumam realizar grandes exposições e até competições de esculturas.

Dizem que essa arte de esculpir no gelo nasceu na antiga China. Mas ninguém tem certeza disso. O que importa é que, hoje em dia, os artistas são muito criativos e realizam coisas incríveis. Pena que essas obras de arte não duram muito, porque depois de algum tempo elas derretem...

Escultura de gelo do Festival Internacional de Escultura em Gelo e Neve. Harbin, China, 2019.

Escultura de gelo do Festival Gelo Mágico da Sibéria. Krasnoyarsk, Rússia, 2020.

a) No texto todo, foi usado apenas um substantivo próprio. Qual?

_____

b) Escreva o singular destes substantivos do texto.

exposições _____

competições _____

Revisão

c) No primeiro parágrafo, há um verbo que indica um fenômeno da natureza. Qual?

_____

d) Releia a frase inicial do texto.

> Você já ouviu falar das esculturas de gelo?

- Sublinhe e classifique o advérbio presente nessa frase.

_____

- Essa frase é:

  ☐ declarativa.   ☐ exclamativa.   ☐ interrogativa.

- Nessa frase, há um verbo no passado e um verbo no infinitivo. Quais são eles?

_____

e) Releia esta frase do texto.

> Os artistas são muito criativos e realizam coisas incríveis.

- Escreva os adjetivos da frase.

_____

- A que substantivos esses adjetivos se referem? Circule-os.

- Sublinhe o único advérbio da frase.

- Que artigo foi usado na frase? Classifique-o.

_____

- Em que tempo estão os dois verbos presentes na frase?

  ☐ Passado.   ☐ Presente.   ☐ Futuro.

9. Amplie as frases com as palavras do quadrinho. Veja o exemplo.

> O homem socorreu o animal.   **bondoso/ferido**
> O **bondoso** homem socorreu o animal **ferido**.

a) Os alunos organizaram uma exposição.   **artística/bonita/ontem**

_____

b) A chuva assustou esse menino.   **pequeno/muito/forte**

_____

c) Está um dia chuvoso e frio.   **bem/hoje/muito**

_____

10. Vamos brincar com as sílabas e formar verbos. Veja o exemplo.

a) aguardar — Tire a primeira sílaba ⟶ _guardar_

b) impedir — Tire a primeira sílaba ⟶ _____

c) amargo — Tire a última sílaba ⟶ _____

d) comandar — Tire a primeira sílaba ⟶ _____

e) sorrir — Tire a primeira sílaba ⟶ _____

f) verdade — Tire as duas últimas sílabas ⟶ _____

g) recolher — Tire a primeira sílaba ⟶ _____

h) prosseguir — Tire a primeira sílaba ⟶ _____

- Agora, releia os verbos que você formou e sublinhe de vermelho os que são da 1ª conjugação, de azul os que são da 2ª conjugação e de verde os que são da 3ª conjugação.

273

Hora da história

O gato orgulhoso

Moravam na mesma casa dois gatos iguaizinhos na cor, mas muito desiguais no tipo de vida. Eram irmãos, tinham nascido na mesma ninhada. Um deles, adotado por uma mulher, era mimado e vivia dormindo nas almofadas quentinhas do quarto. O outro vivia pelos telhados, passando frio e pegando chuva. Um tinha sempre o pratinho cheio de comida gostosa. O outro comia o que encontrava nas latas de lixo.

Certa vez, encontraram-se em cima do muro.

— Saia da minha frente! Não vê que eu quero passar? — disse o gato mimado, fazendo cara de nojo.

— Ora, você já esqueceu que somos irmãos, que nascemos no mesmo ninho? Somos iguais...

— Igual a você? Imagine! Eu sou rico, você é um pobretão. Sou um gato especial...

— Especial? Por quê? Você não mia como eu?

— Mio.

— Não tem um rabo como eu?

— Tenho.

— Não persegue ratos como eu?

— Persigo.

— Logo, não passa de um gato, igual a mim. Não banque o orgulhoso. O que você tem é apenas mais sorte na vida, nada mais...

Renata Tufano. Texto escrito especialmente para esta obra, adaptado de uma fábula de Monteiro Lobato.

Hora da história

Atividades

1. Pinte de verde o quadrinho da cena que mostra o gato rico e de azul o quadrinho da cena que mostra o gato pobre.

ILUSTRAÇÕES: ALBERTO DE STEFANO

2. Se os dois gatos eram irmãos e iguais, por que só um deles vivia bem?

   a) Porque um era mais esperto que o outro.

   b) Porque um deles foi adotado e bem cuidado por uma mulher.

   c) Porque um era mais forte e expulsou o outro.

3. Comparando-se com o outro, o que o gato mimado pela mulher começou a pensar sobre si mesmo?

4. Como reagiu o gato mimado quando, um dia, se encontrou com o gato que vivia na rua?

   a) Ficou contente em se encontrar com ele.

   b) Mostrou-se bravo e quis brigar com ele.

   c) Fez cara de nojo e mandou que ele saísse de sua frente.

   d) Desceu do muro e não quis falar com ele.

5. Aplicando essa fábula ao mundo dos seres humanos, podemos dizer que uma pessoa, só porque é rica, pode ser considerada melhor que as outras? Por quê?

6. Na sua opinião, para ser elogiada, como deve ser uma pessoa? Que qualidades ela deve ter?

7. Se pudesse enviar um bilhete ao gato mimado, o que você gostaria de lhe dizer? Escreva esse bilhete no seu caderno.

Vamos ler mais?

Os dois gatos da história eram irmãos, mas viviam vidas diferentes...

Kitoko também está esperando sua irmãzinha, mas ele já sabe que ela será diferente dele. Ele veio da África, sua irmãzinha nascerá na Bélgica, onde ele mora agora com sua família adotiva. Será que ela vai aceitá-lo? Amá-lo como um irmão? Ou ela só vai conseguir enxergar as diferenças entre eles? Conheça essa história emocionante lendo *Olhe para mim*, escrito por Ed Franck e ilustrado por Kris Nauwelaerts.

21

Pronomes pessoais do caso reto

Beleza voadora

Todos se encantam com as borboletas. Elas enfeitam o mundo. Quando aparecem num jardim, ele fica mais alegre e colorido.

As borboletas variam muito de tamanho. Algumas espécies podem ter apenas alguns poucos centímetros, mas há outras que chegam a medir trinta centímetros. Mas todas são belas e coloridas.

Todos se encantam com as **borboletas**. **Elas** enfeitam o mundo.
substantivo — pronome pessoal

Observe que, na segunda frase, a palavra **elas** é usada no lugar do substantivo **borboletas**, que aparece na frase anterior. A palavra **elas** é um pronome pessoal.

Leia agora outra frase do texto.

Quando aparecem num **jardim**, **ele** fica mais alegre e colorido.
substantivo — pronome pessoal

Nessa frase, temos o pronome **ele**, que está retomando o substantivo **jardim**. A palavra **ele** também é um pronome pessoal.

> **Pronome** é a palavra que pode ser usada no lugar de um substantivo. Há vários tipos de pronomes. Entre eles, estão os pronomes pessoais **eu**, **tu**, **ele**, **ela**, **nós**, **vós**, **eles**, **elas**. Esses pronomes são chamados de **pronomes pessoais do caso reto**.

O pronome **eu** indica a pessoa que fala.

Eu brinco com a bola.

O pronome **eu** indica a 1ª pessoa do singular.

279

O pronome **tu** indica a pessoa com quem se fala.

Tu brincas com a bola.

O pronome **tu** indica a 2ª pessoa do singular.

Atenção!

O pronome **tu** é usado em poucas regiões do Brasil. O mais comum é o uso do pronome **você**.

Você brinca com a bola.

Os pronomes **ele** e **ela** indicam a pessoa de quem se fala.

Ele brinca com a bola.

Ela brinca com a bola.

Os pronomes **ele** e **ela** indicam a 3ª pessoa do singular.

O pronome **nós** indica as pessoas que falam.

Nós brincamos com a bola.

O pronome **nós** indica a 1ª pessoa do plural.

O pronome **vós** indica as pessoas com quem se fala.

Vós brincais com a bola.

O pronome **vós** indica a 2ª pessoa do plural.

Atenção!

O pronome **vós** praticamente desapareceu da língua falada e escrita no Brasil. Em seu lugar, é usado o pronome **vocês**.

Vocês brincam com a bola.

281

Os pronomes **eles** e **elas** indicam as pessoas de quem se fala.

> Eles brincam com a bola.

Os pronomes **eles** e **elas** indicam a 3ª pessoa do plural.

RAITAN OHI

Pronomes pessoais do caso reto

	singular	plural
1ª pessoa	**eu** (aquela que fala)	**nós** (aquelas que falam)
2ª pessoa	**tu** (aquela com quem se fala)	**vós** (aquelas com quem se fala)
3ª pessoa	**ele/ela** (aquela de quem se fala)	**eles/elas** (aquelas de quem se fala)

Atividades

1. Leia as frases e complete os espaços com os pronomes pessoais do caso reto que se referem às palavras destacadas. Veja o exemplo.

   A professora chegou. **Ela** vai conversar com os alunos.

   a) **O professor** abriu o livro. _____ vai ler uma poesia.

   b) **Bia e Camila** são irmãs. _____ estudam na mesma escola.

   c) **Meus amigos** acabaram de sair. _____ vão ao cinema.

   d) **Eu e meu pai** vamos ao parque. _____ vamos andar de bicicleta.

   e) **Esses gatinhos** são arteiros. _____ vivem correndo pela casa.

2. Leia.

Como os cães se fazem entender?

De acordo com as situações, os cães podem rosnar, latir ou gemer. Mas **eles** também se comunicam com o corpo. Um cãozinho que balança a cauda mostra que **ele** está feliz. Mas, se **ela** está abaixada, é porque o cãozinho deve ter aprontado alguma e está com medo. Por isso, **ele** põe a cauda no meio das pernas e sai de fininho.

- Escreva os substantivos que os pronomes coloridos estão substituindo no texto.

PRONOMES	SUBSTANTIVOS	PRONOMES	SUBSTANTIVOS
eles		ele	
ela		ele	

283

3. Complete as frases com os pronomes **ele**, **ela**, **eles** ou **elas**.

a) A professora arrumou os livros na estante. _____ colocou todos _____ nas prateleiras de baixo.

b) Marcelo foi ao circo com sua irmã. _____ gostou do trapezista, mas _____ ficou animada com as brincadeiras do mágico.

c) Meu tio organizou uma festa com a ajuda dos filhos. Enquanto _____ arrumava as mesas e as cadeiras, _____ enfeitavam o salão com balões coloridos.

4. Complete as lacunas do texto escolhendo palavras do quadro. Atenção! Nem todas as palavras devem ser usadas.

> pequeno   pequenos   elas   eles   ela   ele   carinhoso
> carinhosa   preocupado   preocupada   atacado   atacados

A leoa

Todo mundo sabe que a leoa é um animal feroz. Mas com seus filhotes _____ é _____, está sempre _____ com _____. Por isso, quando _____ ainda são _____, para evitar que sejam _____ por algum outro animal, _____ não fica muito tempo num lugar. A cada três ou quatro dias, _____ pega os filhotes e se muda com _____ para outro lugar.

284

Pronomes de tratamento

Educação é importante

ARMANDINHO — Alexandre Beck

BOM DIA! / COM LICENÇA! / DESCULPE! / POR FAVOR! / MUITO OBRIGADO! / DE NADA! / BOA NOITE!

— **Desculpe**, eu não quis magoar você.
— **Com licença**, senhora, posso entrar?
— **Obrigado**, gostei do presente!
— **Por favor**, você pode me ajudar?

Conforme a ocasião,
Nunca se esqueça de dizer:
Desculpe, por favor,
Com licença, obrigado.
Assim todos vão saber
Que você é educado!

Com licença, **senhora**, posso entrar?   Por favor, **você** pode me ajudar?

pronomes de tratamento

Os **pronomes de tratamento** são palavras ou expressões que usamos quando nos dirigimos a alguém.

Os pronomes de tratamento mais comuns são:

- **você**, **vocês** — usados para falar com alguém de quem somos amigos, com quem temos familiaridade.

- **senhor**, **senhora**, **dona** — usados para falar com pessoas mais velhas ou para demonstrar respeito.

285

Atividades

1. Leia esta fábula.

O galo e a raposa

O galo e as galinhas estavam conversando quando viram uma raposa que se aproximava. **Ele** disse a **elas** que se escondessem e subiu numa árvore, ficando fora do alcance da sua inimiga.

A raposa aproximou-se, dizendo:

— Senhor galo, pode descer daí. Não há mais perigo para ninguém. Acabou a guerra entre os animais. Não sabe que foi feito um acordo e todos nós vamos agora viver em paz uns com os outros? Vamos dar um abraço e festejar...

Lá de cima da árvore, o galo (que não era tolo nem nada) respondeu:

— Oh, que bom, dona raposa! Mas daqui de cima estou vendo dois cães que estão se aproximando. Vamos esperar que **eles** cheguem. Assim podemos festejar todos juntos a paz entre os animais. O que a senhora acha?

Ao ouvir falar de cães, a raposa se apavorou e foi logo dizendo:

— Ah, que pena que não posso esperar por **eles**! Marquei um encontro com uma amiga e não quero me atrasar, **ela** pode ficar brava comigo. Fica para outra vez!

E **ela** saiu correndo, sem querer saber de festa nenhuma...

Célia Siqueira.
Versão escrita especialmente para esta obra, adaptada de uma fábula de Esopo.

a) Circule os pronomes de tratamento presentes na fábula e escreva-os aqui.

_____

b) Escreva os substantivos que os pronomes pessoais coloridos estão substituindo no texto.

Ele – _____

elas – _____

eles – _____

eles – _____

ela – _____

ela – _____

2. Leia a tira.

ARMANDINHO   Alexandre Beck

O SENHOR NÃO PODE ENTRAR NA NOSSA REDE SOCIAL!
ELA JÁ TÁ LOTADA!

a) Nessa tira, há um pronome pessoal do caso reto e um pronome de tratamento. Quais são eles?

pronome de tratamento _____

pronome pessoal do caso reto _____

b) A qual substantivo se refere esse pronome pessoal do caso reto?

_____

287

Aprendendo com o dicionário

1. Leia.

O fantástico beija-flor

Os pequenos beija-flores batem as asas com uma incrível rapidez. Algumas espécies chegam a bater 80 vezes por segundo! É mais rápido do que o olho humano pode acompanhar.

- Leia o verbete abaixo e diga em qual dos sentidos o verbo **bater** foi usado no texto. _____

> **bater** ba.**ter**
> v. **1.** Dar pancadas. **2.** Vencer, derrotar. **3.** Agitar. **4.** Soar.
> **5.** Chocar-se contra alguma coisa. **6.** Furtar, roubar.

2. Indique os sentidos que o verbo **bater** tem nas frases abaixo.

   a) Nosso time bateu facilmente o adversário. ☐

   b) Alguém bateu a carteira desse homem. ☐

   c) O motorista perdeu a direção e o carro bateu no poste. ☐

   d) O menino chorou porque bateram nele. ☐

   e) Bateram três horas no relógio da sala. ☐

   f) O pássaro bateu asas e voou. ☐

   g) Ele se distraiu e bateu a cabeça na janela. ☐

288

Reforço ortográfico

O, OU (mediais)

Que loucura!

Era um sujeito tão organizado, mas tão organizado, que tomava sopa de letrinhas em ordem alfabética...

Era um sujeito tão distraído, mas tão distraído, que um dia ele comeu o guardanapo e limpou a boca com o bife...

s**o**pa — o

b**o**ca — o

l**ou**cura — ou

Atenção com a pronúncia e a escrita das palavras que têm **o** e **ou** no meio.

Reforço ortográfico

Atividades

1. Complete as frases com as palavras do quadro. Depois, leia as frases em voz alta.

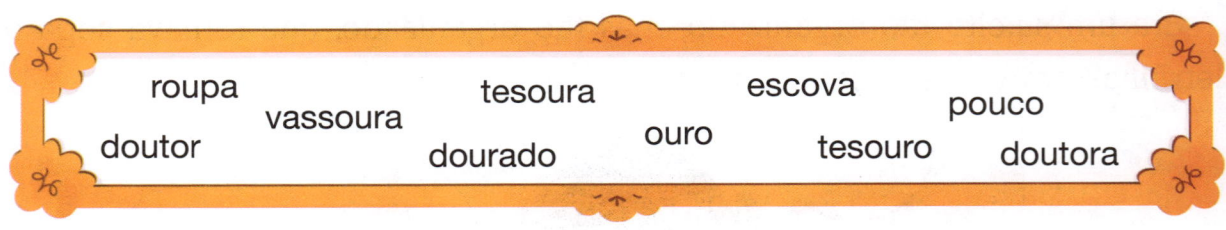

> roupa vassoura tesoura escova pouco
> doutor dourado ouro tesouro doutora

a) Minha _____ de cabelo está nessa gaveta.

b) O _____ e a _____ examinam o paciente.

c) Ele tomou um _____ de sopa.

d) Esse brinco _____ é muito bonito.

e) Ela guardou a _____ no armário.

f) Essas joias de _____ fazem parte do _____ da cidade.

g) Ela cortou a _____ com essa _____.

2. A primeira sílaba de cada palavra está certa, mas as outras letras estão fora de ordem. Escreva-as corretamente e forme cinco palavras.

> Duas palavras são verbos da primeira conjugação.

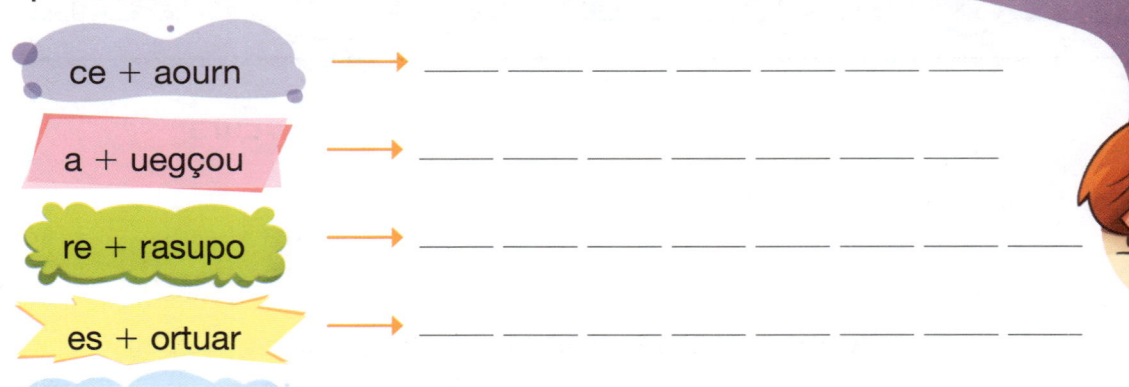

ce + aourn → _____

a + uegçou → _____

re + rasupo → _____

es + ortuar → _____

be + obderuo → _____

a) Colocando as palavras formadas na ordem alfabética, quais são as duas primeiras?

_____

b) Escreva os verbos da 1ª conjugação que você formou.

_____

3. Ordene as palavras e forme duas frases declarativas.

a) vai   pouco   avião   o   a   pousar   daqui

_____

_____

Não se esqueça do uso das letras iniciais maiúsculas e do sinal de pontuação.

b) gosta   do   meu   depois   repousar   avô   de   almoço

_____

_____

4. Troque as letras abaixo por aquelas que vêm **antes** no alfabeto e forme palavras.

upvdb → _____

spvdp → _____

gspvzb → _____

dipvqbob → _____

291

22

Pronomes pessoais do caso oblíquo (1)

PROTEJA A NATUREZA. NÃO A DESTRUA.

Proteja a <u>natureza</u>. Não <u>a</u> destrua.

substantivo — pronome pessoal do caso oblíquo

A palavra **a**, destacada na frase acima, refere-se ao substantivo **natureza**. Ela é um **pronome pessoal do caso oblíquo**.

Veja exemplos com outros pronomes pessoais do caso oblíquo.

Seja bondoso com seu **animal** de estimação. Nunca **o** maltrate.

Cuide bem de seus **livros**. Não **os** rasgue.

O treinador pegou as novas **camisas** e **as** mostrou aos jogadores.

> Quando estão no lugar de substantivos, as palavras **o**, **a**, **os**, **as** são **pronomes pessoais do caso oblíquo**.

Os pronomes também podem vir depois do verbo. Observe.

Ela pegou a **blusa** e **a** guardou.
pronome antes do verbo

Ela pegou a **blusa** e **guardou-a**.
pronome depois do verbo

Nesse caso, o pronome vem ligado ao verbo por meio do hífen.

Atividades

1. Complete as frases usando os pronomes oblíquos **o**, **a**, **os**, **as**.

a) Lavei a louça e _____ guardei no armário.

b) Denise comprou esses livros e colocou-_____ na mochila.

c) O cãozinho pegou a bolinha e _____ escondeu no jardim.

d) A mulher viu os filhos e abraçou-_____.

e) Usei as canetas, mas _____ esqueci na sala.

f) Marina encontrou as colegas e _____ cumprimentou.

- Agora, faça uma seta ligando os pronomes que você escreveu aos substantivos a que eles se referem. Veja um exemplo:

Fechei o estojo e o guardei.

2. Leia as frases, circule os pronomes oblíquos e sublinhe os substantivos a que eles se referem.

a) Nesse bosque, há dezenas de pássaros. Nós os vimos ontem, durante um passeio.

b) Os elefantes passam a maior parte do tempo comendo as folhas das árvores. Eles as arrancam com a tromba.

c) Fiz um bonito desenho na aula de Arte. Depois, guardei-o na minha pasta.

O pronome lhe

Bete é nova na escola.
Caio **mostrou a ela** a biblioteca.

Bete é nova na escola.
Caio **lhe mostrou** a biblioteca.

O pronome **lhe** foi usado para substituir a expressão **a ela**.

> O pronome **lhe** também é um **pronome pessoal do caso oblíquo**.

O pronome **lhe** pode vir antes ou depois do verbo.

Caio **lhe mostrou** a biblioteca.
pronome antes do verbo

Caio **mostrou-lhe** a biblioteca.
pronome depois do verbo

Quando está depois do verbo, usa-se o hífen para ligar o pronome ao verbo.

Atividades

1. Complete as frases usando o pronome **lhe** antes do verbo. Veja o exemplo.

   Eu dei **a ela** um livro de histórias. ⟶ Eu **lhe dei** um livro de histórias.

   a) Os filhos deram **a ele** um presente.

   _____

   b) A diretora mostrou **a ela** a nova escola.

   _____

O pronome **lhe** também pode ser usado no plural, antes ou depois do verbo. Veja.

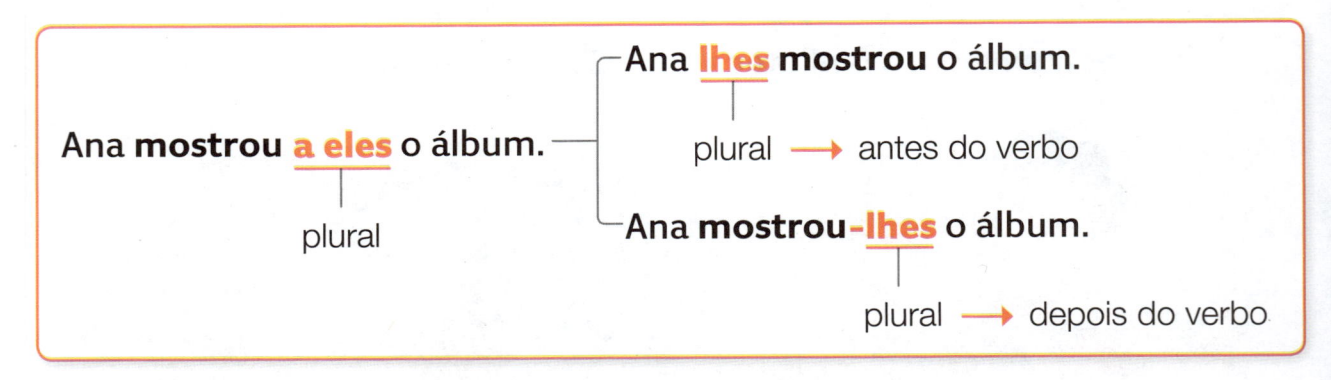

Ana **mostrou a eles** o álbum. → plural

Ana **lhes mostrou** o álbum. → plural → antes do verbo

Ana **mostrou-lhes** o álbum. → plural → depois do verbo

2. Complete as frases usando o pronome **lhes** antes do verbo.

a) Eu pedi **a elas** uma ajuda.

Eu _____

b) A professora contou **a eles** uma história.

A professora _____

3. Copie as letras nos locais indicados e forme a continuação desta frase:

Os cães são nossos amigos. Por isso...

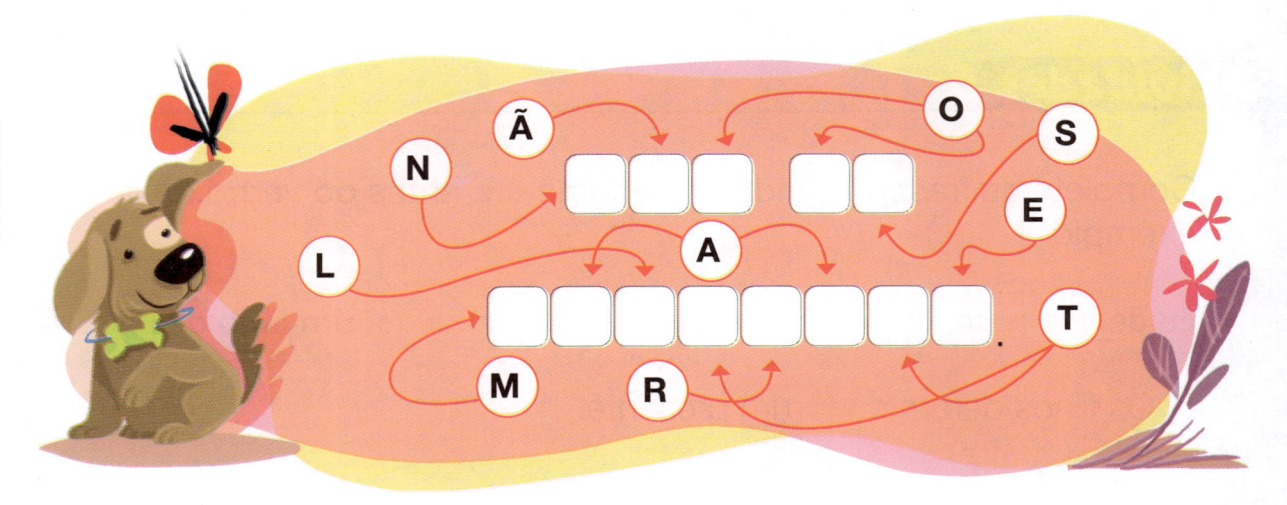

- A frase que você formou tem um pronome pessoal oblíquo. Qual? A que palavra ele se refere?

_____

296

Aprendendo com o dicionário

1. Leia o verbete e indique o sentido do verbo **tocar** nas frases.

A orquestra toca muito bem.

Um presente toca o coração.

> **tocar** to.**car**
> v. **1.** Pôr a mão ou os dedos em. **2.** Executar música. **3.** Encostar, ter contato com. **4.** Comover, emocionar. **5.** Mencionar, referir-se a alguma coisa. **6.** Soar, produzir som. **7.** Enxotar, expulsar.

2. Indique os sentidos que o verbo **tocar** tem nas frases abaixo.

a) O telefone está tocando, vou atender. ☐

b) A mulher tocou o cachorro da cozinha. ☐

c) Crianças, não toquem no bolo! ☐

d) Ele subiu na escada e sua cabeça tocou no teto. ☐

e) Não quero tocar nesse assunto agora. ☐

f) Não toque no fogão que ele está quente. ☐

g) Ele toca pandeiro, e a irmã, violão. ☐

h) O filme tocou a plateia e muita gente chorou. ☐

Reforço ortográfico

Por que, porque

FRANK & ERNEST — Bob Thaves

> POR QUE OS CÃES NUNCA CONCORREM A CARGOS PÚBLICOS?
>
> PORQUE GANHAR A ELEIÇÃO É DIFÍCIL PRA CACHORRO!

Por que os cães nunca concorrem a cargos públicos?

separado → usado para fazer uma pergunta

Pode ser substituído pela expressão **por que motivo**.

Porque ganhar a eleição é difícil pra cachorro!

junto → indica uma explicação, uma resposta

Nesse caso, a expressão **por que motivo** não pode ser usada.

Atividades

1. Complete as frases com **por que** ou **porque**.

a) _____ você ficou assustado? _____ ouvi um barulho estranho.

b) Ele não viu o começo do filme _____ chegou atrasado.

c) _____ você já vai embora? _____ parece que vai chover.

d) Fiquei emocionado _____ o filme era muito triste.

2. Faça uma pergunta para cada resposta. Veja o exemplo.

— **Por que Bete está alegre?**
— Bete está alegre porque ganhou um presente.

a) _____
— Marina foi à biblioteca porque precisava retirar um livro.

b) _____
— Tirei a blusa porque está esquentando.

c) _____
— Chegamos atrasados porque perdemos o ônibus.

3. Complete os espaços do texto com **por que** ou **porque**.

A Floresta Amazônica: um tesouro valiosíssimo

_____ a Floresta Amazônica é importante?

_____ lá se encontra uma riquíssima variedade de animais e plantas. E _____ precisamos nos preocupar com ela? _____ ela é um tesouro de toda a humanidade e deve ser preservada. Não devemos destruí-la, _____ todo aquele tesouro nunca mais poderá ser recuperado.

Macaco-de-cheiro, primata que habita as florestas tropicais da América do Sul e da América Central.

Abricó-de-macaco, espécie de árvore originária da Amazônia.

Onça-pintada, maior felino das Américas, vive em diversos biomas.

23

Pronomes pessoais do caso oblíquo (2)

O pintor dos girassóis

Vincent van Gogh é um pintor famoso. Ele gostava de trabalhar ao ar livre.

Por isso, sempre saía pelos campos, observando e pintando a natureza — flores, árvores, campos, rios. Mas tinha uma atração especial pelos girassóis, pelas variedades de amarelo que eles apresentam. Os girassóis são muito bonitos e ele gostava de pintá-los.

Van Gogh nasceu na Holanda, em 1853, um pequeno país da Europa, e morreu na França, em 1890.

Os girassóis, de Vincent van Gogh, 1888.

Fonte: FERREIRA, G. M. L. *Atlas geográfico*: espaço mundial. São Paulo: Moderna, 2019.

Retrato de Van Gogh feito por ele mesmo.

Os **girassóis** são muito bonitos e ele gostava de pintá-**los**.

Na frase acima, o pronome **los** retoma o substantivo **girassóis**.

> Os pronomes pessoais do caso oblíquo **o**, **a**, **os**, **as**, em alguns casos, transformam-se em **lo**, **la**, **los**, **las**.

Veja como ocorre a transformação desses pronomes.

Ele vai pint**ar o jardim**. → pintar → pint**á-lo**
— masculino singular —

O artista vai abr**ir uma exposição**. → abrir → abr**i-la**
— feminino singular —

O pintor vai guard**ar os quadros**. → guardar → guard**á-los**
— masculino plural —

O artista vai vend**er as obras**. → vender → vend**ê-las**
— feminino plural —

Observe que os pronomes **lo**, **la**, **los**, **las** são ligados ao verbo por meio do hífen.

Quando os verbos terminam em **a** e **e**, eles devem levar acento agudo ou circunflexo, conforme o caso.

pint**á-lo**   vend**ê-las**

301

Atividades

1. Use as formas **lo**, **la**, **los**, **las** para substituir as palavras destacadas.

    a) Vamos ajudar **a professora**. ⟶ Vamos _____.

    b) Ana quer abrir esses **pacotes**. ⟶ Ana quer _____.

    c) Daniel quer comer esse **lanche**. ⟶ Daniel quer _____.

2. Leia as frases e circule as palavras a que os pronomes destacados se referem. Veja o exemplo.

    Vou com a (mamãe) ao supermercado para ajudá-**la**.

    a) Lá estão meus colegas de escola. Vou cumprimentá-**los**.

    b) Ela lavou as frutas que comprou e foi guardá-**las** na geladeira.

    c) Vi meu pai e meu irmão e fui abraçá-**los**.

3. Leia.

    ### Patinhos não aprendem a nadar, já nascem sabendo

    Apenas algumas horas depois de nascer, os patinhos já são capazes de acompanhar a mãe sobre a água. E **ela** não precisou ensiná-**los**. Os patinhos sabem nadar sem nunca terem aprendido. A pata entra na água, **eles** **a** seguem e já começam a nadar junto com **ela**. Já pensaram se a gente fosse como **eles**? Que maravilha! Era só entrar na água e sair nadando...

    FABIO EIJI SIRASUMA

- Escreva os substantivos que os pronomes pessoais coloridos estão substituindo no texto.

    ela _____   los _____   a _____

    ela _____   eles _____   eles _____

302

Aprendendo com o dicionário

Leia o verbete.

> **achar** a.char
> **v. 1.** Encontrar por acaso ou procurando. **2.** Ter opinião sobre alguma coisa. **3.** Imaginar, suspeitar. **4.** Estar. **5.** Considerar-se.

Agora, leia a tira.

ARMANDINHO — Alexandre Beck

— E O PRIMEIRO DIA DE AULA? O QUE ACHOU?
— TRÊS GRILOS, DUAS LAGARTAS E SEIS BESOUROS!
— ACHEI TAMBÉM UMA LAGARTIXA, SÓ NÃO TROUXE!

beckilustras@gmail.com © ALEXANDRE BECK

1. O humor da tira nasce de duas interpretações diferentes do verbo **achar**.

Em qual sentido o pai usou esse verbo? _____

E em qual sentido o menino entendeu? _____

2. Indique os sentidos que o verbo **achar** tem nas frases abaixo.

a) Achei minha caneta no fundo da mochila. ☐

b) O diretor e os professores se acham na sala. ☐

c) Ele se acha o sujeito mais inteligente do mundo. ☐

d) O dia está ficando escuro, acho que vai chover. ☐

e) Achei muito bom esse filme. ☐

f) Andando na rua, achei esta moeda. ☐

g) Acho que as crianças deveriam ter mais tempo para brincar. ☐

303

Reforço ortográfico

● AZ, EZ, IZ, OZ, UZ

GARFIELD — Jim Davis

f e l i **z**
⎿ som de **s**

Há muitas palavras que terminam com **z**. Veja os exemplos.

pa**z**   ve**z**   infeli**z**   velo**z**   cru**z**

avestru**z**   chafari**z**   lu**z**   nari**z**

> Em língua portuguesa, o som do **z** no fim das palavras pode se confundir com o som do **s**. Por isso, muita atenção na hora de escrever.

Atividades

1. Ordene as letras e forme palavras terminadas em **z**.

a r d e **x** → ___ ___ ___ ___ ___ z

h i a f **c** a r → ___ ___ ___ ___ ___ ___ ___ z

i **c** r t i a c → ___ ___ ___ ___ ___ ___ ___ z

m i e d **t** i → ___ ___ ___ ___ ___ ___ z

> As palavras começam com a letra **vermelha**.

2. Escreva as letras na ordem correta e forme o nome de uma grande ave de pernas compridas e asas curtas. Dica: o nome começa com A.

E T A V S U Z R

3. Escreva no singular.

a) trens velozes → _____

b) rapazes gentis → _____

c) cartazes especiais → _____

d) nozes deliciosas → _____

e) animais ferozes → _____

f) capuzes azuis → _____

305

24

Pronomes possessivos

O jardineiro e suas flores

Assim que nasce a manhã,
já vai lá o jardineiro
com as suas ferramentas
trabalhar o dia inteiro.

Ele vai cuidar da terra,
dos seus vasos e das flores.
Vai fazer do seu canteiro
um paraíso de cores.

E assim de suas mãos
nasce um jardim colorido,
nasce uma obra de arte,
e o mundo fica mais bonito!

suas ferramentas   **seu** canteiro

pronomes possessivos

Nos exemplos acima, as palavras **suas** e **seu** indicam que as ferramentas e o canteiro pertencem ao jardineiro. Essas palavras são chamadas de **pronomes possessivos**.

> **Pronome possessivo** é a palavra que expressa ideia de posse.

Além de se referir a coisas, o pronome possessivo também pode se referir a sentimentos, partes do corpo, emoções etc. Podemos também usá-lo para falar de pessoas ou animais. Veja os exemplos.

suas mãos   **meus** pais   **nosso** cachorrinho   **meu** amor

pronomes possessivos

O pronome possessivo concorda em **gênero** (masculino e feminino) e **número** (singular e plural) com o substantivo a que se refere. Veja os exemplos.

meu celular
pronome possessivo masculino singular — substantivo masculino singular

minha gravata
pronome possessivo feminino singular — substantivo feminino singular

meus celulares
pronome possessivo masculino plural — substantivo masculino plural

minhas gravatas
pronome possessivo feminino plural — substantivo feminino plural

307

Veja o quadro dos pronomes possessivos.

Pronomes possessivos			
Masculino		Feminino	
Singular	Plural	Singular	Plural
meu	meus	minha	minhas
teu	teus	tua	tuas
seu	seus	sua	suas
nosso	nossos	nossa	nossas

Atividades

1. Nas frases, sublinhe de **vermelho** os pronomes possessivos e de **azul** as palavras a que eles se referem. Veja o exemplo.

   Levei meu cachorro para passear.

   a) Você pegou meu estojo?

   b) Guarde sua mochila no quarto.

   c) Deixei meus cadernos sobre a mesa.

   d) Põe teus sapatos dentro desse armário.

   - Indique como ficariam os pronomes possessivos nas frases acima se você trocasse:

     estojo por borracha ----> _____

     mochila por uniforme ----> _____

     cadernos por canetas ----> _____

     sapatos por camisas ----> _____

2. Leia o título deste livro.

a) Por que o pronome possessivo **meu** está no masculino singular?

_____

_____

b) Agora, reescreva o título trocando a palavra **pai** por:

pais ⟶ _____

tia ⟶ _____

amigos ⟶ _____

irmãs ⟶ _____

c) No título desse livro, há dois pronomes. Um deles é o possessivo **meu**. E o outro? Classifique-o.

_____

Pronomes demonstrativos

GARFIELD — Jim Davis

[Tirinha do Garfield:
Quadro 1: TEM ALGUÉM QUE PRECISA GANHAR UM ABRAÇO!
Quadro 2: EI!
Quadro 3: VOLTE AQUI COM ESSE BOLO!]

Volte aqui com **esse** bolo!

pronome demonstrativo

Nessa frase, a palavra **esse** indica de que bolo alguém está falando. Essa palavra é um **pronome demonstrativo**.

> **Pronome demonstrativo** é a palavra que indica ou aponta alguma coisa ou alguém.

O pronome demonstrativo concorda em **gênero** (masculino e feminino) e **número** (singular e plural) com o substantivo a que se refere. Observe.

Comprei **esta** mochila.

pronome demonstrativo feminino singular — substantivo feminino singular

ALBERTO DE STEFANO

310

Esse cãozinho é bonito.

pronome demonstrativo masculino singular — substantivo masculino singular

Aqueles meninos são meus colegas.

pronome demonstrativo masculino plural — substantivo masculino plural

Veja o quadro dos pronomes demonstrativos.

Pronomes demonstrativos			
Masculino		Feminino	
Singular	Plural	Singular	Plural
este	estes	esta	estas
esse	esses	essa	essas
aquele	aqueles	aquela	aquelas

Atividades

1. Sublinhe de azul os pronomes demonstrativos e de vermelho as palavras a que eles se referem.

   a) Ponha no armário essas meias e aquela camisa.

   b) Faça no caderno aqueles exercícios que estão no quadro.

   c) Não conheço esse aluno novo nem seu irmão.

   d) Estas meninas e aqueles meninos estão na minha classe.

2. Reescreva as frases substituindo a palavra destacada pela palavra do quadrinho. Faça as alterações necessárias.

   Fique atento à concordância correta dos pronomes.

   a) Aquele **rapaz** alto é o nosso professor de ginástica.   moça

   _____

   _____

   b) Esse **homem** é meu tio, irmão de meu pai.   mulher

   _____

   _____

   c) Aquele **filme** é engraçadíssimo.   histórias

   _____

   _____

Aprendendo com o dicionário

Leia.

O relógio

Passa, tempo, tic-tac
Tic-tac, passa, hora
Chega logo, tic-tac
Tic-tac, e vai-te embora
Passa, tempo
Bem depressa
Não atrasa
Não demora
Que já estou
Muito cansado
Já perdi
Toda a alegria
De fazer
Meu tic-tac
Dia e noite
Noite e dia
Tic-tac
Tic-tac
Tic-tac...

Vinicius de Moraes.
Poesia completa e prosa.
Rio de Janeiro: Aguilar, 1986. p. 367.

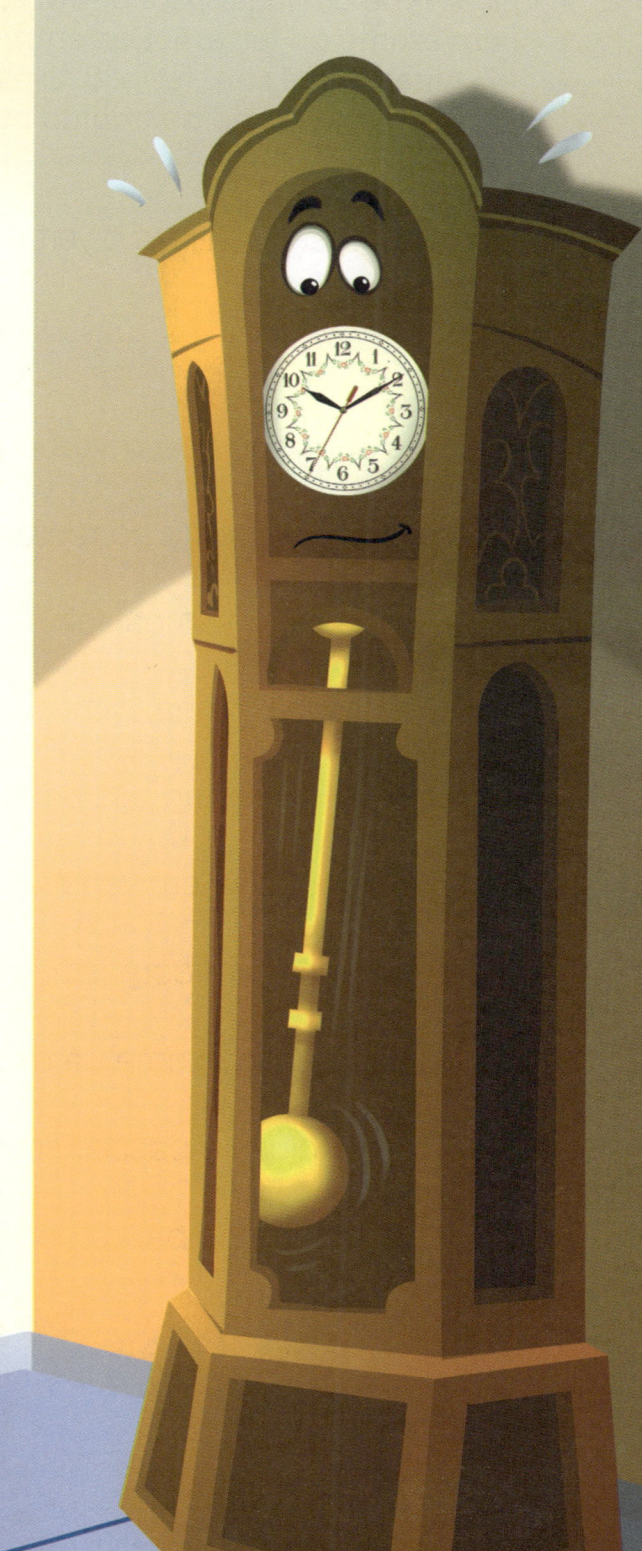

1. Leia o verbete.

> **passar** pas.sar
> v. **1.** Ir de um lugar para outro. **2.** Parar, acabar. **3.** Ser aprovado em exame ou teste. **4.** Dar, entregar. **5.** Sofrer. **6.** Correr (tempo). **7.** Alisar roupa com ferro. **8.** Espalhar uma coisa sobre outra. **9.** Ser apresentado ou exibido numa tela.

• Em qual desses sentidos o verbo **passar** foi usado na poesia "O relógio"?

_____

2. Indique os sentidos que o verbo **passar** tem nas frases abaixo.

a) Ela passou um creme no rosto. ☐

b) A chuva passou, vamos sair. ☐

c) Mamãe passou minha camisa. ☐

d) Passe esse bilhete ao seu colega. ☐

e) Esse ônibus passa em vários bairros. ☐

f) Hoje vai passar um bom filme na televisão. ☐

g) Daniel passou no exame da escola. ☐

h) Estava sem blusa e passei frio ontem à noite. ☐

i) Parece que o tempo passa depressa quando a gente se diverte. ☐

Reforço ortográfico

- **Ei**

Colecionador de cheiros troca
um cheiro de cidade
por um cheiro de neblina
um cheiro de gasolina
por um cheiro de chuva fina
um cheiro de cimento
por um cheiro de orvalho no vento.

Roseana Murray. *Classificados poéticos*.
São Paulo: Moderna, 2010.

ch**ei**ro
ei

Algumas palavras com **ei** podem causar confusão na pronúncia ou na escrita. Por isso, fique atento!

Reforço ortográfico

Atividades

1. Complete as palavras com as sílabas que estão faltando e depois relacione essas palavras com as explicações.

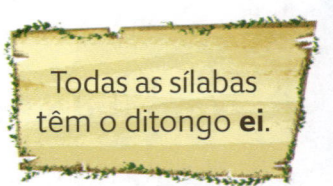

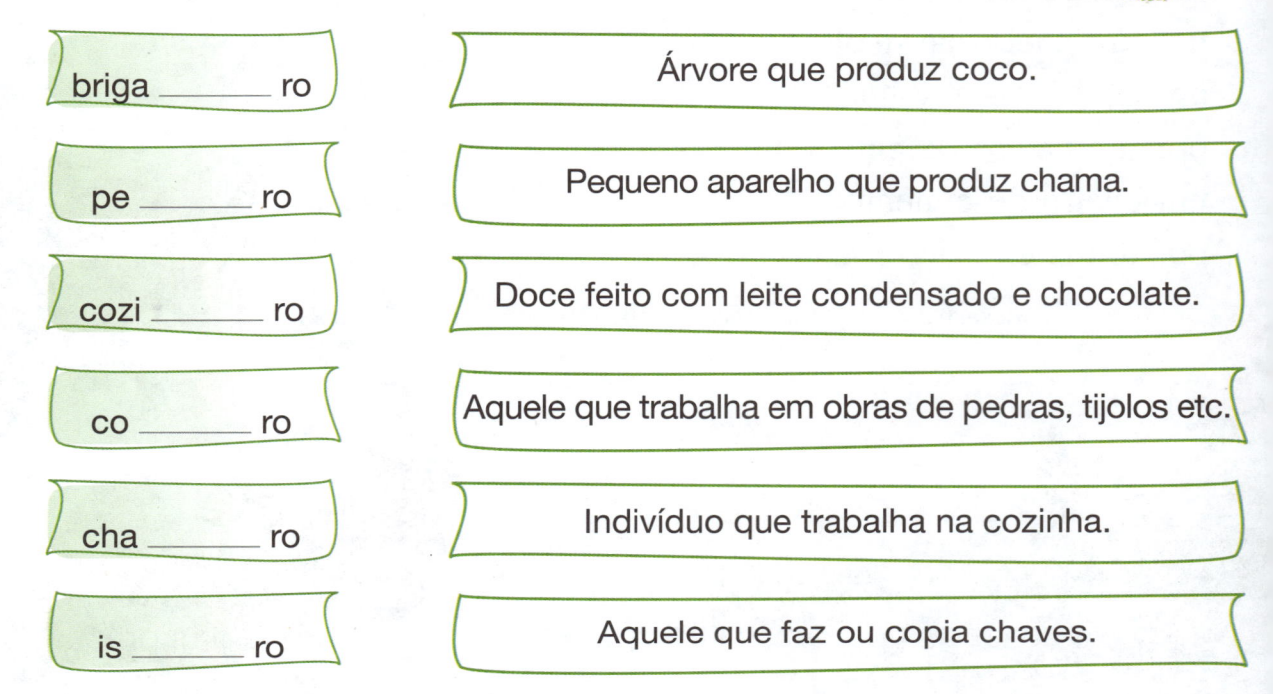

> Todas as sílabas têm o ditongo **ei**.

- briga _____ ro
- pe _____ ro
- cozi _____ ro
- co _____ ro
- cha _____ ro
- is _____ ro

- Árvore que produz coco.
- Pequeno aparelho que produz chama.
- Doce feito com leite condensado e chocolate.
- Aquele que trabalha em obras de pedras, tijolos etc.
- Indivíduo que trabalha na cozinha.
- Aquele que faz ou copia chaves.

2. Escreva os nomes das árvores que produzem as frutas indicadas. Veja o exemplo.

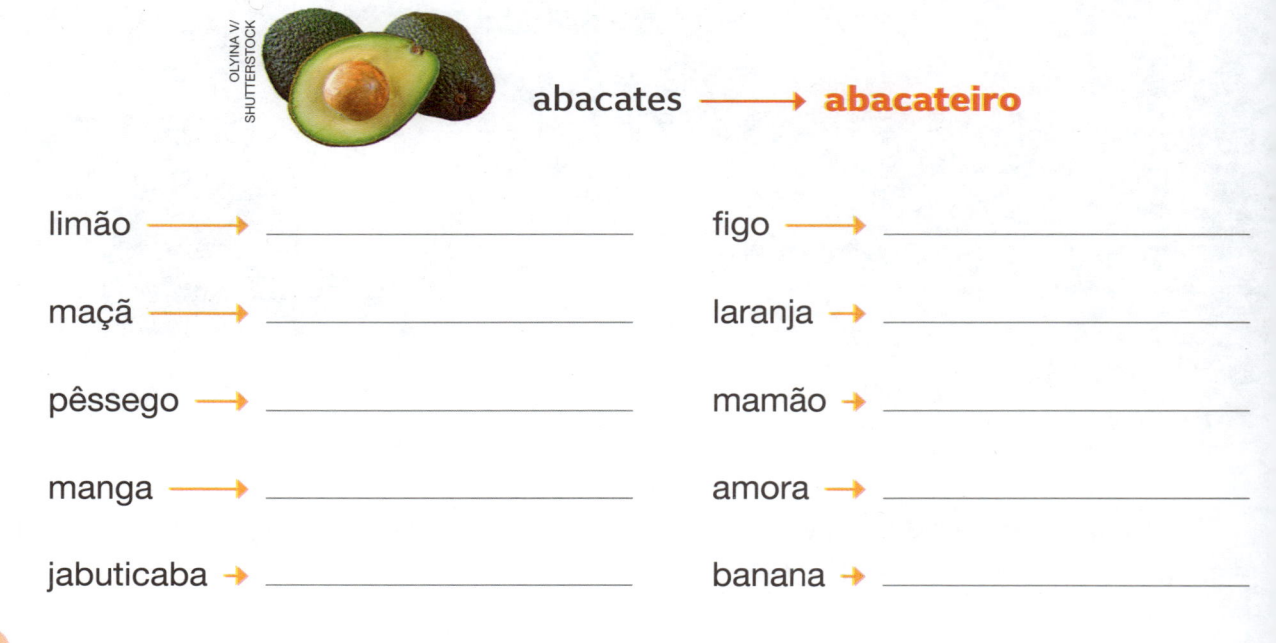

abacates ⟶ **abacateiro**

- limão ⟶ _____
- maçã ⟶ _____
- pêssego ⟶ _____
- manga ⟶ _____
- jabuticaba ⟶ _____
- figo ⟶ _____
- laranja ⟶ _____
- mamão ⟶ _____
- amora ⟶ _____
- banana ⟶ _____

3. Observe as figuras e escreva a profissão de cada pessoa.

_____   _____

_____   _____

4. Copie as letras nos locais indicados e forme os nomes das profissões destas mulheres.

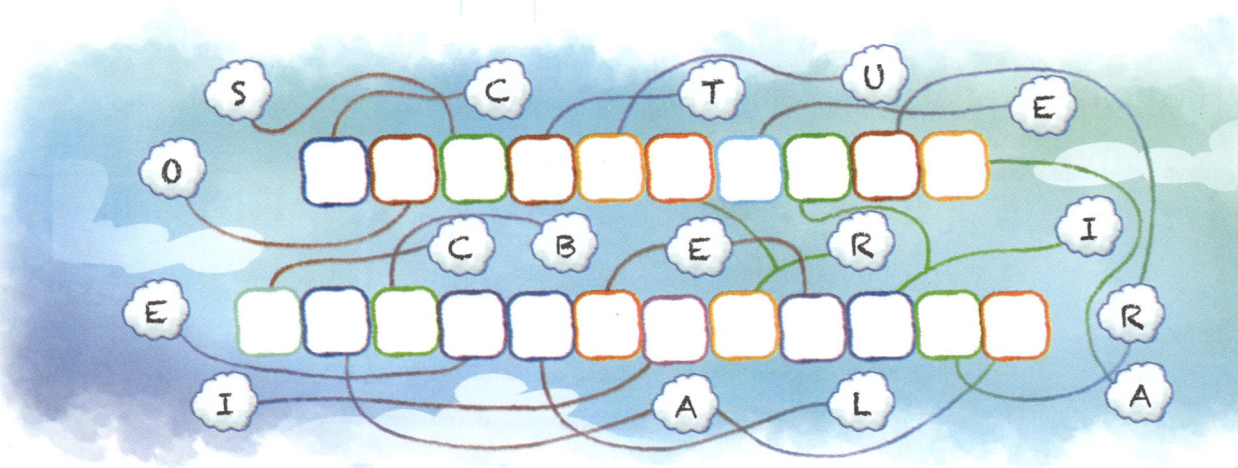

25

▶ Interjeição

MAGALI Mauricio de Sousa

— VEM VER A NOVA DECORAÇÃO DA COZINHA, MAGALI!
— SÓ TOME CUIDADO COM AS...
— AIIII!!
— ...FRUTAS DE PLÁSTICO!

FIM

© MAURICIO DE SOUSA EDITORA LTDA.

Aiiii!!
|
interjeição

> **Interjeição** é a palavra que expressa emoções e sentimentos, como alegria, surpresa, descontentamento, entusiasmo, medo, dor etc. Geralmente, as interjeições são acompanhadas do ponto de exclamação.

Há muitas interjeições. Veja algumas delas.

AH!	IH!	HUM!	OI!	VIVA!	XII!
AI!	LEGAL!	PSIU!	FALOU!	OLÁ!	OBA!
UI!	CREDO!	UAU!	VALEU!	UFA!	OH!

ILUSTRAÇÕES: DANILLO SOUZA

318

Uma mesma interjeição pode expressar diferentes sentimentos, dependendo da situação.

Oh! Que bela surpresa!

sentimento de alegria

Oh! Que surpresa desagradável!

sentimento de descontentamento

Atividades

1. Complete as frases usando interjeições do quadro abaixo.

Atenção: dependendo da entonação, você pode usar mais de uma interjeição para completar a frase.

| Ufa! | Atenção! | Cuidado! | Legal! | Uau! |
| Valeu! | Ih! | Ah! | Oba! | Ui! | Ai! |

a) Obrigado pela ajuda! _____

b) _____ Que festa animada!

c) _____ Que medo! Está escuro nesta caverna...

d) _____ , começou a chuva! Vamos ter de parar o jogo!

e) _____ Até que enfim acabei o exercício!

f) _____ Que sanduíche delicioso!

g) _____ Quase tropecei na escada!

2. Leia em voz alta as frases que você completou.

Onomatopeia

Ziraldo. *Brincadeiras mil*. São Paulo: Publifolha, 1999. p. 38.

crás! ⟶ barulho de alguma coisa se quebrando
onomatopeia

Onomatopeia é a palavra que representa barulhos ou sons.

Veja outros exemplos.

Porta batendo	Boi mugindo	Sirene de ambulância

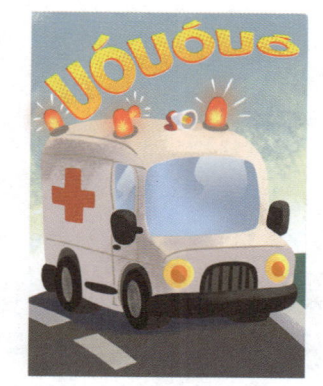

Telefone tocando	Caindo na água	Trem apitando

As onomatopeias são muito usadas nas histórias em quadrinhos e podem ser escritas de diferentes formas.

Atividades

1. Leia as onomatopeias e diga em quais situações elas são usadas.

TOIM!   ATCHIM!   TOC! TOC!

BUUMM!   ZZZ   POFT!

ILUSTRAÇÕES: DANILLO SOUZA

321

2. Leia o texto em voz alta e circule as onomatopeias.

Palavras barulhentas

Entrei na mata e o tempo tique-taque, tique-taque. Pelo caminho começaram muitos tris tris e creks creks.

Queria encontrar meu gato fujão. Estava andando quando, de repente: cabrum, cabrum! Corri tanto que acabei tibum no chão, todo ensopado!

Levantei e comecei a a a atchim, ai ai. E ploft ploft, continuei. Mas o pior foi quando começou o zzzzz, zzzzz, coach, coach. Anoitecia. E um bicho começou auuuuuu.

— Cadê meu gatinho? Eu dizia.

Mas nada de gatinho. E tudo ficou escuro.

— Buááá, buááá.

— Auuuu, auuuu.

Xiii, dei um encontrão no tal auuu e... Ai, ui, tóim, bam, bum.

— Socooorro!

— Auuuuuu.

Saí para um lado e o bicho para outro. Ufa! Só uns arranhões. Então, em seguida, encontrei uma gruta e entrei. Adormeci. De manhã:

— Psiu, psiu, ei, garoto.

Era o guarda da floresta com o meu gatinho.

— Miauuuu!

Carla Caruso. *Almanaque dos sentidos*. São Paulo: Moderna, 2009.

Aprendendo com o dicionário

No calor, tome bastante água.
ÁGUA É SAÚDE!

1. Leia o verbete e indique em que sentido o verbo **tomar** foi usado nesse cartaz. _____

> **tomar** to.mar
> v. **1.** Segurar, pegar. **2.** Usar um meio de transporte. **3.** Tirar de alguém. **4.** Beber. **5.** Apanhar (sol, sereno, chuva). **6.** Receber.

2. Indique os sentidos que o verbo **tomar** tem nas frases abaixo.

   a) Vamos tomar esse ônibus para ir à festa. ☐

   b) Tomei chuva ontem, na hora da saída. ☐

   c) O garotinho quis tomar o brinquedo da irmã. ☐

   d) Tomei um suco de laranja delicioso. ☐

   e) O goleiro tomou um empurrão do atacante. ☐

   f) Essas crianças devem tomar vacina. ☐

   g) Tomou a criança pelas mãos e saiu. ☐

323

Reforço ortográfico

ÃO, AM

Festa na escola

Lá na festa da escola,
Tem muita alegria,
Tem muita diversão!
Todos brincam, todos dançam,
Numa grande animação!

divers**ão** anima**ção**   danç**am** brinc**am**
       ão   am

Atenção com a escrita da terminação **am** dos verbos da primeira conjugação. Na terceira pessoa do plural do presente e do passado, esses verbos são palavras paroxítonas (isto é, a sílaba mais forte é a penúltima), sempre terminadas em **am**.

324

Atividades

1. Escreva os verbos das frases no presente. Veja o exemplo.

As meninas **pularam** corda no jardim. → **pulam**

passado — presente

a) Os alunos **organizaram** a exposição. → _____

b) Os meninos **jogaram** futebol de salão. → _____

c) Elas **esquentaram** o café no fogão. → _____

d) As alunas **cantaram** uma canção. → _____

e) Os gatinhos **escaparam** pelo portão. → _____

2. Leia em voz alta os pares de palavras, compostos de um verbo e de um substantivo.

a) puxam → puxão

b) bolam → bolão

c) mandam → mandão

d) lixam → lixão

e) choram → chorão

f) tampam → tampão

3. Complete as frases com os verbos dos quadrinhos conjugados no presente.

a) Os meninos _____ na piscina do clube. (nadar)

b) Algumas mães de alunos _____ na escola. (conversar)

c) As alunas _____ a lição do quadro. (copiar)

d) Meus colegas _____ os livros na estante. (arrumar)

325

26

▸ **Numeral**

A Terra é azul

No dia 12 de abril de 1961, o astronauta russo Yuri Gagarin foi o primeiro homem a ver nosso planeta lá do espaço. Nessa ocasião, ele exclamou: "A Terra é azul!".

E sabe por que dizemos que ela é azul? Porque os oceanos ocupam três quartos da superfície do planeta. Por isso, vista de muito alto, a Terra parece toda azul.

Há cinco oceanos na Terra, que têm os seguintes nomes: Pacífico, Atlântico, Índico, Ártico e Antártico.

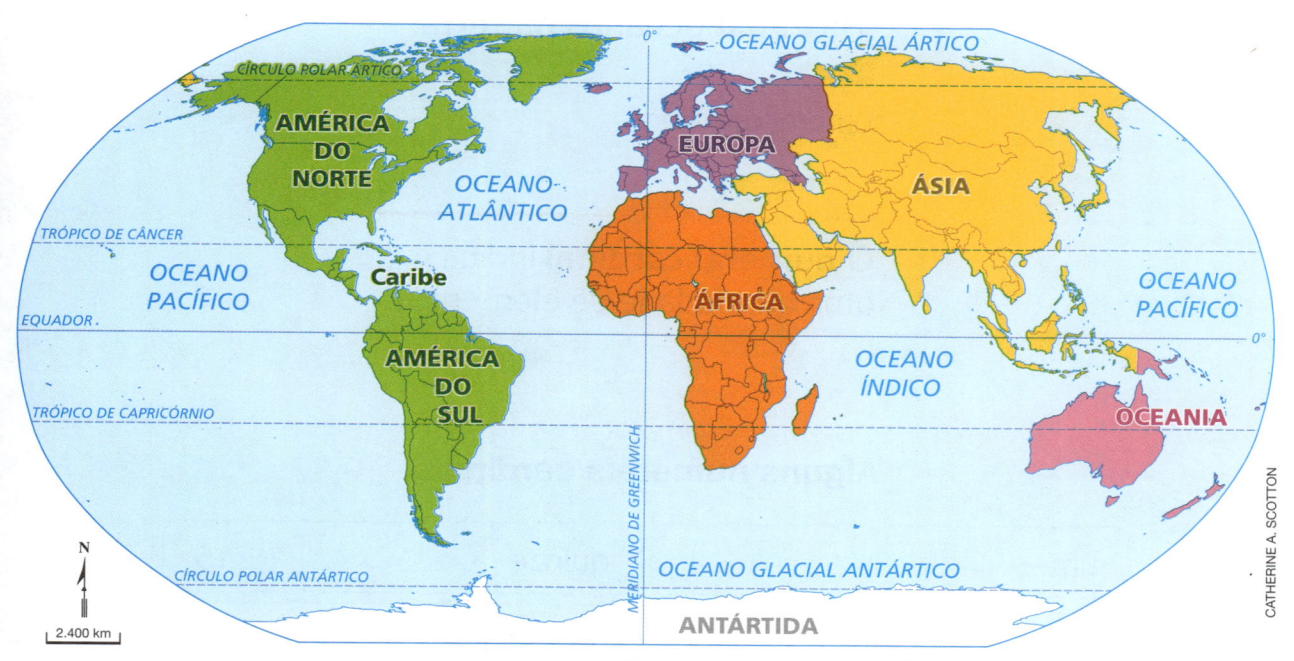

Fonte: IBGE. *Meu 1º atlas*. Rio de Janeiro: IBGE, 2012.

Observe na tabela que o mais extenso dos oceanos é o Pacífico, cuja área é quase o dobro do Atlântico.

Oceano	Pacífico	Atlântico	Índico	Antártico	Ártico
Área (km²)	161.700.000	85.133.000	70.560.000	21.960.000	15.558.000

Fonte: *Revista Superinteressante*. Disponível em: <http://mod.lk/oceanos>. Acesso em: 30 set. 2020.

cinco   primeiro   dobro   três quartos

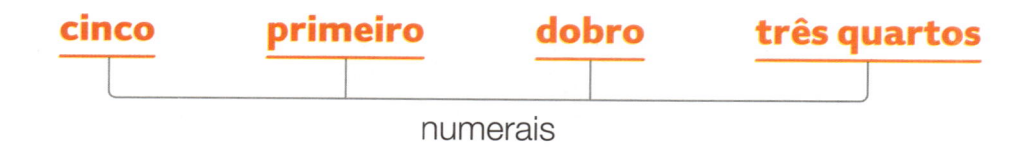

numerais

Essas palavras do texto são classificadas como **numerais**.

> O **numeral** é a palavra que indica certa quantidade de coisas e seres. Pode indicar também a posição que as coisas e os seres ocupam em uma série. O numeral pode ser classificado como **cardinal**, **ordinal**, **multiplicativo** e **fracionário**.

327

Numeral cardinal

Há **cinco** oceanos na Terra.

numeral **cardinal**

> O **numeral cardinal** indica uma quantidade de elementos.

Alguns numerais cardinais

um	1	quinze	15
dois	2	dezesseis	16
três	3	dezessete	17
quatro	4	dezoito	18
cinco	5	dezenove	19
seis	6	vinte	20
sete	7	vinte e um	21
oito	8	trinta	30
nove	9	quarenta	40
dez	10	cinquenta	50
onze	11	sessenta	60
doze	12	setenta	70
treze	13	oitenta	80
quatorze (ou catorze)	14	noventa	90

cem	100	seiscentos	600
cento e um	101	setecentos	700
duzentos	200	oitocentos	800
trezentos	300	novecentos	900
quatrocentos	400	mil	1.000
quinhentos	500	um milhão	1.000.000

Numeral ordinal

Esse astronauta foi o **primeiro** homem a ver a Terra do espaço.

numeral **ordinal**

> O **numeral ordinal** indica a ordem ou a posição de um elemento em um grupo.

Yuri Gagarin.

O numeral ordinal concorda com o substantivo a que se refere em **gênero** (masculino e feminino) e em **número** (singular e plural). Observe.

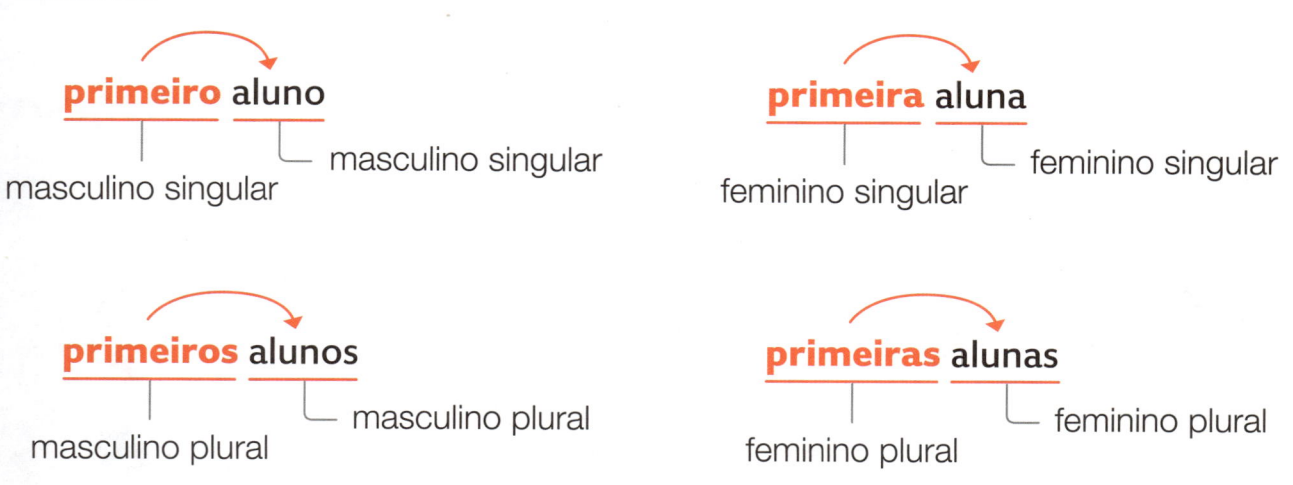

primeiro aluno
masculino singular — masculino singular

primeira aluna
feminino singular — feminino singular

primeiros alunos
masculino plural — masculino plural

primeiras alunas
feminino plural — feminino plural

329

Alguns numerais ordinais

primeiro	1º	décimo sexto	16º
segundo	2º	décimo sétimo	17º
terceiro	3º	décimo oitavo	18º
quarto	4º	décimo nono	19º
quinto	5º	vigésimo	20º
sexto	6º	vigésimo primeiro	21º
sétimo	7º	trigésimo	30º
oitavo	8º	quadragésimo	40º
nono	9º	quinquagésimo	50º
décimo	10º	sexagésimo	60º
décimo primeiro	11º	septuagésimo (ou setuagésimo)	70º
décimo segundo	12º	octogésimo	80º
décimo terceiro	13º	nonagésimo	90º
décimo quarto	14º	centésimo	100º
décimo quinto	15º	milésimo	1.000º

Atividades

1. Sublinhe de **azul** os numerais cardinais e de **vermelho** os numerais ordinais.

   a) Havia dez atletas e Caio chegou em terceiro lugar na corrida.

   b) Faltam duas semanas e quatro dias para as férias.

   c) Esse ônibus tem trinta lugares. Os primeiros bancos são reservados para as pessoas mais idosas.

   d) Marquei o terceiro gol do nosso time no segundo tempo do jogo.

2. Complete com numerais cardinais.

   a) Uma dezena de lápis são _____ lápis.

   b) Meia dúzia de camisas são _____ camisas.

   c) Uma centena de alunos são _____ alunos.

   d) Um ano tem _____ meses.

   e) Uma semana tem _____ dias.

   f) O último mês do ano tem _____ dias.

   g) Uma dúzia de ovos são _____ ovos.

3. Classifique o numeral presente na tira.

   TURMA DA MÔNICA Mauricio de Sousa

Numeral multiplicativo

O sanduíche de Paulo é o **dobro** do sanduíche de Sandra.

numeral **multiplicativo**

> O **numeral multiplicativo** indica uma multiplicação da quantidade de elementos.

Alguns numerais multiplicativos

dobro, duplo (duas vezes)	sétuplo (sete vezes)
triplo (três vezes)	óctuplo (oito vezes)
quádruplo (quatro vezes)	nônuplo (nove vezes)
quíntuplo (cinco vezes)	décuplo (dez vezes)
sêxtuplo (seis vezes)	cêntuplo (cem vezes)

Numeral fracionário

Beto comeu **um quarto** da *pizza*.

numeral **fracionário**

> O **numeral fracionário** indica a divisão de uma quantidade ou a parte de um todo.

Alguns numerais fracionários

meio, metade	$\frac{1}{2}$	um sétimo	$\frac{1}{7}$
um terço	$\frac{1}{3}$	um oitavo	$\frac{1}{8}$
um quarto	$\frac{1}{4}$	um nono	$\frac{1}{9}$
um quinto	$\frac{1}{5}$	um décimo	$\frac{1}{10}$
um sexto	$\frac{1}{6}$	um onze avos	$\frac{1}{11}$

Atividades

1. Escreva os numerais representados por números no cartaz e classifique-os.

PROMOÇÃO!!!

COMPRE 3 E PAGUE APENAS 2.

$\frac{1}{2}$ CALABRESA

$\frac{1}{2}$ MUÇARELA

_____

2. Leia.

A professora Cristina tem três filhos: Ricardo, Marcelo e Daniel. Ricardo é o primeiro filho. Ele tem doze anos, o dobro da idade de Marcelo. Daniel é o terceiro filho e tem a metade da idade de Marcelo.

a) Sublinhe e classifique os numerais presentes no texto.

_____

_____

b) Agora responda: quantos anos têm Marcelo e Daniel?

_____

3. Escreva o numeral ordinal correspondente ao número da feira representado no cartaz.

20ª FEIRA DO LIVRO

_____

4. Complete os espaços, escrevendo os numerais ordinais indicados em cada frase.

a) Marina foi a _____ aluna a entregar a prova. 4ª

b) Nossa classe ficou em _____ lugar na competição esportiva. 6º

c) Ana foi a _____ aluna a se inscrever no concurso de redação. 14ª

d) A cidade realizou a _____ Feira da Amizade. 30ª

5. Leia.

Quatro carneirinhos

Carneirinhos, carneirinhos,
de onde é que vocês vêm?
Eram quatro carneirinhos
que pulavam muito bem.

Um carneirinho brincando,
dois carneirinhos correndo,
três carneirinhos pulando
o cercado da fazenda!

Já o quarto carneirinho
tinha medo de errar,
só ficava lá sozinho,
não queria nem tentar.

Vem com a gente, carneirinho!
Quero ver você também!
Pula, pula, carneirinho,
que o meu sono logo vem.

Carneirinhos, carneirinhos,
aonde é que vocês vão?
Carneirinhos, carneirinhos,
vão pulando o meu colchão.

Fábio Vargas. *O show dos bichos*:
poesia antenada para crianças idem.
São Paulo: Musa, 2013. p. 24.

a) Nesse texto, foram usados alguns numerais cardinais e um numeral ordinal. Quais são eles? Sublinhe-os.

b) Agora escreva esses numerais no quadro abaixo.

cardinais: _____

ordinal: _____

336

Aprendendo com o dicionário

1. Leia o texto.

Ziraldo. *Curta o Menino Maluquinho... em histórias rapidinhas*. São Paulo: Globo, 2006. p.15.

- Leia o verbete e indique em que sentido o verbo **levar** foi usado na HQ do Ziraldo. ☐

> **levar** le.**var**
> v. **1.** Conduzir, acompanhar. **2.** Receber, tomar. **3.** Gastar tempo.
> **4.** Carregar, transportar.

2. Indique os sentidos que o verbo **levar** tem nas frases abaixo.

a) Nós levamos vários dias para organizar a festa. ☐

b) Vou levar meu irmão à escola. ☐

c) O jogador levou um empurrão do adversário. ☐

d) Vamos levar esses livros até a biblioteca. ☐

e) Levei poucos minutos para entender o problema. ☐

f) Levem essas cadeiras para a outra sala. ☐

g) O homem levou os filhos ao cinema. ☐

h) Igor viu uma aranha enorme e levou um baita susto. ☐

3. Leia.

> O PAI DISSE QUE É NORMAL OS ALUNOS TEREM PANELINHAS!
>
> EU NÃO QUERO FICAR DESLOCADO...
>
> ...POR ISSO ESTOU LEVANDO UMA TAMBÉM!

Alexandre Beck. *Armandinho seis*. São Paulo: Matrix, 2015. p. 35.

a) O que o pai do menino quis dizer ao afirmar que os alunos costumam ter **panelinhas** na escola?

b) O menino entendeu bem o que o pai quis dizer? Como você percebeu isso na tira?

c) Na HQ do Menino Maluquinho, o sentido da palavra **panelinha** na fala de Herman tem o mesmo sentido empregado na tira de Armandinho? Explique por quê.

338

Reforço ortográfico

C, Ç, S

Curiosidades sobre a girafa

- É o único animal que consegue alcançar a própria orelha com a língua, que mede 45 centímetros.
- As pernas de dois metros e meio da girafa podem desferir um coice capaz de matar um leão. É a patada mais forte do reino animal.
- A cabeça da girafa fica a mais de dois metros de distância do coração. Para fazer o sangue subir, o coração precisa ser muito forte. Por isso, o coração da girafa é 43 vezes maior que o do ser humano.

O Guia dos Curiosos. Disponível em: <http://mod.lk/girafas>. Acesso em: 14 out. 2020.

cora**ç**ão — ç

coi**c**e — c

distân**c**ia — c

sangue — s

Vamos recordar!
A letra **c** antes de **e** e **i** tem o som de **s**.
Usamos **ç** antes de **a**, **o** e **u** para indicar o som de **s**.
Nunca começamos uma palavra com **ç**.

339

Reforço ortográfico

Atividades

1. A primeira sílaba de cada palavra está certa, mas as outras estão com as letras fora de ordem. Reescreva as palavras corretamente.

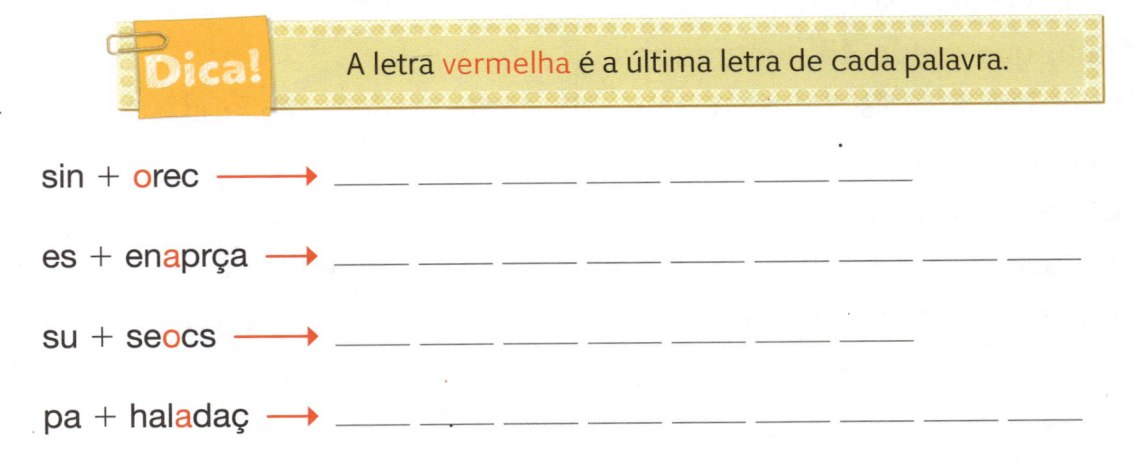

> **Dica!** A letra vermelha é a última letra de cada palavra.

sin + orec ⟶ _____

es + enaprça ⟶ _____

su + seocs ⟶ _____

pa + haladaç ⟶ _____

2. Muitos substantivos derivados de verbos terminam em **ção** Por exemplo:

alimentar ⟶ alimenta**ção**
verbo — substantivo

- Agora é sua vez! Forme substantivos derivados destes verbos.

demonstrar _____   imitar _____

repetir _____   apresentar _____

recordar _____   competir _____

3. Troque as letras por aquelas que vêm **antes** no alfabeto e forme palavras.

jopdfouf ⟶ _____

qsjodjqbm ⟶ _____

qvmtfjsb ⟶ _____

a) Qual das palavras que você formou é polissílaba?

_____

b) Uma dessas palavras é oxítona. Qual?

_____

c) Qual dessas palavras apresenta um ditongo?

_____

4. Preencha a cruzadinha.

Usamos para pintar.
O coelho gosta de comer.
Local de trabalho do açougueiro.
Período de sete dias seguidos.
O motoqueiro deve usar.
Dar salto.
Antônimo de **salgado**.

27

▶ Preposição

Jeitos de falar...

Para falar como são as pessoas, muitas vezes usamos comparações com coisas de comer. Tenho certeza de que você já usou ou já ouviu estas expressões.

> Você é meu doce de coco!
> Esse sujeito só fala abobrinha...
> Aquele homem é pão-duro!
> Eles dizem que eu sou manteiga derretida...
> O palhaço pintou as maçãs do rosto.
> Ele está com a cara emburrada, parece que chupou limão.
> Esse menino sabe plantar bananeira.

MICHEL RAMALHO

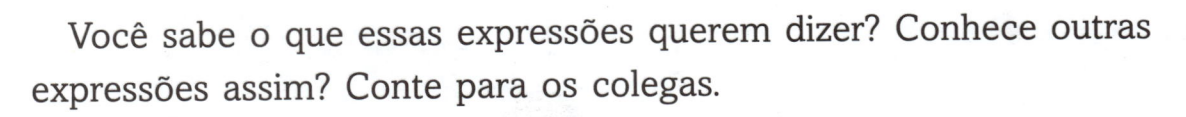

Você sabe o que essas expressões querem dizer? Conhece outras expressões assim? Conte para os colegas.

doce **de** coco
|
preposição

A preposição **de** liga as palavras **doce** e **coco**, criando uma relação de sentido entre elas, como se a gente dissesse: doce feito de coco.

> **Preposição** é a palavra que liga duas outras, criando uma relação de sentido entre elas.

Veja as diferentes relações de sentido que a preposição **de** pode criar nestes exemplos:

- tremer **de** frio (tremer por causa do frio) ⟶ ideia de causa;
- casa **de** madeira (casa feita de madeira) ⟶ ideia de material;
- papel **de** carta (papel para escrever cartas) ⟶ ideia de finalidade;
- livro **de** Raul (livro que pertence a Raul) ⟶ ideia de posse.

Portanto, para saber o sentido que uma preposição pode criar, precisamos ler a frase em que ela está sendo usada.

Veja o quadro das preposições.

| a • ante • após • até • com • contra |
| de • desde • durante • em • entre • para |
| perante • por • sem • sob • sobre • trás |

ILUSTRAÇÕES: MICHEL RAMALHO

Atividades

1. Numere as frases de acordo com a relação de sentido criada pelas preposições.

   [1] causa   [2] finalidade   [3] material   [4] lugar

   a) Ele ficou vermelho **de** vergonha. ☐

   b) Pegue esse copo **de** plástico. ☐

   c) Ela usa essa máquina **de** lavar roupa. ☐

   d) Gostei dessa sandália **de** couro. ☐

   e) Moro numa casa **entre** dois prédios. ☐

   f) Quase morri **de** sede naquele calor! ☐

   g) Esta é uma ração **para** filhotes de gatos. ☐

2. Complete as frases com as preposições do quadro.

   > até   contra   sem   com   para   em

   a) Este é um livro interessante _____ crianças.

   b) Essa loja fica aberta _____ as 18 horas.

   c) Precisamos lutar _____ a poluição dos rios.

   d) Não podemos viver _____ respirar.

   e) Você vai ao cinema _____ seus colegas ou vai sozinho?

   f) Ele mora _____ Campinas; eu moro _____ Santos.

3. Observe as imagens e complete as frases com as preposições **sob** ou **sobre**.

Surfista _____ a onda.　　　Surfista _____ a onda.

4. Leia as frases e complete-as com **sob** ou **sobre**.

a) Ninguém viu o submarino porque ele ficou _____ as águas por vários dias.

b) Não ande _____ o tapete com os pés molhados!

c) Num salto, o gato pegou a bolinha que estava _____ a mesa.

d) Saímos do cinema _____ forte chuva.

e) Os carros passam _____ a ponte daquele rio.

f) Não vi o chinelo porque ele estava _____ a cama.

Aprendendo com o dicionário

O Sol se põe, a noite chega.

1. Leia o verbete a seguir e indique em qual sentido o verbo **pôr** foi usado na legenda da foto.

   _____

   > **pôr**
   > v. **1.** Colocar. **2.** Vestir. **3.** Arrumar, preparar.
   > **4.** Desaparecer (no horizonte). **5.** Botar. **6.** Calçar.

2. Indique os sentidos que o verbo **pôr** tem nas frases abaixo.

   a) Ela pôs uma roupa nova para ir à festa. ☐

   b) Marisa pôs a mesa para o jantar. ☐

   c) Essa galinha põe muitos ovos. ☐

   d) Ponha esse livro na estante. ☐

   e) Você deve pôr um agasalho antes de sair. ☐

   f) Voltamos para casa quando o sol estava se pondo. ☐

   g) Vamos pôr esses livros dentro da mochila. ☐

   h) Raul pôs as chuteiras e foi jogar bola. ☐

Reforço ortográfico

Pôr, por

A menina na janela

Assim que amanhece o dia,
Maria, a menina sorridente,
vai pôr o vaso de flor na janela.

— Bom dia, Maria! — digo de longe, com alegria...
— Bom dia, bom dia! — responde a menina.

E lá fica Maria,
sorrindo por um bom tempo,
enquanto a manhã
se enche de alegria...

Célia Siqueira.
Texto escrito especialmente para esta obra.

pôr
verbo

por
preposição

O verbo **pôr** leva acento circunflexo, mas a preposição **por** não é acentuada. Atenção na hora de escrever!

Atividades

1. Complete as frases com **pôr** e **por**.

a) Está esfriando, vou _____ uma blusa.

b) Onde vamos _____ esse novo computador?

c) Aquele cartaz foi feito _____ esses alunos.

d) Machuquei o pé e não consegui _____ sapato _____ muitos dias.

e) Passeamos _____ várias cidades em nossa viagem _____ essa região.

2. Complete os espaços com **pôr** ou **por**.

Chegamos ao último capítulo.
Você passou _____ vários desafios e conseguiu vencê-los.
Merece um troféu para _____ na sua estante!
PARABÉNS!

Revisão

1. Copie nos quadros as palavras destacadas nas frases abaixo.

a) **As crianças** viram **um bem-te-vi** na janela.

Substantivo composto	
Substantivo simples	
Artigo indefinido	
Artigo definido	

b) **Minhas** colegas **jogam** nesse time **de** vôlei.

Preposição	
Pronome possessivo	
Verbo	

c) **Aquele** parque é um lugar **muito bonito**.

Adjetivo	
Pronome demonstrativo	
Advérbio	

349

Revisão

2. Passe os adjetivos para o grau superlativo. Veja o exemplo.

noite **escura** ⟶ **escuríssima**

Atenção com a concordância de gênero (masculino/feminino) e número (singular/plural)!

a) dia quente ⟶ _____

b) meninos elegantes ⟶ _____

c) fruta fresca ⟶ _____

d) lugares perigosos ⟶ _____

e) roupas limpas ⟶ _____

f) lençol branco ⟶ _____

3. Separe as sílabas das palavras e circule a sílaba tônica de cada uma. Depois, classifique-as em oxítonas, paroxítonas ou proparoxítonas. Veja o exemplo.

Palavra	Divisão silábica	Classificação
escola	es - (co) - la	paroxítona
passarinho		
fotógrafo		
amanhã		
cabeleira		
especial		

a) Qual das palavras apresenta um hiato? _____

b) Qual das palavras apresenta um ditongo? _____

4. Nas palavras abaixo, as letras vermelhas estão fora de ordem. Escreva as palavras corretamente.

g**iuta**rar ⟶ _____   u**q**adr**od**a ⟶ _____

pe**irqiotu** ⟶ _____   eu**g**rr**i**ero ⟶ _____

gu**ra**d**o**nap**a** ⟶ _____   **ipq**eu**n**equ**i** ⟶ _____

- Colocando as palavras que você formou na ordem alfabética, quais são as duas primeiras? E as duas últimas?

    duas primeiras: _____

    duas últimas: _____

5. Leia.

a) Nessa tira, foram usadas onomatopeias e uma interjeição. Quais são elas?

Onomatopeias: _____

_____

Interjeição: _____

b) Que emoção expressa a interjeição?

_____

_____

351

Revisão

6. Sublinhe os verbos das frases abaixo e escreva-os no passado.

   a) Algumas crianças correm pelo pátio e outras brincam com a peteca.

   _____

   _____

   b) Os alunos abrem os livros e fazem os exercícios.

   _____

   _____

7. Nas frases abaixo, circule os pronomes pessoais oblíquos e sublinhe os substantivos a que eles se referem.

   a) Vou pegar esses cadernos e colocá-los dentro da mochila.

   b) As chaves estão sobre a mesa. Vá pegá-las.

   c) Meu colega está fazendo o trabalho. Preciso ajudá-lo.

   d) João lavou a roupa e agora vai guardá-la no armário.

   e) Téo vai ler esses livros e depois vai emprestá-los para mim.

   f) O cachorro ganhou um osso e o enterrou no quintal.

   g) A mãe de Marcelo foi à feira e ele a ajudou com as compras.

   h) As flores caíram do vaso, mas eu as arrumei novamente.

   i) Ana e as colegas já saíram da escola, eu as encontrei subindo a rua.

   j) Os alunos fizeram os exercícios e a professora os corrigiu no quadro.

Hora da história

O velho, o menino e a mulinha

O velho chamou o filho e lhe disse:

— Vá ao pasto, pegue a mulinha e apronte-se para irmos à cidade, que quero vendê-la.

O menino foi e trouxe a mula. Escovou-a bem e partiram os dois a pé, puxando-a pelo cabresto. Queriam que ela chegasse descansada para melhor impressionar os compradores.

De repente:

— Esta é boa! — exclamou um viajante ao avistá-los. — O animal vazio e o pobre velho a pé! Que despropósito! Será promessa ou caduquice?...

E lá se foi, a rir.

O velho achou que o viajante tinha razão e ordenou ao menino:

— Puxe a mula, meu filho. Eu vou montado e assim tapo a boca do mundo.

Tapar a boca do mundo, que bobagem! O velho compreendeu isso logo adiante, ao passar por um bando de lavadeiras ocupadas em bater roupa num córrego.

— Que graça! — exclamaram elas. — O marmanjão montado com todo o sossego e o pobre menino a pé... Há cada pai malvado por este mundo... Credo!...

O velho ficou furioso e, sem dizer palavra, fez sinal ao filho para que subisse à garupa.

— Quero só ver o que dizem agora...

MICHEL RAMALHO

Hora da história

Viu logo. O carteiro encontrou com eles e exclamou:

— Que idiotas! Querem vender o animal e montam os dois de uma vez... Assim, meu velho, o que chega à cidade não é mais a mulinha, é a sombra da mulinha...

— Ele tem razão, meu filho, precisamos não maltratar o animal. Eu desço e você, que é levezinho, vai montado.

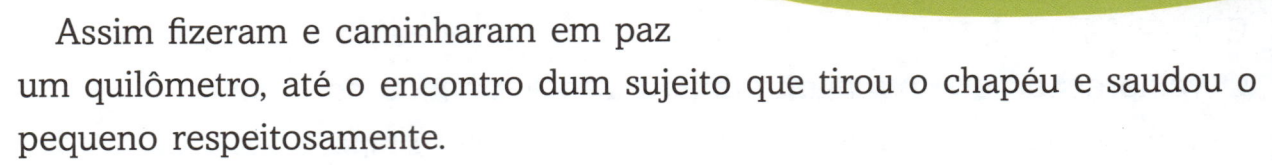

Assim fizeram e caminharam em paz um quilômetro, até o encontro dum sujeito que tirou o chapéu e saudou o pequeno respeitosamente.

— Bom dia, príncipe!

— Por que príncipe? — indagou o menino.

— É boa! Porque só príncipes andam assim com um empregado segurando a rédea...

— Empregado, eu? — esbravejou o velho. — Que desaforo! Desça, desça, meu filho, e carreguemos a mula às costas. Talvez isso contente o mundo...

Nem assim. Um grupo de rapazes, vendo a estranha cavalgada, aproximou-se vaiando:

— Hu! Hu! Olhe o trio dos burros, dois de dois pés e um de quatro! Resta saber qual dos três é o mais burro...

— Sou eu! — respondeu o velho, pondo a carga no chão. — Sou eu, porque venho há uma hora fazendo não o que quero, mas o que quer o mundo. Daqui em diante, porém, farei o que me manda a consciência, pouco me importando que o mundo concorde ou não. Já vi que morre doido quem procura contentar toda gente...

Monteiro Lobato. *Fábulas*. 2. ed. São Paulo: Brasiliense, 1950. Texto adaptado.

Atividades

1. Numere as cenas de acordo com a sequência da história.

Hora da história

2. Responda.

　a) Como o velho reagia aos comentários das pessoas que encontrava pelo caminho?

　b) Por que, no fim da história, o velho ficou furioso?

　c) Que lição aprendeu o velho?

　d) Na sua opinião, o velho da história pode representar que tipo de pessoa na vida real?

3. Alguma vez você se comportou como o velho da história, mudando de ideia conforme a opinião dos outros? Conhece alguém que costuma agir assim? Conte sua experiência.

4. Converse com os colegas e respondam: devemos sempre seguir apenas as nossas próprias ideias, sem nunca ouvir a opinião dos outros?

5. Converse com seus colegas e criem um novo título para a história.

Vamos ler mais?

Quando uma propaganda diz o que é bom, devemos acreditar? O que deve ser levado em consideração? Qual deve ser nossa reação ao ouvir algo que pode mudar nosso comportamento, nossa atitude ou nossa inclinação? Devemos acreditar em tudo o que escutamos? Saiba o que aconteceu com um menino chamado Carlinhos lendo *No tempo em que a televisão mandava no Carlinhos...*, de Ruth Rocha.

356

Minidicionário

Abreviaturas
subst.: substantivo
adj.: adjetivo
v.: verbo
adv.: advérbio
masc.: masculino
fem.: feminino
Pl.: plural
Superl.: superlativo
Ant.: antônimo

- O destaque na divisão silábica assinala a sílaba tônica.
- Substantivo ou adjetivo que apresenta a mesma forma para o masculino e o feminino: **subst. masc. fem./adj. masc. fem.**

Aa

acabar a.ca.**bar**
v. Terminar, concluir: *Ele acabou a tarefa.* ■ Ant.: iniciar, começar.

acalmar a.cal.**mar**
v. Deixar calmo: *As palavras do pai acalmaram o garoto.*

admirável ad.mi.**rá**.vel
adj. masc. fem. Que merece elogio: *Parabéns, sua atitude foi admirável.* ■ Pl.: admiráveis. ■ Superl.: admirabilíssimo.

adorável a.do.**rá**.vel
adj. masc. fem. Encantador: *Ele é um menino adorável, todos gostam dele.* ■ Pl.: adoráveis.

ágil **á**.gil
adj. masc. fem. Ligeiro, que se movimenta com facilidade e rapidez: *Esse menino é ágil, num instante subiu na árvore.* ■ Pl.: ágeis. ■ Superl.: agilíssimo.

agradável a.gra.**dá**.vel
adj. masc. fem. Que agrada, que dá prazer: *lugar agradável.* ■ Pl.: agradáveis. ■ Superl.: agradabilíssimo. ■ Ant.: desagradável.

alegre a.**le**.gre
adj. masc. fem. Contente, feliz: *Ela ficou alegre com o presente que ganhou.* ■ Superl.: alegríssimo. ■ Ant.: triste.

alegria a.le.**gri**.a
subst. fem. Contentamento: *Senti a alegria do garoto quando ele viu o presente.* ■ Ant.: tristeza.

alto **al**.to
adj. 1. Que tem grande estatura: *homem alto.* 2. Elevado: *muro alto.* 3. Que soa forte: *som alto.* ■ Superl.: altíssimo. ■ Ant.: baixo.

amar a.**mar**
v. Gostar muito: *Ela ama seus pais.*

amável a.**má**.vel
adj. masc. fem. Gentil, educado: *O rapaz foi amável com a menina.* ■ Pl.: amáveis. ■ Superl.: amabilíssimo.

aninhar a.ni.**nhar**
v. acomodar confortavelmente, aconchegar: *O cachorrinho aninhou-se no colo do garoto.*

ansioso an.si.**o**.so
adj. Aflito: *Ele está ansioso por saber a nota do exame, não aguenta esperar mais.*

antigo an.**ti**.go
adj. Muito velho, que tem muitos anos: *As pirâmides do Egito são antigas.* ■ Superl.: antiguíssimo ou antiquíssimo. ■ Ant.: novo, recente.

atento a.**ten**.to
adj. Que presta atenção: *aluno atento.* ■ Superl.: atentíssimo. ■ Ant.: desatento.

Bb

baixo **bai**.xo
adj. 1. Que tem pouca altura: *homem baixo.* 2. Que quase não se ouve: *voz baixa.* ■ Superl.: baixíssimo. ■ Ant.: alto.

barato ba.**ra**.to
adj. Que custa pouco: *livro barato.* ■ Superl.: baratíssimo ■ Ant.: caro.

belo **be**.lo
adj. **1.** Bonito, lindo: *Ela tem um belo rosto.* **2.** Que merece elogio: *Ele fez uma bela ação.* ▪ **Superl.:** belíssimo.
▪ **Ant.:** feio.

benéfico be.**né**.fi.co
adj. Que faz bem: *Esta cidade tem um clima benéfico à saúde.*
▪ **Ant.:** maléfico, nocivo, prejudicial.

bondoso bon.**do**.so
adj. Que faz o bem, que ajuda outras pessoas: *Ele é um homem bondoso, ajuda muita gente.* ▪ **Ant.:** maldoso.

bonito bo.**ni**.to
adj. Belo, lindo: *criança bonita.*
▪ **Ant.:** feio.

bravo **bra**.vo
adj. **1.** Valente, corajoso: *Ele era um bravo guerreiro.* **2.** Muito nervoso, furioso: *Fiquei bravo quando soube o que tinha acontecido.* **3.** Feroz: *Esse cão é bravo.* ▪ **Superl.:** bravíssimo.

Cc

canil ca.**nil**
subst. masc. Local preparado para abrigar cães: *Nesse canil, há cães de várias raças.* ▪ **Pl.:** canis.

cansado can.**sa**.do
adj. Que se sente fraco por ter feito muito esforço ou por estar doente: *Andei a manhã toda e estou cansado.*
▪ **Superl.:** cansadíssimo.

capaz ca.**paz**
adj. masc. fem. Que tem condições para fazer determinada coisa: *Ele é capaz de consertar essa máquina.*
▪ **Pl.:** capazes. ▪ **Superl.:** capacíssimo.
▪ **Ant.:** incapaz.

capitão ca.pi.**tão**
subst. masc. **1.** Comandante de navio. **2.** Chefe superior militar. **3.** Jogador que representa sua equipe: *Carlinhos é o capitão do nosso time de futebol.*
▪ **Fem.:** capitã.
▪ **Pl.:** capitães, capitãs.

capuz ca.**puz**
subst. masc. Peça de vestuário que cobre a cabeça: *O capuz protegeu a criança do frio.* ▪ **Pl.:** capuzes.

caro **ca**.ro
adj. Que não é barato, que custa muito: *vestido caro.*
▪ **Superl.:** caríssimo. ▪ **Ant.:** barato.

colmeia col.**mei**.a
subst. fem. Lugar onde as abelhas vivem e produzem o mel: *Não chegue perto da colmeia, você pode ser picado pelas abelhas.*

começar co.me.**çar**
v. Iniciar, principiar: *Vou começar o trabalho.* ▪ **Ant.:** terminar, finalizar, concluir.

comum co.**mum**
adj. masc. fem. **1.** Que pertence a todos: *Esse parque é de uso comum, qualquer pessoa pode entrar.*
2. Corriqueiro, que acontece sempre: *Nessa cidade, os congestionamentos de trânsito são comuns, acontecem todos os dias.* ▪ **Pl.:** comuns.
▪ **Superl.:** comuníssimo.
▪ **Ant.:** incomum.

corajoso co.ra.**jo**.so
  adj. Que tem coragem, que enfrenta o perigo: *homem corajoso*.
  ▪ **Ant.:** medroso.

correto cor.**re**.to
  adj. Certo: *A resposta do aluno estava correta*. ▪ **Ant.:** incorreto.

curto **cur**.to
  adj. 1. Que tem pouco comprimento, que não é extenso: *rua curta*. **2.** Breve, rápido, de pouca duração: *filme curto*.
  ▪ **Superl.:** curtíssimo. ▪ **Ant.:** longo.

Dd

defender de.fen.**der**
  v. Proteger: *Os soldados defendem a cidade*.

delicado de.li.**ca**.do
  adj. 1. Atencioso, gentil: *Ele foi delicado com as visitas*. **2.** Fraco, frágil: *Ela tem a saúde delicada, está sempre doente*. **3.** Perigoso, arriscado: *Ele vai sofrer uma operação delicada*.
  ▪ **Superl.:** delicadíssimo.

delicioso de.li.ci.**o**.so
  adj. Gostoso, saboroso: *O sorvete está delicioso*. ▪ **Superl.:** deliciosíssimo.

depressa de.**pres**.sa
  adv. Rapidamente: *Ele saiu depressa da sala*. ▪ **Ant.:** devagar.

desatento de.sa.**ten**.to
  adj. Distraído, que não presta atenção: *Ele estava desatento e não ouviu as explicações do professor*. ▪ **Ant.:** atento.

descer des.**cer**
  v. Ir para baixo: *Vou descer do prédio por esta escada*. ▪ **Ant.:** subir.

desfrutar des.fru.**tar**
  v. Aproveitar, curtir: *Ele desfrutou bem as férias, divertiu-se bastante*.

detestar de.tes.**tar**
  v. Odiar: *Detesto pessoas mentirosas*.
  ▪ **Ant.:** amar.

difícil di.**fí**.cil
  adj. masc. fem. Complicado, que não é fácil de entender ou fazer: *trabalho difícil*. ▪ **Pl.:** difíceis. ▪ **Superl.:** dificílimo.
  ▪ **Ant.:** fácil.

discordar dis.cor.**dar**
  v. Não concordar: *Ana deu sua opinião, mas os colegas discordaram dela*.

duro **du**.ro
  adj. Resistente, sólido, difícil de quebrar ou de furar: *pedra dura*.
  ▪ **Superl.:** duríssimo. ▪ **Ant.:** mole.

Ee

educado e.du.**ca**.do
  adj. Que tem boas maneiras, que trata os outros com educação, respeito: *menino educado*.
  ▪ **Superl.:** educadíssimo.
  ▪ **Ant.:** malcriado, mal-educado.

elegante e.le.**gan**.te
  adj. masc. fem. Que se veste com capricho, que tem bom gosto na escolha das roupas: *homem elegante*.
  ▪ **Superl.:** elegantíssimo.
  ▪ **Ant.:** deselegante.

enorme e.**nor**.me
  adj. masc. fem. Muito grande: *estátua enorme*. ▪ **Ant.:** pequeno.

escuro es.**cu**.ro
 adj. Em que não há luz ou claridade: *quarto escuro*. ▪ Ant.: claro.

espesso es.**pes**.so
 adj. Grosso: *O corpo desse animal tem uma espessa camada de gordura.* ▪ Ant.: fino.

esplêndido es.**plên**.di.do
 adj. Admirável, magnífico: *Os bailarinos fizeram uma apresentação esplêndida.*

estreito es.**trei**.to
 adj. Que é pouco largo: *O corredor da casa é estreito.* ▪ Superl.: estreitíssimo. ▪ Ant.: largo.

estrofe es.**tro**.fe
 subst. fem. Cada grupo de versos de uma poesia. As estrofes podem ter um número variado de versos. Leia esta poesia.

Coisa boa

é pular da cama
abrir a janela — estrofe
e dar de cara
com uma flor amarela.

O girassol no jardim
ou o sol lá no céu — estrofe
sorrindo pra mim!

Sônia Barros. *Coisa boa*.
São Paulo: Moderna, 2008.

excelente ex.ce.**len**.te
 adj. masc. fem. Ótimo, muito bom: *Seu trabalho está excelente.*

Ff

fábula **fá**.bu.la
 subst. fem. Pequena história que expressa uma lição de moral e que geralmente tem animais como personagens.

fácil **fá**.cil
 adj. masc. fem. Que se faz sem dificuldade: *Esse trabalho é fácil, vou acabar num instante.* ▪ Pl.: fáceis. ▪ Superl.: facílimo.

famoso fa.**mo**.so
 adj. Que é conhecido por muita gente: *artista famoso*. ▪ Superl.: famosíssimo.

fascinante fas.ci.**nan**.te
 adj. masc. fem. Encantador, deslumbrante: *Vimos um filme fascinante.*

feliz fe.**liz**
 adj. masc. fem. 1. Muito alegre, contente: *Fiquei feliz com essa notícia.* 2. Favorecido pela boa sorte, pelo destino: *Ele teve uma vida feliz.* ▪ Pl.: felizes. ▪ Superl.: felicíssimo. ▪ Ant.: infeliz.

feroz fe.**roz**
 adj. masc. fem. Muito bravo: *O leão é um animal feroz.* ▪ Pl.: ferozes. ▪ Superl.: ferocíssimo. ▪ Ant.: manso.

forte **for**.te
 adj. masc. fem. 1. Que tem força, vigor: *menino forte*. 2. Violento: *O vento forte derrubou o vaso.* ▪ Superl.: fortíssimo. ▪ Ant.: fraco.

fundo **fun**.do
 adj. Que vai até muito abaixo da superfície: *poço fundo*. ▪ Superl.: fundíssimo. ▪ Ant.: raso.

Gg

genial ge.ni.**al**
adj. masc. fem. Ótimo, excelente: *Ele teve uma ideia genial!* ▪ Pl.: geniais.

gentil gen.**til**
adj. masc. fem. Atencioso, amável, que trata os outros com atenção e boa educação: *rapaz gentil.* ▪ Pl.: gentis.
▪ Superl.: gentilíssimo.

gigantesco gi.gan.**tes**.co
adj. Enorme, muito grande: *Alguns animais pré-históricos eram gigantescos, tinham muitos metros de altura e de comprimento.*

gostoso gos.**to**.so
adj. Saboroso, delicioso: *Este bolo está muito gostoso.* ▪ Superl.: gostosíssimo.

Hh

habitante ha.bi.**tan**.te
subst. masc. fem. Morador: *Quantos habitantes há nessa cidade?*

habitar ha.bi.**tar**
v. Morar: *Meus tios habitam numa pequena cidade.*

hábito **há**.bi.to
subst. masc. Costume, aquilo que se faz sempre: *Meu avô tem o hábito de passear pela praia todas as manhãs.*

honesto ho.**nes**.to
adj. Que faz tudo direito e não engana ninguém: *Todos nós devemos ser honestos.* ▪ Superl.: honestíssimo.
▪ Ant.: desonesto.

horroroso hor.ro.**ro**.so
adj. Pavoroso, medonho: *Nesse filme, aparecia um monstro horroroso que perseguia as pessoas.*

humilde hu.**mil**.de
adj. masc. fem. Modesto, simples, sem orgulho: *pessoa humilde.*
▪ Superl.: humildíssimo.
▪ Ant.: orgulhoso.

Ii

idoso i.**do**.so
adj. Que tem muitos anos de idade: *Meu avô é idoso, ele tem oitenta anos.*
▪ Ant.: jovem, moço.

imóvel i.**mó**.vel
adj. masc. fem. Totalmente parado: *Ele levou um susto e ficou imóvel.*
▪ Pl.: imóveis.

impaciente im.pa.ci.**en**.te
adj. masc. fem. Que não tem paciência, que não sabe esperar: *Não seja impaciente, espere sentado sua vez de jogar.* ▪ Ant.: paciente.

impuro im.**pu**.ro
adj. Sujo, poluído, contaminado: *A água deste riozinho é impura.*
▪ Ant.: puro.

incompleto in.com.**ple**.to
adj. Que não está completo: *Meu álbum está incompleto, ainda faltam muitas figurinhas para completá-lo.*
▪ Ant.: completo.

incomum in.co.**mum**
adj. masc. fem. Raro, que não é comum: *Esse homem tem uma força incomum; é muito difícil encontrar alguém tão forte como ele.*
▪ Pl.: incomuns.

infeliz in.fe.**liz**
  adj. masc. fem. Muito triste: *Ela estava infeliz por não ter sido aprovada no concurso.* ▪ **Pl.:** infelizes. ▪ **Superl.:** infelicíssimo. ▪ **Ant.:** feliz.

iniciar i.ni.ci.**ar**
  v. Começar: *Vamos iniciar o trabalho.* ▪ **Ant.:** terminar, encerrar.

invisível in.vi.**sí**.vel
  adj. masc. fem. Que não se consegue ver: *No filme, o menino tomou uma bebida estranha e ficou invisível, ninguém podia vê-lo.* ▪ **Pl.:** invisíveis. ▪ **Ant.:** visível.

Jj

jamais ja.**mais**
  adv. Nunca: *Jamais te abandonarei.*

jogar jo.**gar**
  v. 1. Lançar, atirar: *Alguém jogou uma pedra no lago.* **2.** Participar de um jogo: *Gosto de jogar pingue-pongue.*

jovem jo.vem
  adj. masc. fem. Que é moço, que tem pouca idade: *professor jovem.* ▪ **Pl.:** jovens. ▪ **Ant.:** idoso, velho.

juntar jun.**tar**
  v. Pôr junto, reunir: *Vamos juntar os lápis que caíram no chão.*

Kk

A letra **k** é usada na escrita de palavras de origem estrangeira, em símbolos científicos e abreviaturas, como *km* (quilômetro), *kg* (quilograma) etc. Pode aparecer também em alguns nomes próprios, como *Karina, Kátia,* entre outros.

kart
  subst. masc. Pequeno automóvel de corrida, sem carroceria: *Gosto de ver corridas de* kart.

kit
  subst. masc. Conjunto de peças reunidas em uma embalagem e usadas para determinado fim: *Mamãe ganhou um* kit *de maquiagem.*

Ll

largo lar.go
  adj. Que é grande de um lado a outro: *O corredor da escola é largo.* ▪ **Superl.:** larguíssimo. ▪ **Ant.:** estreito.

lembrar lem.**brar**
  v. Recordar: *Lembro-me bem das férias do ano passado.* ▪ **Ant.:** esquecer.

lento len.to
  adj. Vagaroso: *Ele caminhava a passos lentos.* ▪ **Superl.:** lentíssimo. ▪ **Ant.:** ligeiro, rápido.

ligeiro li.**gei**.ro
  adj. Rápido: *O goleiro foi ligeiro, deu um salto e pegou a bola.* ▪ **Superl.:** ligeiríssimo. ▪ **Ant.:** lento, vagaroso.

lindo lin.do
  adj. Belo, muito bonito: *rosto lindo.* ▪ **Superl.:** lindíssimo. ▪ **Ant.:** feio, horroroso.

longe lon.ge
  adv. Distante: *Aquela menina mora longe.* ▪ **Ant.:** perto.

longo lon.go
  adj. 1. Comprido: *vestido longo.* **2.** Demorado, que dura muito tempo: *filme longo.* ▪ **Superl.:** longuíssimo. ▪ **Ant.:** curto.

Mm

magnífico mag.**ní**.fi.co
 adj. Excelente, muito bom: *espetáculo magnífico.*

magro **ma**.gro
 adj. Que tem o corpo fino, com pouca gordura: *menino magro.*
 ▪ Superl.: magríssimo. ▪ Ant.: gordo.

maldoso mal.**do**.so
 adj. Mau, que pratica maldades: *Não seja maldoso com as pessoas nem com os animais.* ▪ Ant.: bondoso.

maligno ma.**lig**.no
 adj. Maldoso, que provoca o mal: *homem maligno.* ▪ Ant.: benigno.

mamífero ma.**mí**.fe.ro
 adj. Que mama quando pequeno: *O gato é um animal mamífero.*

medroso me.**dro**.so
 adj. Que tem medo: *Ele era um homem medroso.* ▪ Ant.: corajoso, valente.

moderno mo.**der**.no
 adj. Atual, que pertence ao nosso tempo: *Gosto de música moderna.*
 ▪ Ant.: antigo.

Nn

necessitar ne.ces.si.**tar**
 v. Precisar, ter necessidade: *Necessito de ajuda.*

negar ne.**gar**
 v. 1. Dizer que não é verdade: *Ele nega ter feito isso.* 2. Recusar, não dar: *Ele negou ajuda ao colega.*

nocivo no.**ci**.vo
 adj. Prejudicial, que causa dano: *O cigarro é nocivo à saúde.*
 ▪ Ant.: benéfico.

nunca **nun**.ca
 adv. Jamais, em tempo algum: *Nunca estive nessa cidade.*

Oo

obediente o.be.di.**en**.te
 adj. masc. fem. Que obedece, que faz o que lhe pedem ou mandam: *Isabela é obediente aos pais.*
 ▪ Ant.: desobediente.

objetivo ob.je.**ti**.vo
 subst. masc. Meta, aquilo que se quer atingir ou alcançar: *O objetivo desse rapaz é ser médico.*

observar ob.ser.**var**
 v. 1. Olhar com atenção: *O astrônomo observa as estrelas.* 2. Notar, reparar: *Observei que ela está mais magra.*

original o.ri.gi.**nal**
 adj. masc. fem. Que não tem igual, que é diferente de tudo: *Na festa, ela apareceu com uma fantasia original, surpreendendo a todos.* ▪ Pl.: originais.

Pp

pantufa pan.**tu**.fa
 subst. fem. Certo tipo de chinelo bem macio, geralmente de lã: *Vovô gosta de usar pantufas no inverno.*

passear pas.se.**ar**
 v. Andar para divertir-se ou distrair-se: *Fomos passear no parque.*

perfeito

perfeito per.**fei**.to
  adj. Excelente, que não tem nenhum defeito: *Seu trabalho ficou perfeito, não tem nenhum erro.*
  ▪ Ant.: imperfeito.

perigoso pe.ri.**go**.so
  adj. Arriscado, em que há perigo: *É perigoso entrar no mar hoje, as ondas estão muito altas.*
  ▪ Superl.: perigosíssimo.

pobre **po**.bre
  adj. masc. fem. Que vive na pobreza, que tem pouco dinheiro: *Ele nasceu em família pobre.* ▪ Superl.: paupérrimo ou pobríssimo. ▪ Ant.: rico.

preservar pre.ser.**var**
  v. Conservar: *Devemos preservar a natureza.*

puro **pu**.ro
  adj. Completamente limpo, sem nenhum tipo de sujeira: *água pura.*
  ▪ Superl.: puríssimo. ▪ Ant.: impuro.

Qq

quadrúpede qua.**drú**.pe.de
  adj. masc. fem. Que tem quatro pés ou patas: *O cavalo é um animal quadrúpede.*

quartel quar.**tel**
  subst. masc. Edifício onde ficam alojados os soldados: *Depois do desfile, os soldados voltaram ao quartel.*
  ▪ Pl.: quartéis.

raro

queimar quei.**mar**
  v. 1. Destruir pelo fogo: *Ele queimou o mato que havia nesse morro.* **2.** Causar ferimento na pele: *O sol forte queimou minhas costas.*

quente **quen**.te
  adj. masc. fem. De temperatura elevada: *A água do chuveiro está quente, cuidado para não se queimar.*
  ▪ Superl.: quentíssimo. ▪ Ant.: frio.

questão ques.**tão**
  subst. fem. Pergunta: *O professor respondeu à questão do aluno.*
  ▪ Pl.: questões.

quieto qui.**e**.to
  adj. Sossegado, calmo: *Ele é um menino quieto.* ▪ Ant.: inquieto, agitado.

Rr

rápido **rá**.pi.do
  adj. Que leva pouco tempo para fazer uma coisa: *Esse aluno é rápido, num instante copiou o texto.*
  ▪ Superl.: rapidíssimo. ▪ Ant.: lento.

raptar rap.**tar**
  v. Pegar alguém à força e levar embora: *A polícia prendeu os homens que tentaram raptar um menino na saída do cinema.*

raro **ra**.ro
  adj. Incomum, que não acontece frequentemente: *É raro fazer frio nesta região.* ▪ Ant.: comum.

realizar re.a.li.**zar**
v. 1. Fazer, executar: *Ela realizou um bom trabalho.* **2.** Tornar real um sonho, uma ideia: *Ao fazer essa viagem, ele realizou um velho sonho que tinha desde criança.*

rima **ri**.ma
subst. fem. Repetição de um som no final de certos versos de uma poesia. Veja o exemplo.
> Escrevi teu lindo nome,
> Na palma da minha m**ão**,
> Passou um passarinho e disse:
> — Escreve em teu coraç**ão**.

Ss

saudável sau.**dá**.vel
adj. masc. fem. Que é bom para a saúde: *O clima daquela cidade é saudável.* ■ **Pl.:** saudáveis.

seguro se.**gu**.ro
adj. Livre de perigo: *Este parque é um lugar seguro, as crianças podem brincar aqui à vontade.*
■ **Ant.:** inseguro.

semear se.me.**ar**
v. Colocar sementes na terra para que elas brotem: *O jardineiro está semeando o jardim da escola.*

sesta **ses**.ta [é]
subst. fem. Breve repouso que algumas pessoas fazem após o almoço.

sorridente sor.ri.**den**.te
adj. masc. fem. Risonho, que está sempre sorrindo: *menina sorridente.*
■ **Ant.:** tristonho, choroso.

subir su.**bir**
v. 1. Ir para cima: *A água do rio subiu muito.* **2.** Ir para o alto de uma coisa: *Ele subiu na árvore.* ■ **Ant.:** descer.

sujo **su**.jo
adj. Que está coberto de sujeira, que não está limpo: *Essa camisa está suja, está cheia de manchas.*
■ **Superl.:** sujíssimo. ■ **Ant.:** limpo.

Tt

terminar ter.mi.**nar**
v. Acabar, concluir: *Terminamos o trabalho.* ■ **Ant.:** iniciar, começar.

tímido **tí**.mi.do
adj. Acanhado, envergonhado, que não fica à vontade na frente dos outros: *garoto tímido.*

triste **tris**.te
adj. masc. fem. Que está sem alegria: *Ele ficou triste quando soube que não ia ao circo.* ■ **Superl.:** tristíssimo.
■ **Ant.:** alegre, contente.

turma **tur**.ma
subst. fem. Grupo de amigos ou colegas: *Natália convidou toda a turma da classe para sua festa.*

Uu

único **ú**.ni.co
adj. Que é um só: *Sou filho único, não tenho irmão.*

unir

unir u.**nir**
v. Juntar, tornar um só: *A professora uniu os dois grupos.* ▪ Ant.: separar.

urubu u.ru.**bu**
subst. masc. Ave de penas pretas que se alimenta de carniça: *Os urubus voam muito alto.*

usual u.su.**al**
adj. masc. fem. Que se usa frequentemente: *Essa é uma palavra usual no meio publicitário.* ▪ Pl.: usuais.

útil **ú**.til
adj. masc. fem. Que tem utilidade, serventia: *Esse livro é útil ao nosso trabalho, vai nos ajudar bastante.* ▪ Pl.: úteis. ▪ Superl.: utilíssimo. ▪ Ant.: inútil.

Vv

vagaroso va.ga.**ro**.so
adj. Lento: *Vovô tem um andar vagaroso.* ▪ Ant.: rápido.

vago **va**.go
adj. Livre, desocupado: *Esse banco está vago, você pode ocupá-lo.* ▪ Ant.: ocupado.

vaidoso vai.**do**.so
adj. Que tem vaidade, que gosta de ser admirado ou receber elogios: *homem vaidoso.*

valente va.**len**.te
adj. masc. fem. Corajoso: *guerreiro valente.*

visível

valioso va.li.**o**.so
adj. 1. Que vale muito dinheiro: *joia valiosa.* 2. Importante: *Ele me deu uma ajuda valiosa.* ▪ Superl.: valiosíssimo.

vazio va.**zi**.o
adj. Que não tem nada dentro: *caixa vazia.* ▪ Ant.: cheio.

velho **ve**.lho
adj. 1. Idoso, que tem muitos anos de vida: *homem velho.* 2. Antigo, que existe há muito tempo: *cidade velha.* 3. Usado, gasto: *sapato velho.* ▪ Superl.: velhíssimo. ▪ Ant.: novo.

veloz ve.**loz**
adj. masc. fem. Rápido ligeiro: *atleta veloz.* ▪ Pl.: velozes. ▪ Superl.: velocíssimo. ▪ Ant.: lento.

verso **ver**.so
subst. masc. Cada uma das linhas de uma poesia. Veja o exemplo.

> A roseira quando nasce
> Toma conta do jardim.
> Eu também ando buscando
> Quem tome conta de mim.

vestir ves.**tir**
v. Pôr uma roupa: *Vou me vestir para ir à escola.*

violento vi.o.**len**.to
adj. 1. Que usa de violência, que age empregando a força: *homem violento.* 2. Muito forte: *Um temporal violento caiu sobre a cidade.* ▪ Superl.: violentíssimo.

visível vi.**sí**.vel
adj. masc. fem. Que se pode ver: *mancha visível.* ▪ Pl.: visíveis. ▪ Ant.: invisível.

367

Ww

A letra **w** [pronuncia-se *dábliu*] é usada em palavras estrangeiras, em símbolos científicos e abreviaturas. Várias palavras usadas hoje no Brasil são escritas com a letra **w**. Ora ela tem o som de **u**, como em *web*, *show*, *windsurf* etc., ora tem o som de **v**, como nos nomes próprios *Wágner*, *Wálter* etc.

Xx

xale **xa**.le
  subst. masc. Peça de vestuário usada sobre os ombros como enfeite ou agasalho: *A dançarina estava usando um lindo xale.*

xampu xam.**pu**
  subst. masc. Produto para lavagem dos cabelos: *Ela usa esse xampu para lavar os cabelos.*

xará xa.**rá**
  subst. masc. Pessoa que tem o mesmo nome que outra: *Esse garoto é meu xará, chama-se Marcelo, como eu.*

xereta xe.**re**.ta
  adj. masc. fem. Pessoa que gosta de se meter na conversa ou na vida dos outros: *Não seja xereta, não se intrometa onde não é chamado!*

xingar xin.**gar**
  v. Insultar ou ofender alguém com palavras: *Os dois motoristas discutiram e um xingou o outro.*

Yy

A letra **y** [pronuncia-se *ípsilon*] é usada na escrita de palavras estrangeiras, abreviaturas e símbolos científicos. Pode-se encontrar a letra **y** em palavras, como *yakisoba* (certo tipo de comida japonesa), e em alguns nomes próprios, como *Suely*, *Darcy* etc. Mas, de modo geral, a letra **y** desses nomes tem sido substituída pela letra **i**.

Zz

zangado zan.**ga**.do
  adj. Irritado, que sente raiva: *Ele parece zangado comigo.*

zelar ze.**lar**
  v. Cuidar bem: *Os pais zelam pelos filhos.*

zombar zom.**bar**
  v. Caçoar, rir-se de alguém: *Não devemos zombar de ninguém.*

zonzo **zon**.zo
  adj. Tonto, atordoado: *Fiquei zonzo com tanto barulho.*

zumbido zum.**bi**.do
  subst. masc. Ruído contínuo produzido por alguns insetos quando voam: *Ouvi o zumbido das abelhas.*

368